BL進化論

對談篇

透過BL研究家與創作者的對話

考察BL的進化與社會關係

溝口彰子

呂郁青／譯

中村明日美子／封面插圖

Theorizing BL As a
Transformative Genre ("Dialogue" Edition):
Visiting the Sites Where Boys' Love Is Born

Akiko Mizoguchi

BL進化論［對談篇］

目次

特別收錄

序

我們的愛，說不定能改變世界

ＢＬ（Boy's Love）是以男性之間的戀愛為中心，主要閱讀對象為女性，由女性作者創作而成的故事——在年輕世代中，除了極少數人之外，這幾乎是所有人都知道的常識。近年來，ＢＬ一詞的普及程度，就是會使人有這種想法。此外，雖然前面才說過這是由女性創作，主要閱讀對象為女性的出版類別，但是接下來我要說的，又和這說法有些矛盾：閱讀ＢＬ的男性，特別在年輕世代中是逐漸增加的。我在大學教ＢＬ論或大眾文化論時，切實地感受到這個事實。甚至連「國民級」的人氣男藝人都在自己的廣播節目中募集由自己主演的ＢＬ劇本，或是男性偶像團體也時常以接吻來表現成員之間的感情很好，做出ＢＬ的表現等等，ＢＬ似乎變成用來指稱由（異性戀）男性以言語或行為表現出的愛情場面。女性們妄想國內外的偶像或音樂人之間有戀愛關係並進行創作，即所謂「真人同人」的ＢＬ（ＹＡＯＩ）同人誌，一般認為從一九七〇年代就存在了，但假如今後積極表演ＢＬ的藝人繼續增加，「真人同人」的存在方式或許也會有所改變吧。

說到近年來的ＢＬ動向，ＢＬ同人誌方面不用說，是以妄想少年漫畫或動畫的角色之間有戀愛關係，將這些妄想創作出來的「二次創作」或「動漫衍生創作」為主流；至於以ＢＬ為名的商業作品，不只有漫畫與小說，還有廣播劇ＣＤ、遊戲、動畫、真人電影、舞臺劇等，如今已是一大娛樂類別。雖說男性的ＢＬ使用者正逐漸增加當中，但是漫畫家、小說家、編輯幾乎都是女性，消費者也仍然是以女性為主。可以說，ＢＬ是大眾文化中相當稀有，以女性為中心的類別。

當然，演出廣播劇ＣＤ與動畫角色的是男性配音員，遊戲的製作人員中應該也大多是男性，至於動畫或真人電影，以導演為首的製作團隊中，就算女性逐年增加，也仍然是男性占大多數。不過，正是因為商業ＢＬ業界的存在，使得每個月都有上百本由女性作者們創作的漫畫與小說，以紙本或電子書的形式出版，才有辦法像這樣發展成不同媒體，男性藝人們「表演ＢＬ給觀眾看」的事才會成立。至少在目前的時間點是可以這麼說的。

看過前作《ＢＬ進化論　ボーイズラブが社会を動かす（ＢＬ進化論：男子愛可以改變世界！日本首席ＢＬ專家的社會觀察與歷史研究）》（二〇一五）的人應該知道，我的ＢＬ史觀，廣義上是從一九六一年森茉莉所寫的短篇小說開始。過了半個世紀後的現在，就我這個重視女性經濟自主與就業率等女權主義問題的人來看，登場於一九九〇年代初期，由商業ＢＬ雜誌或出版品形成的商業ＢＬ業界，是ＢＬ的中心。因此本書的內容，是由我與十名在商業ＢＬ出版業界發表過漫畫或小說的專業作者——包含最近暫時沒有發表ＢＬ作品的作者在內——的「對談」為主。除此之外，這本「ＢＬ進化論」的第二集，還「特別收錄」了三篇與非ＢＬ作者（兩名與一組）的「對談」，以及一篇分析文、三篇全新完成的專欄文。

我之所以開始研究ＢＬ，是因為發現自己被ＢＬ的祖先所拯救。ＢＬ的作者與讀者大多數是異性戀女性，但我本身是女同性戀者。在對同性戀的偏見比現代嚴重許多的年代，被稱為「二四年組」的少女漫畫家們，在一九七〇～八〇年代發表了不少描述美少年之間親密友情與戀愛的「美少年漫畫」、「少年愛作品」。在這些作品中，美少年們大多在變成大人之前就死去，或是最後與女性在一起，成為異性戀父權的一部分，而且也不會描寫成年的同性戀者（配角除外）。儘管如此，這些作品對於美貌、中性的美少年之間的愛，仍然是以正面、肯定的態度描寫。多虧了這些作品，我才能接受自己是同性戀者的事實。當時現實中的日本社會，在圖書館搜尋「同性戀」時只會找到精神病方面的書籍；演藝人員的「蕾絲邊醜聞」總是被以煽情的方式報導；包含我自己的父母在內，周圍的大人們全都公然地表現出對同性戀的歧視。但也因此在漫畫這種表象中，可以把同性戀描寫得很美好。我是先在虛幻的故事中吸收養分，之後才有辦法接受自己是女同性戀者的這個現實的性取向。

一九九八年秋天，我留學美國念研究所，在視覺&文化研究的學術領域接觸到以酷兒理論為首的學問，發現自己的根源其實是來自ＢＬ的祖先，因此開始以ＢＬ研究家兼ＢＬ愛好者的身分進行研究。在當時早就已經有「少女漫畫」以及以少年漫畫為素材的「動漫衍生創作」合流後共同衍生的商業ＢＬ類別，而且發展得相當蓬勃。我隨機找了一些商業ＢＬ作品閱讀，發現這些故事雖然都是以美男子之間的戀愛為主軸，也就是同性戀愛的故事，但是很多主角卻都會強調「我才不是同性戀！」或表明自己有恐同心態（homophobia），使我覺得很不可思議。話又說回來，都以同性作為戀愛對象了，還要模仿男女的角色分成「攻」跟「受」，我認為這種想法也太侷限於異性戀的觀念了。除此之外，這些作品也經常以強暴戲作為兩名主角的邂逅情境，這部分也使我感到很困惑。在這個時期的商業BL「固定形式」表現中，對於現實中的男同志並不關心，而是讓女性讀者們逃避現實中她們在父權制度下所擔當的女性角色，並以此取樂。藉由男性角色來飾演虛構的戀愛劇情，這就是我們在BL漫畫或小說中所看到的表象。

關於九〇年代的BL固定形式分析，變成了我的BL研究中最早的文章（前作第二章的前身）。不過在進入二〇〇〇年代後，儘管女性把自己寄託在美男角色上，藉此享受虛構愛情與性愛的娛樂功能仍然健在，但同時，在故事中探討「假如這些主角生活在現實的日本社會中，他們就是男同志。那麼該怎麼做，才能讓身為同志的他們得到幸福呢？」這類問題的作品也慢慢增加了。在這類作品中，雖然會描寫到現實社會對同性戀的歧視，不過主角們出櫃時，周遭人們的反應，以及他們所生活的社會的價值觀，都比現實的日本社會更友善。也就是說，希望主角們過得幸福快樂的作者們發揮誠實的想像力，創作出在現實中可能實現，但目前尚未實現的、對同志友善的人群與社會。我將這類作品稱為「進化型BL」。這裡的「進化」有兩種意義，一種是BL類別本身的「進化」；另一種則是給予現實中的人們與社會該如何跨越恐同心態的提示，進而推動現實出現轉變的「進化」。

除此之外，雖然ＢＬ的固定形式是在排除女性角色的空間中，讓男性角色們分別扮演「男角（攻）」與「女角（受）」，但是現在也出現了改變，那就是女性角色的再次出現。而且她們不是像固定形式作品中經常可見的，只是以舊情人的身分來證明男性主角們「真的是異性戀者」，她們於正在進行的故事中，在性與社會方面都是以主觀意識（主體）採取行動，或者是被描寫成糾葛於身為女性才有的困境之角色。正是因為把「女性特質」放進男性的角色（「受」）中，所以才能從世間普遍抱持的女性特質概念中，做出「這部分應該不需要」的客觀判斷吧。此外，對深度ＢＬ愛好者（包含作者在內）來說，男性主角們是她們喜愛的對象，同時也是她們的代理人。因此，在自己以男性角色活著的故事中，也比較容易產生與女性特質相對的視角。沒錯，一開始「美少年漫畫」刻劃的是在對等關係中摸索的少年，從那個時代發展到九〇年代，男性角色開始分飾「男角」與「女角」並模仿異性戀，這些固定形式ＢＬ作品的出現，不免讓人覺得那是依附在異性戀常規性（heteronormativity）之下。正因為有這樣的變化，才使得具有自主意識（主體性）的女性角色得以出現，而這乃是其他類別的作品中還看不到的。這些女性角色的表象，可以使在現實中生活的女性，也就是我們，客觀地審視社會結構中的厭女情結（misogyny），給予我們該如何跨越厭女心態的提示。就這層意義來說，近年的ＢＬ當中，「進化型」作品實有增加的趨勢。

當然，商業ＢＬ作者中，應該也有原本就意識到恐同或厭女問題的人，也才有人會在ＢＬ作品中加入該如何跨越這些問題的提示吧。不過，絕大多數的作者並沒有那麼強烈的主觀意識，只是單純地思考該怎麼做，才能讓自己所愛的自創角色得到幸福，同時也讓讀者看得開心、喜歡上這些角色。正因為作者們很認真地創作ＢＬ這種娛樂性作品，所以才慢慢有了「進化型」作品的出現。一言以蔽之，ＢＬ在追求快樂時帶有相當積極的潛能。這是ＢＬ的強項。

本書的主要部分，就是我與具有這種認知的作者們的「對談」。因此，和一般的訪談不同，而是有如直闖後臺般，把米老鼠布偶裝的腦袋撕開，讓人看到裡面的演員。也許有人會說「我不想看到那部分」，但是在看見後臺真相的情況下，思考自己的事，思考ＢＬ的事，對於如今社會認識度如此高的ＢＬ來說，應該會有正面的益處，對於喜愛ＢＬ的我們來說亦是。我如此相信著，並帶著滿心的愛、敬意與責任感，與數位ＢＬ作者展開「對談」。敬請閱讀。

記

※漫畫或小說等的單行本，常有由不同出版社出不同尺寸版本，或是發售新裝版等等的情況。本書記載的作品年分，原則上都是以第一次出版成單行本的年分為準。但是在插圖方面，有時會引用目前容易取得的版本，這種時候會另外註記使用的版本。電影作品記載的則是首映的年分。

※對談中有時會提到發表於對談之前的作品劇情。提及的單行本資訊，都是出版於二〇一七年八月之前的作品。

※內文中提及書籍或作品時，會以《日文原書名（中譯書名）》（日文出版年分）的格式記載。重複提及時則以《中譯書名》（日文出版年分）記載。

BL進化論「對談篇」

「到最後，我喜歡的是在做愛時說得出『我也可以當0號哦』的『攻』。」

1 與漫畫家 ヨネダコウ的對談

二〇〇七年初次出現於商業誌，二〇〇八年出版第一本單行本《どうしても触れたくない（無法觸碰的愛）》一躍成為人氣作者的ヨネダコウ老師。直到二〇一七年八月為止，出版的單行本總數為七本，數量相對地少，但全都是暢銷作。此外，二〇一五年時以《囀る鳥は羽ばたかない（鳴鳥不飛）》（二〇一三～）得到「FRaU漫畫大獎」，並被「SUGOI JAPAN」提名，得到各方面的好評。我是藉由一九七〇～八〇年代的「二四年組」少女漫畫家們所創作的美少年故事，肯定了自己身為同性戀者的事實，換句話說，就是「被BL的祖先拯救」的人，但是開始閱讀當下出版的商業BL作品，則是一九九八年後半的事了，因此就BL愛好者的資歷來說，有許多人比我更資深。此外，我個人的喜好很少與BL業界的暢銷作重疊……儘管如此，有時我覺得「這真是太有才能了」的作品也會成為暢銷作。《無法觸碰的愛》也是其中之一。故事背景為現代日本，因自己是男同志而受過傷的主角（「受」），在轉職後與異性戀上司（「攻」）發生了肉體關係。要是動了真情的話只會使自己受傷，所以一直壓抑著自己的感情，但最後還是投入新的戀情之中。這個故事本身是近年BL的固定套路之一，但是描述方式既纖細又大膽，即使是資深的BL愛好者，也無法冷靜地閱讀。也就是說，《無法觸碰的愛》這部作品具有撼動人心的力量。初次出版的商業作品就有這種表現相當不簡單，之後的系列作《鳴鳥不飛》裡，主角是淫亂的「美人」，只要是男人都能被上的「公廁」，但同時又是黑道組織裡有才幹的二當家——這樣的設定不但讓人覺得非常有說服力，而且仰慕主角的「攻」竟然有勃起障礙，更是給人完全不同方向的規模感。創造出如此作品的作者究竟是什麼樣的人呢？我想了解ヨネダコウ的才能之謎，所以拜託她與我進行「對談」。

溝口　ヨネダ老師的出道作《無法觸碰的愛》在二〇一四年翻拍成真人電影。雖然不是會發生什麼大事件的故事，但是角色和劇情本身都給人相當深刻的印象，令許多讀者都迫不及待並為之著迷。

ヨネダ　謝謝讚美。那是我的第一個商業作品，所以有許多值得反省的部分，但是多虧了電影，直到現在也有新的讀者出現，讓我覺得是個深受讀者們珍視的故事呢。

溝口　特別是「攻」的外川，就BL的角色來說相當少見，感覺很新鮮。在早上的電梯裡，因為宿醉沒洗澡而渾身散發臭味的「攻」，讓第一天上班的「受」嶋譽得很厭煩。這種邂逅的場面，我從來沒有在其他作品看過呢（笑）。

ヨネダ　我只是單純畫不出又帥又完美的「攻」而已，總是會有些很遜的部分。我應該從來沒畫過

「スパダリ（supadari）」吧。

溝口　スパダリ？

ヨネダ　似乎是「スーパーダーリン（super darling）」的簡稱。我也是最近才知道這個詞的。

溝口　類似「完美攻」的意思吧？

ヨネダ　是啊。外川的話，我想畫出從「受」嶋的角度來看，讓人覺得「嘖，討厭的傢伙」的感覺。原本覺得非常討人厭的傢伙，因為對方稍微溫柔的對待，或是後來發現對方其實也有不錯的地方，這樣不是更會不小心被吸引嗎？我認為角色就是要有這樣的落差才有趣。

嶋（左）與外川（右）的初遇／《無法觸碰的愛》（大洋圖書，2008）©ヨネダコウ／大洋圖書

肚量狹小的「攻」・外川的魅力

溝口 外川的……雖然這樣說可能不太好，不過那種經常可見的直男感也很明顯呢。

ヨネダ 經常可見的（笑）。其實我的根本想法，是要畫出那種在別人面前會自然而然表現出「我是男人」、「我是『攻』」的人。真的很常見呢！這種類型的男人。由於有許多讀者說喜歡這樣的外川，所以我不知道該不該說這種話，不過我自己是一邊覺得「這傢伙真是有夠討厭！」一邊在畫他的（笑）。

溝口 咦咦？

ヨネダ 雖然這傢伙很討厭，但是會被他吸引……也包含了這樣的意思在裡面。因為，比如說故事最後，外川和嶋再次在一起之後，他不是對嶋說了「要是覺得遠距離戀愛太辛苦，可以搬來京都」之類的話嗎？「兩個人一起在這邊生活也不錯」什麼的。這種把嶋當女人看的態度算什麼啊？為什麼嶋非為了外川辭職不可啊？說到底，你當初不要去京都不就沒事了嗎！……我當時是這麼想的（笑）。

溝口 確實是這樣呢（笑）。

ヨネダ 外川是直男，所以會理所當然地說出這種話吧。我是用這種想法畫的……到最後，我喜歡的是在做愛時說得出「我也可以當0號哦」的「攻」。這種「屁眼很大※」的「攻」（笑）。不過外川完全不一樣呢。

溝口　是啊。外川一定沒想過自己當被插入的那邊。屁眼很小呢，外川（笑）。

ヨネダ　超小的超小的（笑）。如果是小野田或百目鬼，假如對方希望的話，肯定會開開心心地獻出自己的屁股（笑）。就這種性別不平等的角度來說，我原本以為男同志看到外川和嶋這一對時，一定會很不高興吧。沒想到意外地受到少部分男同志的歡迎。根據收到的粉絲信可以知道，喜歡這個作品的男同志讀者，想法比較少女呢。就像看少女漫畫的女孩一樣，看到完全沒有真實性的部分，會作著「（明知不可能，但是）好想談這種戀愛啊」的夢。他們應該是以這種感覺在看這個故事的吧。

溝口　原來如此，即使在現實中性情奔放，也就是所謂「千根斬」的人，也是能夠把「不可能的戀愛」當作虛幻故事來享受呢。而且最近就算在同志圈裡，對性方面不那麼積極的「草食系同志」好像也增加了。

ヨネダ　千根……？啊，是那個意思啊（笑）。

溝口　啊，一般的說法不是「千根」，是「千人斬」才對呢，真是失禮了（笑）。

忠於原作，又有電影風格的電影版

溝口　我看了《這本BL不得了！2016年度版》（二〇一五）中《無法觸碰的愛》電影版（二〇一四）的導演天野千尋的訪談。其中提到在一開始的劇本中，外川告訴嶋自己過去的場面被放在後半段，但是您提出要求，希望能按照原作把那個段落移回前半段。

ヨネダ　是的。在兩人才剛有肉體關係的時間點，而且隱約發現嶋對自己是真心的，在這種情況下說出有關自己家人沉重的過去，以及自己因此對於家庭有憧憬，這樣不是很過分嗎？外川就是這種不知該說是過分，還是神經大條的人。雖然在喜歡上對方之後會很溫柔，但在還沒喜歡上對方之前，是相當沒神經的。我想讀者應該會和嶋一起覺得很受傷吧，所以我才這麼畫。但如果把這段移到劇情後半段，就變成外川在喜歡上嶋之後才說出那種沒神經的話了。這樣感覺就不對了。除此之外電影中還有一些和原作不同的部分，不過我認為那些是天野導演的電影表現方式，所以還可以接受。也有不少場面表現得比漫畫更直白，但是電影和漫畫不同，在同樣的場景下電影是會動的，所以要是照著漫畫的表現方式，可能會變得很難懂吧。

※譯註：雙關語。直譯是屁眼很大，引申有肚量大的意思。

溝口　《無法觸碰的愛》的電影版相當忠於原作，而且以真人電影來說也非常氣派，完全看不出是只花五天拍出來的低成本作品，我認為是ＢＬ真人電影史上的新紀元，足以流傳後世的作品。聽到天野導演在隨片講評中說，他用了許多拉遠的畫面以及長鏡頭，我才想到「原來如此，所以看起來不像電視劇，很有電影的質感呢」。

ヨネダ　劇情本身雖然正統，但是很樸素，所以藉由把畫面處理得很美，讓它看起來有電影的感覺呢。還有，背光的使用方式以及打光都很美。就連嶋哭著回去時，從下方打光的場景都很棒。

溝口　是啊，而且演員們的演技也很細膩，當然這也多虧了導演的指導，整體上來說這是一部大家都放入感情，很用心製作的電影呢。

從普通關係變成戀愛的瞬間

溝口　這麼說來，我覺得電影版的配角小野田也很有存在感呢。雖然他在原作裡就是這樣了。在大約第十頁初次登場時，就以「小嶋——」來稱呼嶋然後被嶋嫌棄。雖然格子本身並不大，不過特大號的爽朗笑容給人很深刻的

小野田／《無法觸碰的愛》（大洋圖書，2008）
©ヨネダコウ／大洋圖書

印象。

ヨネダ 我最近發現，自己似乎很喜歡讓配角變顯眼。在《鳴鳥不飛》中也是，會想加入各種沒有戀愛要素的劇情。除此之外，也開始想讓角色具有意外性。小野田原本是個非常成熟穩重的好人，途中慢慢變調也是這個原因。因為要是讓人覺得「這個角色大概就是這種人吧」，並保持這樣讓故事進行下去就不有趣了。而小野田在加入意外性之後，就慢慢變成有點沒用的樣子了（笑）。

溝口 以小野田為主角的衍生作品，是《それでも、やさしい恋をする（即使如此，依然溫柔地相戀）》（二〇一四）對吧。

ヨネダ 在《無法觸碰的愛》的最後，「自己該不會是喜歡嶋吧？」小野田對這件事感到很迷惘。出現了這樣的要素後，我把它撿起來，想說必須給這個人什麼才行。因此開始思考小野田的對象該是什麼樣的人才好，於是出口就這麼誕生了。

溝口 出口這個角色有身為男同志的自覺。雖然年紀是二十八歲，比小野田大，不過由於看起來很年輕，所以第一次見面時被小野田當成後輩看待，這點處理得很棒。因為現實中確實有很多男同志看起來很年輕呢。

ヨネダ 這我還不知道呢（笑）。原來如此啊～確實，或許有很多男同志看起來很年輕吧。

溝口 咦？所以是我過度解讀了嗎（笑）。

ヨネダ 關於出口這個角色，首先，小野田的對象是年長的人比較好吧，我是這麼想的。還有，由於《無法觸碰的愛》的嶋這個角色，對自己的同性戀性取向抱持著否定的態度，所以我想創造出一個肯定自己性取向的對比角色。個性開朗、比小野田年紀大、看起來很帥很會玩。不過這樣一來，出口就太像「攻」角了，缺乏會讓小野田喜歡上的要素，所以我讓他變成娃娃臉。外表可愛一點的話，也比較容易讓人覺得內在很可愛。

溝口　娃娃臉看起來比較可愛，才有「受」的感覺，是這樣嗎？

ヨネダ　出口的話是這樣，但也不是所有角色都這樣……我認為，某個人覺得對方「很可愛」的瞬間，類似於從普通關係變成戀愛的瞬間。而這邊說的「可愛」不是「像女孩子」的意思。例如《鳴鳥不飛》的百目鬼是個非常有男人味的角色，但是從矢代的角度來看就很「可愛」。〈リプライ（Reply）〉（收錄於《NightS》之中，二〇一三）

誤把出口當成後輩，因此緊張萬分的小野田／《即使如此，依然溫柔地相戀》（大洋圖書，2014）
©ヨネダコウ／大洋圖書

的關也是，對高見來說是很「可愛」的存在。至於「攻」的高見，看在「受」的關眼中也是很「可愛」的。硬要說的話，我所認為的可愛比較接近令人憐惜、心疼的感覺。在《無法觸碰的愛》中，是出於同情而開始覺得可愛；《即使如此～》是看到對方拚命追求自己的樣子而覺得可愛。說得不好聽一點，是一種高高在上的心態。不過可愛原本就不是對等，而是一種出於優勢的感情……。

溝口　原來如此，很複雜呢。在「有男人味的男人和有女人味的女人在一起」這樣的異性戀規範之下，像是「從男人的角度來看，女人很可愛是當然的」或是「男人雖然是主導女人的存在，但是從女人的角度來看，這樣的男人也有可愛之處」跳脫出這類異性戀常規，自由地實驗「可愛」這種感覺，也是ヨネダ老師作品的魅力呢，我再次發現了這點。不對，像這樣用說的是很簡單，但這不是紙上談兵或是做實驗，而是藉由塑造出纖細又有力的角色們才能體現出來的。因此不論創作者是不是特意這麼做，對於想從異性戀規範中獲得自由的ＢＬ愛好者來說，是一種解放呢！

ヨネダ　解放！也許是這樣吧。換個視角的話，確實是有這種意義在。不過我自己沒有意識到這件事，所以有種恍然大悟的感覺。話是這麼說，但是在畫了《鳴鳥不飛》之後，我就不再像之前那樣，單純地認為「可愛」＝「戀愛」了——因為百目鬼雖然看到了矢代的美，但是完全不覺得他可憐。他看矢代的眼神中沒有同情。不以可愛與戀愛做連結的話，要怎麼說明這種感情呢？這種感情近似於「執著」或「羨慕」，和我過去畫過的戀愛是不同的形式，讓我深切地感受到喜歡上一個人，其實是一種完全單方面的感情呢。

嶋個性陰沉，不是因為他覺得身為同性戀者很可恥

溝口　《即使如此，依然溫柔地相戀》一開始是以同人誌的形式發表的呢。但是它的內容是原創作品，也沒有特別激烈的床戲，就算發表在商業雜誌《CRAFT》上也沒有問題，為什麼要特地以同人誌的形式發表呢？

ヨネダ　其實沒有特殊的意義，只是時機剛好而已。那時碰巧和朋友一起參加同人販售會，所以就以同人誌的形式發表了。

溝口　有些商業作者會鼓起勇氣將自己商業作品「畫蛇添足」般的番外出成同人誌，但是《即使如此～》的情況並不是那樣呢。雖然是以《無法觸碰的愛》的配角小野田作為主角的衍生作品，但是故事本身仍然維持著原創作品的品質與強度……順帶一提，為了避免誤會我要先聲明，我自己也是很喜歡「畫蛇添足」的同人誌的哦（笑）。

ヨネダ　我只是單純地覺得，比起畫兩人在一起之後相親相愛的故事，畫單戀或是在一起之前的故事更有趣而已。BL的畫蛇添足同人誌有種賺到的感覺呢。該說是給一路看著兩人總算在一起的讀者的獎勵嗎？就讀者的立場來看，有這種獎勵我會非常開心，不過換成創作者的立場時，我就想不出要畫什麼了。說起來，我畫商業作品與同人誌時心態似乎是完全一樣的。如果畫同人誌時能再稍

微畫出擺脫理性桎梏的東西，應該也會有所不同吧，那樣也不錯呢。

溝口　原來如此。讓我稍微換個話題，其實就像剛才ヨネダ老師說的，《無法觸碰的愛》的嶋對自己是男同志這件事抱持著相當負面的態度，這部分讓我覺得有點複雜。身為腐女，那種慢慢推展劇情的方式當然很萌，不過身為同性戀者，又會覺得現在這個年頭，對於身為男同志這件事不用那麼否定吧！（笑）。

ヨネダ　《無法觸碰的愛》中對同性戀的解釋，在故事上是以否定的角度描寫的。因此作為ＢＬ這種娛樂性作品，換句話說，我是將嶋是男同志的事當作一種「題材」來描寫，這讓我對同性戀者有種抱歉的感覺。一方面也是因為我畫得不夠好，所以讓人有無法接受的部分，不過我想畫的是跌倒後的人重獲新生的故事，並不是否定同性戀的這件事。

溝口　可以聽到這樣的解釋，我覺得很開心。當然就算只看作品本身，原本鬱悶的感覺也會漸漸變得豁然開朗。首先，衍生作品《即使如此～》出現了對同性戀持肯定態度的出口，由此可以得知作者對於同性戀並不是持否定的態度。此外，就是收錄在《無法觸碰的愛》電影版ＤＶＤ盒的十一頁全新短篇，那篇也讓我覺得被救贖了。

ヨネダ　嶋和外川交往半年後的後日談呢。兩人吵架的原因。

溝口　雖然已經交往了半年，但嶋仍然很害羞，一直放不開。「啊，本篇中的嶋就一直猶豫不決的樣子，原本以為他是對身為男同志的事感到自卑，不過這麼看來根本就是這個人的性格吧。扭扭捏捏的又放不開，所以給人否定的感覺」於是我就能接受這故事了。

ヨネダ　是啊。再加上我喜歡面無表情的角色，所以嶋才會變得那麼陰沉，不過可以好好畫出「他平時就是這樣的人喔」的這件事真是太好了（笑）。就算兩人在一起了很開心，要是個性一下子就變了也很奇怪吧。

溝口　嶋笑容滿面地和外川在外頭光明正大地手牽手，這樣反而很奇怪呢（笑）。嶋應該會一直扭扭捏捏放不開地過著「Happy Gay Life」吧。

BL這個類別容易聽到讀者的聲音，會互相角力

溝口　關於《無法觸碰的愛》，有沒有什麼令人印象深刻的讀者來信呢？

ヨネダ　雖然不是來信，不過有看過「第一次看完時沒有任何想法，但是最近重看後覺得很棒」的感想。

溝口　知道這部作品變得很紅後，重新找來看……應該是這樣吧。不過第一次看的時候沒有任何想法，是為什麼呢？

ヨネダ　我自己的感覺，應該單純是讀者閱讀時的心境也不同。還有就是我的漫畫會用一些不容易懂的表現方式吧。

溝口　具體來說像是什麼呢？

ヨネダ　因為我會減少內心的獨白，盡量不直接描寫心情，重要的場面也會想畫在普通的格子裡。我會盡可能減少在高潮的場面放大格子，或是貼上表現心情的網點告訴大家「這裡要揪心哦」。或許是我還不夠了解漫畫的表現方法和畫法吧，雖然在《鳴鳥不飛》裡會相對地把重要場面以重要場面的方式畫出來，不過我在畫《無法觸碰的愛》時則是故意盡量淡淡地描寫。

溝口　的確，在ＢＬ漫畫中，《純情ロマンチカ（純情羅曼史）》（中村春菊／二〇〇二〜）就是這個樣子呢。我在前作《ＢＬ進化論》（二〇一五）的專欄中也提過，它在「這裡會覺得很心動！」的場面，會用上一．五頁的特大格子來表現。就算是把腦袋放空看漫畫的人，也一定會發現並覺得好萌好心動，是一種非常親切的表現方式呢。就這方面來說，《無法觸碰的愛》確實沒有那麼親切呢。

ヨネダ　很不親切（笑）。或許是因為這樣，也有讀者問過「在公園的那一幕，為什麼要生氣呢？」或「嶋為什麼會在那個時候臉紅呢？」的問題。就我個人來說，沒能把意思傳達給讀者我感到很抱歉，不過有時也會覺得，因為這樣就要由作者來說明也很奇怪吧。

溝口　就這點來說，讀者會直接向作者發問，這種心理距離上的親近感，也是ＢＬ這個類別特有的現象呢。

ヨネダ　是啊，因為距離很近，所以聲音也容易傳達給作者，是個作畫時作者與讀者的想法會互相角力的類別。

溝口　對讀者來說，自己的聲音容易被作者聽到，也是令人無法抵擋的魅力吧。

取令人容易想起內容的書名

溝口　話說回來，ヨネダ老師的書名都很獨特呢。例如《無法觸碰的愛》，我還記得一開始朋友傳訊息推薦我說這本很有趣一定要看時，光看到書名就覺得透出了一股步步緊逼的萌感呢～※。

ヨネダ　實際上並不到「無論如何」的程度就是了（笑）。一開始想過取スモーク（Smoke）之類的英文書名，但又覺得以書名來說感覺不太對。

溝口　啊，因為外川是個老菸槍呢。不過確實，如果是スモーク這種片假名的書名，或許就沒有這種緊逼的萌感了。書名的部分全都是您自己想的嗎？

ヨネダ　是的。沒辦法直接決定時，我會寫出好幾十個候補的名字。不過在想《無法觸碰的愛》的書名時並沒有那麼困難。首先，我想使用否定形的書名，還有就是，我一向很注意要取光看到書名就會想起內容的名字。這是因為我自己在提到「某某作者的某某書名的書」時，有時候會想不起內容，我很不想變成那樣。所以我決定，書名一定要取和內容很合，而且容易想起內容的名字……話是這麼說，不過如果書名太長的話，讀者又經常會寫錯就是了。我平常會一直在腦內收集許多有趣的書名（笑）。

溝口　我有聽別的作者說過，他收到很熱情的粉絲信寫說「我非常喜歡您的作品！」，但是卻寫錯角色的名字，而且這種事還不少見。愛的深度和記憶力的正確性，不一定成正比呢（笑）……這麼說來，說到否定形的標題，《鳴鳥不飛》也是否定形，但是《即使如此，依然溫柔地相戀》卻是肯定形呢。

ヨネダ　因為故事是正向肯定的內容，所以這篇就用肯定形的書名吧。我記得當時和編輯是這麼討論的。

溝口　雖然是肯定形，但是以「即使如此」為起頭，還是很令人遐想呢。即使如此的後面會有什麼呢？像是這種感覺。

也有批判父權之下的同性友愛這樣的著眼點

溝口　話說回來，恭喜您以《鳴鳥不飛》獲得「第三屆FRaU漫畫大獎」（二〇一五）！

ヨネダ　謝謝……但是，「FRaU」你們選出這麼旁門左道的作品，真的沒問題嗎？我真的很替他們擔心呢。雖然得獎讓我很開心就是了。感覺真複雜。

※譯註：原書名《どうしても触れたくない》直譯為「無論如何都不想觸碰」。

溝口　不不不，挑選的依據是能讓FRaU世代（三十～四十幾歲）的女性忘了現實，樂在其中的作品，所以得到大獎是很合理的。當時我也受邀寫了「激賞評語」，但就連長年在黑社會做採訪的記者鈴木智彥先生也在評語中寫道：「《鳴鳥不飛》中的黑道世界描寫得相當真實，真實到令人懷疑作者該不會是黑道的情婦吧。」讓我很驚訝呢。

ヨネダ　（笑）。我想那應該是鈴木先生的客套話吧。不過，讚賞《鳴鳥不飛》的男性讀者中，真的有人以為我喜歡現實中的黑道，還問說「要不要介紹黑道的二當家給妳認識？」很可惜我並沒有去（笑）。

溝口　咦——！對男性來說，現實與作品（表象）之間的距離感，比腐女更近嗎……不過，如果對象是三池崇史導演※，對方也會說「介紹二當家給你認識」這種話嗎？真是神祕。

ヨネダ　三池導演的話，應該反而是二當家想認識他吧

列席慶祝出獄的矢代／《鳴鳥不飛①》（大洋圖書，2013）©ヨネダコウ／大洋圖書

（笑）……會對我這麼說，或許是因為我是女性吧，所以對我有「喜歡黑道的女人」這樣的印象也說不定。不過在我心中，黑道只是一種萌的記號，與其說是想認識黑道，不如說是想看看黑道這種感覺。而只是想看的話也有專門的雜誌可以看，所以不用認識也沒關係（笑）。

溝口　（笑）。話說回來，既是二當家又是「受」角的矢代，在心裡吐槽黑道是「假性同志的集會」的那一幕，鈴木先生也有注意到。因為我自己也很在意那個場面，所以看了他的評語之後想說「果然是這樣嗎？」。將矢代跟「大哥和大叔」的4P以妄想的形式畫出來，也是相當絕妙的表現方式呢。

ヨネダ　畫那裡時真的非常愉快（笑）！雖然黑道崇尚男人的概念也是，不過男人對友情或男性間情誼的憧憬，真的是熱血過頭呢。該怎麼說呢，男人真的是很喜歡「男人這種生物」呢，在看以男性搭檔為主的作品時，這種感覺更明顯。

溝口　我曾經在居酒屋見過中年大叔們一言不合吵起來的場面，沒想到十五分鐘後，兩人就抱在一起摩蹭臉頰了，讓我非常驚訝。

ヨネダ　假如是兩個女性吵成那樣的話，要不一整個月都不說話，要不就直接絕交了吧（笑）。

溝口　男性之間到底有多愛彼此啊（笑）！是說，這樣的男性們，就算將身體上的「親密接觸」算

※譯註：拍過許多黑社會電影的知名導演。

在這種男性關係內，為了主張這充其量只是同性友愛（homosocial），「我們和男性間會有性行為的同性戀不一樣」會特意表現出這種恐同的態度。他們甚至會利用女性作為自己是異性戀者的證據。就這個角度來說，矢代是男人們的「公廁」、愛著矢代的「攻」百目鬼則是不舉，《鳴鳥不飛》也具有強烈批判這種「假性同志」之父權制度的機能，並以一個更高的著眼點切入已經「發明」了BL的故事背景中。我在「激賞評語」中也這麼寫道。

ヨネダ　我沒意識到更高著眼點的事，不過聽您這麼一說，也有原來如此的感覺（笑）。在我心中並沒有那麼壯大的想法，不過腦中模模糊糊地、確實有些雖然抓不到但像是主題般的東西存在。這些轉化為語言或鉛字就會消失、有如泡影般的東西，假如能用漫畫表現出來就好了。

想把剛硬的部分畫得很剛硬

溝口　以黑道為主題的BL其實相當多，已經可以說是一種子類別了。不過《鳴鳥不飛》相當獨具一格。特別是把純正的BL對白直接打入黑暗又硬派的氛圍中的這個部分。例如第一集的八〇頁左右，從放款公司的事務所要回到組裡的事務所時，百目鬼突然在車上對矢代說「我覺得老大您真的很漂亮」。在黑道BL作品中，這種甜蜜的臺詞通常是在只有兩個人的私人空間裡，也就是所謂的「親熱」時段說的。但是《鳴鳥不飛》則是在從一個黑道的剛硬工作場合，前往另一個剛硬的場合路上說出那些話。雖然也算是只有兩個人的空間，不過完全沒有甜蜜的感覺，這樣少見的場面很有衝擊性呢。

ヨネダ　是啊。我想盡可能用和黑道部分同樣的調性畫出甜蜜的部分。在剛硬的場面說甜蜜的臺詞，感覺會更突出那種甜，所以我想把剛硬的部分畫得很剛硬……我以前也有參與過同人活動。二次創作的同人誌，大多是以少年漫畫為基礎。那些原作通常是純粹的運動或冒險故事，沒有什麼戀愛要素。但正因為如此，才會想像「當那個角色談起戀愛時，會是什麼樣子呢？說話毒辣的角色們做出甜蜜的事情時，會是什麼樣的感覺呢？」並想要把它畫出來，進行二次創作。《鳴鳥不飛》則是我想要在一個

百目鬼（左）與矢代（右）／《鳴鳥不飛①》（大洋圖書，2013）

作品中同時進行原作與二次創作，給人在嚴酷的世界觀中混入少許甘甜，這樣的感覺。

溝口 原來如此！所以矢代明明是「總受」（被不特定多數男性插入的角色），但是故事中也有許多以二當家身分嚴肅工作的場面呢。

ヨネダ 因為設定上，矢代雖然淫亂，但是工作能力很強（笑）……說實話，在第三集出版時，我很擔心會不會被讀者批評矢代變得太少女了。不過就結果而言，讀者對於矢代少女的部分反應非常好……。

溝口 咦？有變少女嗎？

ヨネダ 基本上，我很不擅長畫角色臉紅的樣子……可是第三集時不得不畫！「這不是臉紅，是發燒！因為在發燒！」我是這樣一邊洗腦自己，一邊畫出來的。結果有許多讀者很開心地說「沒想到可以看到矢代臉紅的樣子」（笑）。

溝口 雖然是因為受傷而發燒，不過可以看到臉紅的矢代露出可愛的表情，還是很開心呢。我懂那種感覺（笑）。話說回來，第三集後半，出現了名叫「組對（組織犯罪對策部）五課的井波」的警察對吧。就是那個說要侵犯矢代，對百目鬼說了很過分的話的討厭傢伙。我看到那個人的樣子時，心想「嗚哇——居然出現長得這麼凶惡的角色，ヨネダ老師，您又邁進到很不得了的境地了呢——好厲害啊——」。

ヨネダ 是這樣嗎？不過那個角色，出現在青年劇畫中的話長得算是普通還不錯的吧？

溝口　很有青年劇畫的色彩呢。但是ＢＬ漫畫就算多少帶著一點劇畫色彩，主要還是以少女漫畫式的軟甜畫風為主流，所以我覺得那個角色相當特異。不過這也可能只是我的品味太少女了也說不定（笑）。

ヨネダ　因為井波是討人厭的傢伙，所以我本來想畫成更肥醜的角色，不過就畫面來說實在……所以後來就作罷了（笑）。

溝口　謝謝您的作罷（笑）。

為了讓作品的生命更完整

溝口　順便一問，聽說《鳴鳥不飛》的男性粉絲很多，在ヨネダ老師的感

井波（左）／《鳴鳥不飛③》（大洋圖書，2015）
©ヨネダコウ／大洋圖書

覺中，男女比例大約是多少呢？

ヨネダ　比例的話我也不太清楚。不過我想應該不到有很多男性粉絲的程度。收到的信還是壓倒性地以女性讀者居多，其中零星地有一些男性的回饋，應該是這種程度吧。

溝口　關於《鳴鳥不飛》，有什麼印象特別深刻的讀者回饋嗎？

ヨネダ　我收過不少信會在作品的感想之後加上自身經歷，而且自身經歷的篇幅比感想更長。也有不少人對矢代很有共鳴。女性讀者如此，連在法國的簽名會上，也有男同志讀者告訴我「我很能明白矢代的心情」。此外似乎也有不少受到性暴力的倖存者對矢代有共鳴。

溝口　矢代讓那些曾經受過性暴力的讀者們獲得救贖，是這樣嗎？

ヨネダ　有許多人是這麼說的。我本身並不是基於那樣的意圖去畫矢代，所以相當意外……而且我是會把作品和自身拉出距離的人，或者該說，我覺得作品就是作品。不過同時，在聽到許多那樣的聲音後，我發現自己正在畫的是會影響他人人生的作品，因而產生了責任感。不是一定要為了那些讀者們創作這樣的責任感，而是必須讓《鳴鳥不飛》這部作品，身為作品的生命更完整，這樣的感覺。為此，自己必須要集中精神，傾注心力去完成它才行。

溝口　並不是「自己有意圖地這麼畫作品」，而是「為了讓作品的生命更完整，也就是為了作品奉獻自己」。不是別人，而是身為作品創造主的作者說這樣的話，對於沒有創作過虛構作品的我來說，覺得非常有意思。

ヨネダ　到底是為什麼呢。主角不用說，就連配角也是，只要開始思考那個角色的事，就停不下來呢。因此畫出那些角色過去的故事，我會覺得是「必須該做」、「不畫不行」的事，比「想畫出來」這樣的心情更為強烈。

「超越了」類別——這種表現方式的危險性

溝口　說到配角，第一集一開始的故事裡成為戀人的影山和久我，我很喜歡這一對，但是後來就很少出場了。不對，身為矢代同年玩伴的影山醫生出場次數很多，有時久我也會出現在同一個場面，但是這兩人的感情戲從第二話的開頭之後好像就沒看過了……。

ヨネダ　啊——這兩人啊，因為已經在一起了……對於喜歡他們的人，真是感到抱歉啊（笑）。

溝口　描寫了影山和久我相遇的《Don't stay gold》，最後成為《鳴鳥不飛》的第一話，收錄在單行本第一集的開頭。

久我（左）與影山（右）／《鳴鳥不飛①》（大洋圖書，2013）©ヨネダコウ／大洋圖書

但是兩者發表的媒體並不相同呢。

ヨネダ 是的。當時我完全沒有要畫《鳴鳥不飛》的預定，是以單回短篇的形式創作，所以風格有點不太一樣。

溝口 啊，確實。雖然也有久我表現得非常凶暴的場面，但是在影山家，兩人的空間是很和平閒適的，所以比《鳴鳥不飛》更有BL固定套路的味道。說到固定套路，BL所畫的黑道通常是金融黑道，所以不太會做暴力的事，或是即使經營風俗店，可是對待「女孩子」的態度比其他風俗店好很多之類，很多是只有在BL作品中才會出現的虛幻柔軟黑道。但《鳴鳥不飛》並不是這樣呢。

ヨネダ 這或許是因為我不打算以肯定的態度來描繪黑道。我看過的青年漫畫裡，對黑道的描寫幾乎都是「黑道好酷！」、「男人真棒！」這種全面肯定的態度，我畫不出那樣的黑道呢。我想畫更貼近現實一點的黑道，不過說是現實，其實也只是藉由書籍多少做一點功課而已，我自己本身並沒有對黑道特別了解，只是我不想要與一般社會大眾對黑道的印象脫節太多。就這方面而言，我覺得我一直被平田這個黑道角色帶著前進……這部分和結局有關，所以不能說太多就是了。

溝口 原來如此。回到「FRaU漫畫大獎」的話題上，雖然我受邀撰寫《鳴鳥不飛》的「激賞評語」，但是對方當然沒有告訴我選出這作品的原因或作品介紹的部分。所以當我收到刊載評語的雜誌，看到上面沒有「這是超越BL的作品」之類的說法時，老實說讓我鬆了一口氣。應該說，長久以來我對於傑出的男同志電影被評為「超越男同志電影，表現出了普遍的愛」之類的說法一直很不滿……「超越是什麼意思啊？不超越就得不到讚美，不就表示根本是視男同志為次等嗎？為什麼不直接說那是傑出的男同志電影就好了」像是這樣的感覺。而且我也曾經看過廣受各界歡迎的BL作品被說是「超越BL」的評語。所以這次《鳴鳥不飛》不是以「超越BL」，而是以一部「傑出的BL作品」得獎，讓我覺得很感動。雖然這樣好像很誇張就是了（笑）。

ヨネダ 這麼說來，確實沒有看到那類的評語呢。說到類似的事，我很喜歡動畫的配樂，也經常買CD在工作時聽，不過之前在產品評論看到有人寫說「超越了動畫原聲帶的水平！」讓我很驚訝。心想那是用來超越的東西嗎!?「超越」這種表現確實很微妙呢。

溝口 是啊，真想禁止「超越」的用法呢（笑）！

腐女與男同志的共通點

ヨネダ 關於《BL進化論》，起初我對於厭女情結和恐同心態之類的詞彙感到很衝擊，身為BL作者，雖然覺得這些「真是刺耳啊」，不過繼續看下去後我也學到了很多東西。例如第三章提到的「YAOI論戰」，我也是第一次知道這件事，有種原來如此啊的感覺。看了最後與異裝王后Bourbonne的對談，雖然也和剛才提到的「超越」有關，我才知道原來也有類似同類相斥的情況。不只我們這些腐女看不起自己，就連男同志們也會看不起男同志中擁有女性特質的人，或是抱持著恐同心態，真是讓我恍然大悟。

溝口　是啊，正向肯定男同志的雜誌《Badi》※1創刊於一九九四年，而佐藤雅樹先生寫下「YAOI什麼的去死吧」引發「YAOI論戰」，則是在更之前的事。因為就像佐藤先生寫的，別說是公開自己的男同志身分了，有很多男同志甚至覺得自己這輩子都無法談戀愛或享受性愛。

ヨネダ　真的很衝擊呢。當然，應該也有異性戀者覺得自己一輩子都無法談戀愛。但是就無法公開自己的性取向這點來說，男同志活得艱難多了。

溝口　是啊。因為不特別說出來的話，就會被當作異性戀者看待，現在的社會就是這種異性戀規範社會呢。

　最後，雖然是個範圍很大的問題，請問您有什麼此生中特別想完成的事嗎？

ヨネダ　我想試著在國外過著悠閒自在的生活。我希望老了以後，能在環境完全不同的土地上過著隱居的生活。

（二〇一五年十二月十五日　於東京・惠比壽）

※1 一九九四年創刊的男同志綜合雜誌。異裝王后Bourbonne、貴婦松子都曾經是此雜誌的編輯。

「我想畫同性戀的人戀愛，並且慢慢與社會接觸的故事。」

2

與漫畫家 中村明日美子的對談

二〇〇〇年，中村明日美子老師以〈コーヒー砂糖いり恋する窓辺（加入砂糖的咖啡戀愛的窗邊）〉（刊載於《マンガエフ（Manga F）》）初次亮相。二〇〇六年起開始在BL雜誌《OPERA》連載第一個BL作品〈同級生（同級生）〉系列（二〇〇八～一四），以此作橫掃BL排行榜冠軍，一躍成為BL的代表作者之一。我在《BL進化論》（二〇一五）中考察過這一系列，並認為它是提示我們該如何跨越恐同心態的「進化型BL」代表作之一。沒錯，〈同級生〉系列不但是在名為BL的娛樂類別中，近年來最有人氣的作品之一，同時也是最前線的「進化型」作品。《BL進化論》的封面跟書衣插圖能夠邀請到中村老師繪製，使這本書有了「面貌」，身為作者的我自然不提，對於「BL進化論」這個理論而言也是最棒的事了。不管是在創作出〈同級生〉系列之前或之後，不只是BL，中村老師一直在各種類別中，無視性慾與道德的禁忌，持續進行具有挑戰性的創作。我想稍微窺探由華麗的線條描繪出來，看似纖細柔軟但又結實的「明日美子世界」的祕密。我以這種想法，請中村老師與我進行「對談」。

溝口　雖然《BL進化論》上梓已經將近一年了，但是每當看到書，或是看到介紹文附的書籍外觀時，我就會覺得很幸福。由於這是我從美國研究所時代就開始做的研究，所以提出了各種要求，像是「希望能讓不熟悉日本漫畫風格的美國指導教授也能一眼看出兩名角色都是男性」或是「希望能在裏封面畫兩人三十年後的模樣」等，而中村老師全部都接受了，真的是非常感謝！而且我沒想到，連角色衣服的布紋都是以手繪的方式非常仔細地畫出來，使得畫面非常細緻又有韻味，把黑白線稿的特色發揮到了極致。

中村　有點職人技巧的感覺（笑）。我畫得很開心哦。感謝內川先生把封面設計得很帥，真是太好了。

溝口　是的，書背把標題移到右邊的部分也很帥。

《BL進化論　ボーイズラブが社会を動かす》
（太田出版，2015）

從相遇至今

溝口 話說回來，我試著回想自己是從什麼時候開始看中村老師的作品的。〈同級生〉系列第一集的單行本是在二〇〇八年出版，當時同為BL愛好者的朋友們「互相告知」，說「這本很厲害，一定要看」，我才知道中村老師的作品。一讀之下「這是多麼新鮮又有個性的作品啊」我因此而成為您的粉絲。不論是描繪想成為瑪麗蓮夢露的少年J的半生的《Jの総て（J的故事）》（二〇〇四～〇六），或是可愛風格的少女漫畫《片恋の日記少女（單戀日記中的少女）》（二〇〇八），還有歌德羅莉等等，我把所有中村明日美子老師的作品全部都看過了。這應該是最常見的入門方式吧（笑）。

中村 的確，在《同級生》的單行本出版之後，讀者們的迴響比之前多了許多呢。

溝口 而第一次見到中村老師，是在二〇一一年初夏，我為紐約市立大學Feminist Press所出版的一本名為「WSQ」的女性研究季刊，策劃、統整、翻譯了一個誌上迷你畫廊「In Flux（在波流之中）」。在我告訴榎田尤利／ユウリ老師希望能有與文字搭配的作品時，榎田老師介紹您給我認識，並委託您作畫（日語版公開在網站「ぽこぽこ」上）。那剛好是在您復工不久的時候。我聽說過您因為身體不適而暫時休筆的事，卻還是說「在您剛復工時就委託您真的很不好意思，但希望您務必參加！」。我還記得與您討論委託內容時，心裡有多緊張呢。

中村　原來是這樣啊。那是二〇一一年的事呢。我是在二〇一〇年停筆休息的，剛好是《空と原（空與原）》（單行本為二〇一二年出版）連載到一半的時候。大約休筆了半年吧。

溝口　很高興您又回來了。《空與原》是〈同級生〉系列的第四本書，主角原老師是前三本的主角草壁和佐条的高中音樂老師，雖然原本只是用來陪襯的角色，不過在第四本時變成了主角。不管是原老師、剛入學的新生空乃，還是有坂老師與響，這些角色都是曾經有過傷痛，對自己的性取向有自覺的同性戀角色。〈同級生〉系列很有說服力地畫出他們內心的糾葛與前進的過程，屬於「進化型ＢＬ」的最前線作品。

中村　在我心中，《空與原》是即時感很強的作品，我擔心要是把它擱置太久故事就會死了，所以比預定來得更早復工……不過，復工後第一篇畫的並不是《空與原》，而是在「ぽこぽこ」公開的《アードルテとアーダルテ（Adolte和Adarte）》。

溝口　啊，確實是這樣。收錄在《空與原》中的〈ツーブロック（Two-Block）〉是刊載於《OPERA》二〇一〇年六月號，〈Sorano to Fujino〉是二〇一一年四月號，中間有十個月的空白呢。話說回來，《Adolte和Adarte》是中世紀奇幻的新故事，您有把它出成單行本的打算嗎？

※1　系列書名是「王国物語（王國物語）」，刊載媒體轉移到《Ultra Jump》，從同誌二〇一七年五月號開始不定期連載系列的第二作〈王と側近（王與心腹）〉。

中村 有的。我正在一點一點地畫。但不知道什麼時候會集結成冊就是了※1。

溝口 我相當期待那天的到來。

〈同級生〉系列是從「眼鏡特輯」號開始的

溝口 《同級生》（二〇〇八）的後記中寫到「認真地，慢慢地戀愛吧」，現在已經是非常有名的句子了，不過在二〇〇八年的時間點，就ＢＬ作品來說，一整集只進展到接吻，是非常罕見的事呢。

中村 一開始時我認為會是更色情的故事，不過畫著畫著，就覺得應該不是那樣。

溝口 話說回來，〈同級生〉系列是您的第一部ＢＬ作品呢，當ＢＬ雜誌《ＯＰＥＲＡ》向您邀稿時，您有什麼想法呢？

中村 「總算來了！」這樣（笑）。明明《コペルニクスの呼吸（哥白尼的呼吸）》（二〇〇二～〇三）和《Ｊ的故事》都有男同性戀的要素，而且這世道如此流行ＢＬ，可是卻沒人向我邀稿，「果然我的風格有哪裡不合ＢＬ的要求吧？而且畫風又很可怕」那時我一直這麼想呢（笑）。

溝口 您當時有在看ＢＬ漫畫嗎？

中村 我看了很多雁須磨子老師的ＢＬ漫畫。

溝口 在Libre出版的十五週年紀念冊子※2中，有個您與榎田老師和雁老師合作的「交換角色表企劃」。您們原本交情就很好呢。

中村 與其說是交情很好……純粹只是我單方面的單相思而已。雁老師接受了我的愛，給予我回應……。

溝口 不不不，有回應的話就是兩情相悅啦（笑）。順帶一問，您是從哪裡得知雁老師的作品呢？

中村 町田的福家書店。那邊有很多冷門書。我在那邊大肆採購久內道夫老師等人的漫畫時，剛好看到雁老師的書。封面非常棒，我記得那本是《いちごが好きでもあかならとまれ。（草莓・情人・我）》（二〇〇四）。我買回來看了之後，覺得內容也非常棒。

溝口 除此之外，還有看過其他作者的ＢＬ漫畫嗎？

中村 我也有看過語シスコ老師的漫畫，不過是在什麼樣的機緣之下看的已經想不起來了。《OPERA》向我邀稿時，有讓我看過他們的既刊。我還記得因為語老師的作品也在上面連載，所以我想說「在這本雜誌連載應該會很舒服吧」。ルネッサンス吉田老師也在這本雜誌呢。還有basso（小野夏芽）老師等《OPERA》的招牌作者也在。

溝口 雖然《EDGE》休刊了，但由於basso老師的作品很紅，所以才能創立《OPERA》，這是我和

※2 二〇一五年時為了紀念中村出道十五週年，雜誌《BE・BOY GOLD》（Libre）十月號附贈了超過五〇頁的豪華小冊子附錄。

總編E在《這本BL不得了！2016年度版》（二〇一五）對談時，對方告訴我的。basso老師真是了不起啊。我也有他的書《クマとインテリ（熊男與知識份子）》（二〇〇五），我還記得當時覺得非常新鮮呢。basso老師也是，總編E也是，都好強啊……話說回來，《同級生》的第一話，是刊載於《OPERA》的「眼鏡特輯」號（二〇〇六）的單回短篇對吧？

中村 是的。不過畫完第一篇後，我覺得應該可以畫出後續，所以這麼跟雜誌講，對方聽到後也說「那請繼續畫吧」。

溝口 因此很快就系列化了呢。

中村 是的。所以其實〈同級生〉系列第一本的內容，都是照著雜誌當時的主題畫的哦。

溝口 啊，所以才會突然出現和歌啊。

中村 是啊，因為那期雜誌的主題是「和」。

溝口 原老師本來是設定成女老師，是在總編E的建議下才改成男老師，這件事到現在還是很有名呢。

佐条（左）與草壁（右）／《同級生》扉頁（茜新社，2008）©中村明日美子／茜新社

中村　是的。是總編英明。總編說「我很喜歡《J的故事》裡的亞瑟，妳就把老師畫成那樣的角色如何」於是我就照著做了。所以兩個人的外表有點像。

幾近戀愛的瞬間

溝口　啊，是這樣啊……就ＢＬ作品來說，把原老師設定成男性是很正確的決定。但是為什麼一開始是設定成女性呢？我很想知道。

中村　唔……雖然現在也是，要問我在想什麼的話，那就是思考陷入戀愛的可能性與或然性吧。《同級生》的故事背景是男校，學生們都很喜歡教音樂的女老師「原老師」，所以會為了老師努力練習合唱。我覺得學生們「喜歡老師」的那個瞬間，就像戀愛一樣。但如果是男性音樂老師的

亞瑟（右）與原老師（左）／右：《J的故事》（太田出版，2004）。左：《空與原》（茜新社，2012）©中村明日美子／太田出版 ©中村明日美子／茜新社

話，男學生們就不會為了老師努力練習了。我想畫的不是因為主角是男同志，所以喜歡上男老師的這件事，我想自己應該是想畫幾近戀愛的瞬間吧。當然，就ＢＬ來說，把原老師設定成男性是正確的。

溝口　是的。不過，我也很想看看那種幾近戀愛的故事。雖然有點突然，不過我和喜愛ＢＬ的異性戀女性聊天時，許多人都說「我不太確定自己是不是一〇〇%的異性戀者」。

中村　就是啊。

溝口　以文字為例，作家三浦紫苑老師也是這麼說的……但是就我的角度來說，「真的是這樣嗎？」我會有這種單純的疑問。會這麼說，是因為我在這個異性戀規範的社會中，是站在相反位置的人。因此，即使我發現「自己應該是同性戀者」，也會想「但說不定我不是一〇〇%的同性戀者」，並試著去實驗剩下那幾%，結果發現「我果然無法與異性談戀愛」，我曾經做過類似這樣的事哦（笑）。可是「覺得自己不是一〇〇%的異性戀者」的女性們，應該不會特地去嘗試自己是不是同性戀吧。當然，在異性戀規範的社會中，會對同性戀行為踩煞車也是理所當然的。

中村　因為有許多女性會對同性好友產生很強烈的感情呢。甚至在好友交了男朋友時會感到嫉妒。在發現自己有那種感情時，或許就會拓展出各種可能性。要到什麼樣的程度才算戀愛呢？沒有肉體關係的話就不算戀愛，不過是其中一種說法而已。

溝口　是的，雖然一般都認為「要有伴隨黏膜接觸的肉體關係，才算是戀愛」。不過真的是這樣嗎？（笑）。連占有欲都出現的話，稱為友情我覺得太過強烈了。在我印象中幾乎沒看過誠實地描寫這種微妙部分的虛構故事。在某種給異性戀男性看的色情作品中，或是作為某種異性戀女性的性行為選項時，這類「女同性戀行為」的描寫有很多就是了……當然，哪種程度算是友情或保護欲？又或者是戀愛？BL之所以如此擅長「重新檢討愛情的定義」，便是出於「不確定自己是不是一〇〇%的異性戀者」的女性BL愛好者們的想法。更進一步地說，就是反映出了她們將「戀愛」本身視為疑問、提出問題的意識。BL一直藉由男性角色來重新檢討這個問題，這麼做是有意義的。假如能以女性角色畫出剛才提到的「幾近戀愛的可能性」，應該會是與現有的「女同・色情」作品完全不同的故事吧。

中村 我會想畫以女孩子為主角的故事。但是不知道會不會變成那樣的故事就是了。

漫畫的閱讀履歷

溝口 您是從什麼時候開始想成為漫畫家的呢？

中村 從懂事時就開始了喔。我還記得小學寫「將來想當什麼」的作文時，因為覺得寫漫畫家很害羞，所以寫了畫家……我應該是在幼稚園時就已經想當漫畫家了吧。

溝口 好早呢。您是看了什麼漫畫才產生這種想法的呢？

中村　幼稚園時應該只看過《ドラえもん（哆啦A夢）》（發表於一九六九～九六）[※3]而已……因為那時幾乎還不會認字。

溝口　儘管如此，您那時想的是「我想成為漫畫家」對吧，而不是單純地想畫圖。

中村　沒錯。雖然我最早看的是《哆啦A夢》，不過我家有很多奇怪的漫畫。比如石之森章太郎的作品，我家的不是《サイボーグ009（人造人009）》（發表於一九六四～九二），而是《縄と石（縄與石）》（《佐武と市捕物控 縄と石》一九六七）——那是江戶時代，雙人組搭檔抓犯人的故事。手塚治虫的作品不是《火の鳥（火之鳥）》（發表於一九五四～八八）而是《時計仕掛けのりごん（發條蘋果）》（一九七六）和《Aチャン B子チャン探険記（小A小B探險記）》（一九八二）。白土三平的話不是《カムイ伝（KAMUI傳）》（發表於一九六四～二〇〇〇）而是《カムイ外伝（KAMUI外傳）》（一九六六～）。小學時，因為我父母很喜歡漫畫，我看的都是那種比較另類的漫畫，雖然收藏的漫畫沒有特別多就是了。然後小學時，有一次我感冒在家休息，父母就買了漫畫雜誌《りぼん（Ribon）》給我看，我覺得《お父さんは心配症（爸爸擔心症）》（岡田あーみん／一九八五～八九）很有趣，看得非常認真，明明身體不舒服，結果還因此變得更嚴重了（笑）。

溝口　（笑）。開始自己動筆畫漫畫，是什麼時候的事呢？

中村　小學一年級時，我曾經畫了漫畫，影印後在班上傳閱。

溝口　影印本！您還記得是什麼樣的故事嗎？

中村　是倉鼠和小烏鴉，還有姊姊一起去糖果之國的故事。內容本身像是模仿《哆啦A夢》就是了。

溝口　真可愛——！

中村　還有做過類似交換日記那樣的交換漫畫。大概有六本左右吧。

溝口　大家都會交換漫畫嗎？

中村　不是，有各式各樣的。有畫漫畫的，有寫小說的，也有寫普通日記的。

溝口　所以也不是用素描簿交換的囉？

中村　是一般的B5筆記本。我在上面畫了格子再畫漫畫。大多是奇幻類的故事。

溝口　小學時就開始畫漫畫了呢，那國中呢？

中村　國中時朋友借我看同人誌，我覺得那很有趣，還被朋友拜託畫了沒看過的動畫的二創圖。

溝口　哦～那麼，角色的塑形也是從同人誌開始的呢。那麼，以讀者的身分來說，那時候都在看什麼作品呢？

中村　我一直有在看少女漫畫誌《なかよし（Nakayoshi）》。但那是少女漫畫，所以全都是女孩子認識男孩子後，兩人談戀愛的故事，看到後來有種閉塞的感覺。就在那時，朋友借我看《ドラゴ

※3　提及的作品當中，難以斷定「初次發行單行本」時間的作品，會以刊載於雜誌等媒體的「發表年分」來記載。

ン・フィスト（白龍傳說）》（片山愁／一九八八～二〇〇五）的漫畫。主角在立領學生服底下穿著中國服，因為是龍的化身所以會長出角之類，而且很強悍，還會和邪惡的組織戰鬥。我看了這本漫畫後心想「啊，漫畫其實是很自由的嘛」，並因此喜歡上這類奇幻系作品，也開始買起連載該作品的雜誌《ウィングス（WINGS）》。

溝口 啊，那也是連載《パーム（PALM）》（獸木野生〈原筆名伸たまき〉／一九八四～）的雜誌呢。

中村 對對，我開始買雜誌之後，覺得《PALM》真的非常有趣，還特地去書店訂書把漫畫單行本湊齊。

溝口 這麼說來，《PALM》還在繼續連載呢，隔這麼久該補進度了……話說回來，您有看過一般常說的BL始祖漫畫嗎？比如「二四年組」或是更晚的《絶愛（絶愛）》（《絶愛－1989－》尾崎南／一九九〇～）之類。

中村 算是有看過吧……我那時反而比較喜歡遊戲。我也喜歡「勇者鬥惡龍」，一部分是受到哥哥的影響，喜歡奇幻作品也是這個緣故呢。

投稿時代與畫風的變遷

溝口 接下來的話題有點跳躍，您的出道作〈加入砂糖的咖啡戀愛的窗邊〉（收錄於《雞肉俱樂部》，二〇〇二），是從大學時代開始投稿，刊載於太田出版的《Manga F》上。這個有關夫人的故事，畫風已經非常有個人特色了，請問您是如何演變成這樣的畫風的呢？

中村 我的畫風是受到多田由美老師的影響。還有，去書店買多田老師的書時，發現了吉野朔實老師的漫畫。夫人的畫是經由多田由美老師和吉野朔實老師發展而成的。比如說這裡……這個鼻子（右下圖），這個鼻孔的畫法就很多田式（笑）。

溝口 故事內容的部分，是因為刊載於《F》，所以走情色風格嗎？

中村 是啊。這個時期的《F》，每次出刊總編好像都會被叫去都廳訓話的感覺。嘛，是不太妙的雜誌呢（笑）。我也有投稿過其他雜誌，但全部都不行，只有《F》一次過關，所以有必須配合這個雜誌風格創作的覺悟。還有，因為當時雜誌的作者還不多，所以即使我那篇得獎作是佳作，也馬上被刊登到雜誌上了。新人的話，最好找剛創刊的雜誌投稿哦，因為作品立刻被刊登出來的機會很大（笑）。

溝口 我再次重看之後，發現「夫人」的時期，還沒有後來明日美子老師的畫中那種極有特色的曲

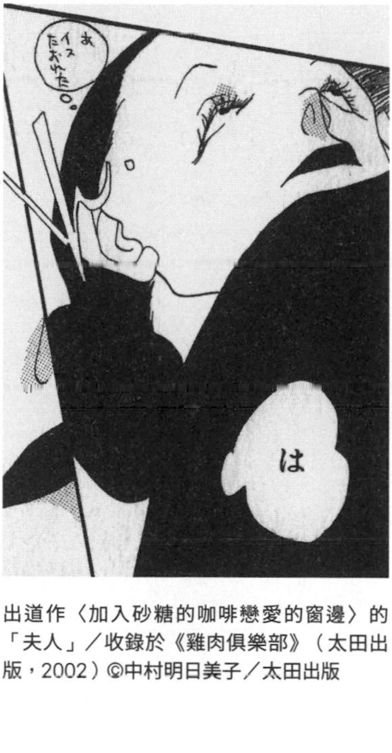

出道作〈加入砂糖的咖啡戀愛的窗邊〉的「夫人」／收錄於《雞肉俱樂部》（太田出版，2002）©中村明日美子／太田出版

線呢。讓我不由得想了解一下您畫風的變遷過程。

中村 就我自己來說，我覺得發明出在眼中畫虹彩是最大的變化。那是什麼時候的事呢……可能是從〈ミドリ色のすべすべした美しい身体（綠色光滑的美麗身體）〉（收錄於《雞肉俱樂部》，二〇〇二）開始的吧。

溝口 我在訪談中看過，這時期的初期，編輯T很認真地指導您呢。

中村 是啊。啊，我想起來了。出成單行本時，把這邊重畫了（右圖）。因為被說「不夠美麗呢」，我回答「好像是呢」。

溝口 啊，是這個朝斜後方看的全身圖旁，臉部特寫的部分吧。責編很仔細地做指導呢……話說回來，在Libre出版的十五週年紀念小冊子中，上面的年表提到您在出道四年後，以〈僕、タマゴマン（我是雞蛋人）〉這部作品在小學館的《flowers》得獎。這個作品會出版成單行本嗎？

中村 那篇是四格漫畫……目前算是飄在半空中的原稿吧。

溝口 不過已經從某本雜誌亮相了，還繼續投稿其他雜誌，我很少聽到這種情況呢。

〈綠色光滑的美麗身體〉／收錄於《雞肉俱樂部》（太田出版，2002）
©中村明日美子／太田出版

中村 或許是那樣呢。不過我的情況是，因為《F》的責編T跟我說「為了讓單行本賣好一點，也要在其他地方增加曝光率才行。妳也去其他雜誌畫吧」，我就回答「我知道了，我會投稿其他雜誌的」。

只想畫看得見的部分

溝口 您在多摩美術大學藝術學系二〇一三年的特別講座時，談到關於角色，會深入思考到「這個人在喫茶店喝茶時，是會把手機放在桌上的人嗎？」這樣的程度，讓我印象非常深刻。我心想「原來如此啊，原來老師在賦予角色生命時，會設想到如此具體細微的部分」。

中村 唔——。不過並不是在一開始時就思考到那麼細微。雖然這樣講有點詭異，應該說是角色自己動起來了吧（笑）。

溝口 不，我不會覺得詭異啦（笑）。

中村 聽說編劇倉本聰先生一定會替他的故事人物寫年表；三谷幸喜先生也是，如果演員要求的話，就會幫角色寫履歷表。當然，劇本和漫畫不一樣，是由第三者來表現的，為了和演員對角色有共同的認知，所以需要附上信念、思想等等的血肉。但是，其實我不是很想把這些部分化為語言，因為我只想畫看得見的部分。幫角色設定好檔案後，就會因此覺得滿足，而且要從腦中把角色畫出來時，會因為以為很了解角色而說明不足。讀者只會看到看得見的部分，所以我覺得作者也只要看到看得見的部分就好了。草壁也是一開始只有姓，沒有名字。不過畫到一半時，就覺得沒有名字果然還是不行呢（笑）。所以不重要的配角我都畫得很快，要是慢慢畫的話，就會愈來愈了解這個角色，這樣一來故事的走向很可能會偏掉。不重要的配角，只要給予讀者路人的印象就好了，角色畫得愈仔細，愈會顯現出內在。

溝口 原來如此。作畫的過程等於是在塑造角色呢。

同性戀的人認真地、慢慢地與社會接觸——〈同級生〉系列

溝口 話說回來，〈同級生〉系列，一開始有臉有名字的角色，除了主角草壁和佐条之外，就只有原老師而已。第二本時知道草壁的朋友叫谷，第三本畫出了佐条母親的臉……角色真的是慢慢增加、累積的呢。關於這部分，有多少是一開始就盤算好的呢？

中村 許多漫畫家都會慢慢以各種角色為中心來畫番外篇。我也是這樣，畫著畫著就在意起來，這個人是什麼樣的人呢？接著樹狀圖就不斷擴張。〈同級生〉系列原本是以單回完結的形式畫出來的，決定要系列化之後，由於在此之前的作品，不論是《哥白尼的呼吸》還是《J的故事》，都是描寫相當長一段時間、類似人生譚那樣的故事，因此這次我想畫出跟這些不同，以即時的形式推進

的故事。此外，在這之前，我畫的大多是有如變化球般的同性戀者的故事，所以也想過要是有天能畫同性戀的人認真地、慢慢地與社會接觸的故事好像也不錯。在畫〈同級生〉系列時，「啊，這作品好像會變成那樣的故事呢」我突然有這種感覺。

溝口 是從第幾本的時候開始呢？

中村 從第二本《卒業生－冬－（卒業生冬）》（二〇一〇）的時候開始的吧。

溝口 系列作從《同級生》開始，持續出了《卒業生 冬》、《卒業生－春－（卒業生 春）》（二〇一〇）、《空與原》（二〇一二）、《O.B.1》（二〇一四）、《O.B.2》（二〇一四）。故事裡也明確地告訴讀者草壁和佐条在長大成人後也會繼續在一起；空乃完全跨越了國中時喜歡藤野並失戀的事，和原老師成為成熟的一對；有坂老師跟女兒也和好了，而且和響變成情侶。從我自己身為同性戀者的立場來看，也覺得能看到這些劇情，真的很開心。

中村 我一直很想畫同性戀的人戀愛，並且慢慢與社會接觸的故事。因此也想過在《O.B.》裡有辦法畫到那麼多嗎？其實我本來想畫更多的，不過那樣就愈來愈不像BL了（笑）。

溝口 咦——畫出來不是很好嗎！

中村 在別的作品裡畫吧（笑）。〈同級生〉系列的話，因為草壁和佐条的「閃亮感」實在太強烈了，所以我也想過畫到中年後黏糊糊的部分時，不能弄髒那種閃亮感。

溝口 閃亮感……確實是這樣呢。話說回來，動畫電影中增加了不少汽水的場面，讓人印象很深。

那一幕汽水掉下來，咕嘟咕嘟流得滿地都是的場面，一開始是怎麼想到的呢？……該不會是因為「看到了」？（笑）。

中村　哇——好可怕哦——（笑）。那個啊，因為名叫「N○DA」的汽水剛發售，我覺得那種有點甜又有點不知道該怎麼說的淡淡味道，很有年輕人的感覺，所以就畫了。大概對當時的我來說，那就是即時的感覺吧。

溝口　啊——我也在那個夏天，在自動販賣機買過好幾次那個汽水呢（笑）。

《同級生》（茜新社，2008）©中村明日美子／茜新社

「進化型BL」最前線的《空與原》

溝口　話說回來，《空與原》的後記中提到，您回應了許多讀者熱烈的「請讓原老師幸福！」的聲音，您有收過什麼令您印象特別深刻的讀者信嗎？

中村　讀者的信讓我知道，也有在病床上看我的作品的人，許多人都是在各種不同的情境下看我的作品。雖然我不是特地為了療癒那些讀者嚴苛的狀況而畫的，但是作品中棲宿著不同的力量，可以療癒人，某天也會成為某些人的精神糧食。讀者的信讓我發現到這點。

溝口　看《空與原》時，我完全把自己代入了曾經有過傷痛，並且對自己是同性戀有自覺的原老師和空乃這兩個角色裡。有坂老師和響也是，我甚至感同身受到想告訴響的母親可以打電話給「陪伴熱線[※4]」。不過考慮到現實的話，原老師和空乃差了二十一歲，也是很驚人呢。三十七歲和十六歲……！當然，兩人在這個時間點，並沒有以戀人的身分開始交往就是了。要說我想問什麼的話，就是您是怎麼想出空乃這個角色的呢？

中村　唔——其實我一直想不出來該設定成什麼樣子，所以花了很多心力。雖然早就決定好了故事的走向，但是一直無法決定作為原老師對象的孩子該是什麼樣子。有一天，我在某個電視節目中看到一個單元，是某個中年演員收到曾經共同演出過電視劇的年輕演員寄的留言影片，那段影片很棒呢。年輕演員對大前輩抱持著敬意，但有時會撒個嬌，有時又有點冷淡，還開玩笑地說「請再帶我去吃燒肉哦～」這種話。看到影片後我就想「就是這個！」（笑）。手長腳長的部分也是從那個年輕演員得到的靈感。

溝口　（偷問演員的名字）原來如此！我也曾在某個節日上看過他，他連日常服裝都穿得很時髦，雖然很有禮貌但又有點調皮的感覺呢。不過空乃對原老師不算很有禮貌就是了（笑）。話說回來，

※4　原文為よりそいホットライン。一般社團法人。由包容社會支援中心提供的電話諮詢專線。

《空與原》的封面也很創新呢。不像一般的BL作品，是拉得很遠的遠景，看第一眼時，會想說他們是誰啊？（笑）。

中村 沒錯沒錯，我是故意的（笑）。因為《同級生》和《卒業生》的銷量不錯，所以我想這次這麼做應該沒關係吧。只要書腰上有放（角色的）臉，應該就沒問題了。

溝口 原來如此。不論是在內容上刻意真實地描寫了同性戀者跨越內心糾葛的模樣，還是刻意的封面，都是因為整個系列的銷售成績很好才有辦法呢。換言之，這是對讀者們的購買行動，以及BL愛好者對角色與故事的愛要如何跨越恐同心態所做的實驗，作為進化型BL，這是很好的例子。以結果來說《空與原》也同樣被大多數的讀者接受了吧？

中村 是的，銷量並沒有下跌。

《空與原》（茜新社，2012）

不是原作粉絲，才做得出來的優質動畫版

溝口　草壁與佐条的閃亮感，即使在ＢＬ之中也是極為罕見的亮度，而在動畫的劇場版電影中，更為那種閃亮感加上了聲音與動作。電影完全保留了原作的氛圍，是一部非常優質的動畫。不只是兩位主角，就連背景以及比原作篇幅更多的汽水潑濺場面，全都非常閃亮呢。

中村　是的。動畫在六十分鐘的片長裡，把被連載切成片段的部分整理得非常好，自己的作品能成為如此有才能的導演（中村章子）執導的第一部作品，真是太幸運了。還有，我要先說，以導演為首的動畫版《同級生》的製作群中，原本就看過漫畫〈同級生〉系列的人其實很少。由並非原本就是粉絲的專業人員，在消化過原作之後，盡力呈現出了最好的作品。我想正是因為這樣才能做出這麼棒的動畫電影。

溝口　但是，對原作沒有愛的話，就做不出好的動畫了吧？

中村　是這樣沒錯。但假如原本就是原作粉絲的話，有時會因為害怕變更原作而綁手綁腳不是嗎？不過我覺得他們沒有那種顧慮。雖然會參照原作，但也會將其當作「自己的作品」消化吸收。我想正是因為這樣才能變成一部好的動畫。

溝口　原來如此。不是說原作粉的動畫製作組就不行，而是指為了做出好的動畫，必須毫無顧慮地

使用原作呢。這樣我就懂了。身為原作者，您是在製作到哪個階段時覺得動畫版「沒問題」、「這會是一部好動畫」的呢？

中村 我第一次覺得應該沒問題，是在看到角色設計的林（明美）老師畫的圖時，因為她把氣氛抓得非常好。

溝口 是相當早期的階段呢！

中村 是的。後來製作單位讓我確認分鏡時，我就肯定這毫無疑問會是一部好作品了。

溝口 有先看了動畫才看漫畫原作的人嗎？比如聲優的粉絲之類。

中村 有聲優粉，也有動畫粉在看過預告後決定進電影院看動畫劇場版，看完後想說「也買一下原作漫畫吧」，這樣的人似乎也不少。

溝口 動畫化後，果然會讓更多人知道呢……話說回來，過去我一直認為〈同級生〉系列的魅力，是緩緩地落入戀情，以及後來的內心糾葛等等的纖細心理描寫，不過在今天的對談後才發現，只畫出看得到的部分、沒有內心獨白，也是很重要的部分。例如草壁爽快地說，雖然男人和男人將來不能結婚，但是可以藉由收養成為一家人，所以還是該去向父母致意一下。聽到這段話的佐条覺得很困擾，並且對不明白脫離「普通」有多麼嚴重的草壁感到氣憤，於是用生氣又害羞的表情朝草壁甩包包。這一段要是以佐条的內心獨白說明他的困擾，讀者很快就能將感情代入佐条之中，但是相對的，就失去了一面想像佐条的內心，一面從旁觀看困擾的佐条與接受佐条的草壁這樣的立場了。假如讀者聽到連草壁都聽不見的佐条的心聲，印象就會截然不同吧……我剛才突然想起，之前看過的ＢＬ漫畫中，雖然有「受」的內心獨白，但是似乎完全沒有「攻」的獨白。把角色的內心想法化為文字讓讀者了解，或是只讓讀者看到外在看得到的部分，這兩者之間的差異相當重要呢。

J是從髮型誕生的角色

溝口　關於「想成為瑪麗蓮夢露的少年・Ｊ」的《Ｊ的故事》，您說過，這是從學生時代的跨性別朋友那兒得到的靈感。最後一集，也就是第三集的後記裡，您故意以「人妖」這樣的詞彙，寫說這是個人妖強悍地活著的故事。以美國為背景，想成為瑪麗蓮夢露的少年與垮掉派詩人等等，這些設定是怎麼來的呢？

中村　我本來就很喜歡垮掉的一代（Beat Generaticn）和

《卒業生 春》（茜新社，2010）©中村明日美子／茜新社

披頭族。還有，在一九五〇那個年代，對許多人來說，瑪麗蓮夢露是他們的繆斯吧，我認為許多人都「想變成那樣」。所以J也想成為瑪麗蓮夢露。

溝口 全宿制男校的描寫和「二四年組」的「美少年漫畫」、「少年愛作品」有共通之處，但是J有很強的MtF跨性別女性傾向，這部分又完全不一樣。

中村 關於這個故事，J的角色設定是砰地完成的呢。

溝口 怎麼說呢？

中村 我是從髮型開始設定的。在畫〈2週間のアバンチュール　南仏（2週的冒險假期　南法）〉（二〇〇三年刊載於雜誌，收錄於《2週間のアバンチュール》二〇〇八）時，我畫到名為歐特的老師的髮型，覺得這捲毛真有趣啊。雖說是老師，不過是個變態就是了（笑）。所以，我打算讓J也是捲毛。個性的部分，用女性口吻說話是我自己一開始就決定好的。雖然就BL來說，是不可能讓男性角色用女性口吻說話的，但我想「嘛，沒差啦，反正《Manga F》又不是BL雜誌」，而當時的責編T也說OK。

溝口 J並沒有想要完全以女性的角色活著，但他還是必須被當成女性對待，這種微妙的跨性別態度，雖然不太常出現在檯面上，但是我想實際上應該有很多這樣的人吧。這部分也是以您的朋友為參考嗎？

中村 不，我朋友已經動完手術，完全以女性的身分生活了，所以和J不一樣……畫著畫著，J就變得沒有那麼像女人了呢。這部分也是「角色自己動起來了」的詭異狀況就是了（笑）。

溝口 就說不會詭異啦（笑）！不過您在多摩美的特別講座中提到，故事的最後，在J和保羅的關係中，因為J已經被當成女人，所以即使沒有全都穿女裝，穿稍微有點中性的褲裝也不會怎樣了。聽您這麼說，我頓時恍然大悟。

中村 就是那樣。雖然在最後一幕J和母親相依在一起時，因為是象徵性的一幕，所以我讓J穿著連身裙。但是我認為這時候的J已經有時會穿裙子有時會穿褲子了。

溝口 J是「總受」，與男性進行性行為時都是被插入的一方，在這樣的人生中卻曾經和名為莉塔的女性發生性行為，並且一次就懷孕，成為了父親，這個發展相當讓人驚訝。不過第一集最開頭的部分，就是成年後的女兒珍說「我有兩個媽媽」、「我是由兩個媽媽生下來的」。所以說，J是「像媽媽一樣的父親」的這件事是從一開始就決定好的吧？

中村 是的。我本來想畫的是J與女兒的故事，但是覺得在這之前的故事比較豐富，所以變成了J的故事。但這個故事是從女兒開始的。

從夢中誕生，攻略異裝王后的女孩角色

溝口 話說回來，J與莉塔做愛的場面，感覺好像和收錄在《雞肉俱樂部》的〈獻給瑪大人〉中，

瑪大人與女性做愛的場面有關。這個瑪大人的原型是異裝王后瑪格麗特※5嗎？

中村　沒錯。我們都是從和光大學畢業的哦。有次朋友在排演時有個活動，那時候バビ江ノビッチ※6、チッコーネ※7和瑪格麗特都有來演出。當然，我和瑪大人沒有像那篇漫畫裡那樣就是了（笑），我是做了那樣的夢。瑪大人和我親熱的夢。

溝口　咦——這麼說來，這漫畫裡的女孩原型，就是明日美子老師本人啊！

中村　沒錯（笑）。在那之後，我在某個機緣下又遇到瑪大人，那時我詢問瑪大人，自己做了那樣的夢，能不能把它當作漫畫的題材畫出來呢？瑪大人說「可以啊」，所以我就畫了。不過本人可能已經忘了這件事了吧。

溝口　明日美子老師現在變成這麼有人氣的漫畫家，說不定她會想起來呢。是說完事後，女孩問說「我可以再來看表演嗎？」，瑪大人說「隨時歡迎」的部分也很棒呢！

中村　沒錯沒錯。只不過是發生過一次關係而已，沒什麼大不了的，像這種感覺呢。對於人生而言既不是悲劇也不是喜劇。

溝口　還有，這邊是明日美子老師……不對（笑），是女孩的角色攻略瑪大人。不過J和莉塔的時候，是J主動挑起的呢。

中村　我很喜歡那種構圖唷。哪天希望能畫那樣的女性的故事。

溝口　〈獻給瑪大人〉的續篇作品嗎？我很期待哦（笑）。

自己的感情和角色的感情融為一體的時候

溝口　話題回到J，在最後時，保羅從記者艾德那裡聽到GAY這個詞，接受了自己是GAY，也就是同性戀的事，也和阿姨說了這件事。但是我覺得，保羅與其說是以男人的身分喜歡男人，還不如說是被J的女性特質部分所吸引，所以不能算是GAY呢。

中村　對，其實不能算是GAY。說起來，比較像是「因為被人喜歡，所以自己也喜歡上對方，或是因為對方照顧了自己，所以喜歡上他，覺得那就是戀愛」這樣的感覺。

溝口　J在第三集也這麼說呢。自己和誰在一起都可以，來者不拒，對保羅也是這樣。這件事讓保羅大受打擊，心想「原來自己和其他大多數人是一樣的」。

中村　畫到那裡時，我覺得真的就是這樣。保羅很容易誤會，可是他活得很誠實，也會實際採取行動，所以即使是弄假成真也沒關係。就算是出於誤會，只要誠實地採取行動，就會變成真的。摩根

※5　本名小倉東。除了以異裝王后的身分進行活動外，也是男同志雜誌《Badi》創刊第二年起的監察人，活躍於各種場合而相當知名。二〇一五年在新宿二丁目開設了LGBT書籍齊全的讀書咖啡廳「okamalt」。

※6　以飛天或噴火等誇張的表演而知名的異裝王后。是新宿二丁目酒吧「marohige」的老闆娘。

※7　異裝王后、自由作家。介紹貴婦松子與Mitz Mangrove認識的事也很有名。

的話，雖然不知道他算不算真正的GAY，但是因為他沒有採取行動，所以只停在朋友的階段。保羅不知道這些道理，但他實際採取行動了，所以得到了想要的東西，也就是J。

溝口　原來如此……話說回來，第三集J打算跳樓的部分，真的讓人很衝擊呢。

中村　他覺得被逼到走投無路了吧……雖然保羅好像打算就這樣得過且過下去。

溝口　覺得只要繼續住在一起，問題總有辦法解決的，就在那麼想的時候……！

中村　幸好有艾德在呢。一個人的話就沒辦法把J拉回來了（笑）。

溝口　是啊，幸好來得及把J拉回來。不過，被救回來的J說「全都怪我」，讓人覺得相當心疼。

中村　那是我能想到最悲傷的句子了。

溝口　「要是沒被生下來就好了」。

中村　那句話真的很悲傷。而聽到J這麼說，保羅的回答很簡單：「我喜歡你」、「光是這個理由，還不足以支撐我們活下去嗎？」、「我不想離開你」。這些話都是我自己的心聲。一個人也好，只要有人陪在身邊，就會覺得被生下來是好的、活著是好的。所以在畫這一段時，我自己的感情與角色的感情是融為一體的……在高潮的場面時，自己所想的事情、相信的事情，都會和角色的心理重疊，或許這對我來說是很舒服的事，因此也覺得能夠消化情緒。〈同級生〉系列也多多少少有這樣的部分。在最後的時候，草壁說「不管過著什麼樣的生活，都有得到和失去的東西」，這也是我自己的想法。

溝口　草壁的「想面面俱到是不可能的」（《O.B.2》）那句話對吧？這裡我也很感動。與異性戀或同性戀無關，活著真的就是不斷地選擇什麼、割捨什麼，這句臺詞將這件事輕描淡寫地說了出來……原來如此，明日美子老師自己的想法與草壁同步了啊！所以才這麼有說服力呢。

怦然心動會吃掉頁數——分鏡與演出

溝口　話說回來，我想請教一下這一連串場面的分鏡。是因為這裡是相當緊張的場面，所以格子才會是垂直的長條形嗎？

中村　沒錯。垂直的格子可以營造出緊張感，水平的就會讓人覺得安穩。

溝口　（原作版）一二九頁的最後一格，保羅說「J？」並回頭後，一三〇、一三一頁的跨頁，用五格垂直的格子畫出跳樓的J與驚訝的保羅和艾德。接下來兩頁的跨頁，中央是急追上去的保羅，周圍則如走馬燈般配置著與J相遇之後的回憶場面。再下來的跨頁是用五格垂直的格子畫出保羅勉強抓住跳下去的J的手，並想要把他拉上去。不過右邊數來的第二格不是完全的垂直格，有艾德從室內抱住保羅的身體並撐住的水平格……這六頁，不論是每一格本身的畫面表現，還是跨頁整體的節奏，兩者的完成度都非常高呢。

中村　我還記得自己那時心想「畫出了很不錯的分鏡呢」。雖然只是一瞬間的事，但因為是非常重要的場面，所以我卯足了全力去畫。

溝口 從J打算跳樓的背影開始，接下來的四頁，文字只有保羅的「騙人的吧」、「不可能」、「怎麼會」而已。

中村 這裡的這些字也不算是內心獨白呢。沒有對話框也沒有四角框。

溝口 對耶，是在畫面上直接加上大大的文字。

《J的故事③》（太田出版，2006）©中村明日美子／太田出版

中村 因為我想盡可能避免加入內心獨白。

溝口 就像剛才談〈同級生〉系列時說的，「只想畫看得見的部分」嗎？

中村 是的。不過，這邊該說是不得不加嗎？既然都出現這麼強烈的回憶了，我想就算加入文字也沒關係吧。好讓讀者知道保羅有多重視J。

溝口 從J打算跳樓的背影開始算起，第十六頁的左邊最後一格，出現了J的女兒珍的手。那是保羅說「我不想離開你」之後的三頁後，也是J說「我最喜歡保羅了」的次頁。接著翻頁後，珍與J的邂逅畫的是珍的背影，以及讓人覺得是珍的視角、非常美麗的J的特寫。從J與保羅愛的告白開始，到莉塔生的J的女兒登場，這一整段無縫的連續感使人印象非常深刻。剛才聽到您說「這個故事是從女兒開始的」，我就理解了。這麼說來，這一連串的場面，也用掉了相當多的頁數呢。我想起在多摩美的時候，您曾經說過，感動的場面需要很多頁數。

中村 啊啊，是「怦然心動會吃掉頁數」那句。

溝口 就是那句。我心想「原來如此啊——」。雖然是理所當然的事，但有時使用很多頁數去畫，有時快速地帶過，這樣的抑揚頓挫非常重要呢。不過J的跳樓未遂不是「怦然心動」，而是「捏一把冷汗」就是了。另一個例子，就是《空與原》裡，空乃對藤野撒謊說「我交女朋友了」，接著被指責他說謊的原老師說「你不要逞強」，雖然空乃大聲地回說「我才沒有逞強!!」，不過那是因為他非常受傷，後來被原老師摸頭的空乃就哭了。這一連串感人的劇情，從說謊開始到哭出來為止，總共用了十一頁呢。

中村 是啊，這裡也用了很多頁數。

溝口 ……啊，空乃的頭髮被原老師揉亂的那格，沒有畫出原老師的眼睛呢。

中村 是的。那一格總編也覺得不要畫出眼睛比較好。要是因為畫出眼睛而知道原老師的表情，讀者就會被拉過去，在解讀時就只剩單一的情感了。

溝口 原來如此。沒有畫出眼睛的話，這一瞬間的感情就交由讀者自行決定了。讀者也可以將整個情感投射到低頭哭泣的空乃那邊……總編E，很有一手呢。

中村 對吧（笑）。

溝口 最後，不是一、兩年後的預定，請問您有沒有什麼此生特別想完成的事呢？

中村 唔……我想試試看遊戲方面的工作，因為我很喜歡遊戲。不過聽說那是相當嚴苛的工作，所以不知道能不能實現呢。

（二〇一六年四月二十六日　於神奈川縣）

「寫到完結時，我看到了一道光芒。在全黑的隧道深處看到了微弱的光芒。」

3

與小說家　岩本薰的對談

一九九七年，獲得BiBLOS（如今的Libre）的《小說b-Boy》主辦的第七回小說新人大獎的期待獎。九八年，在雜誌《小說b-Boy》開始連載，隔年首部單行本《やるときゃ、やるぜ！》問世。進入二〇〇〇年代，因小說（小說・岩本薰、插圖・不破慎理）與漫畫（漫畫・不破慎理、原作・岩本薰）同時進行的〈YEBISUセレブリティーズ（惠比壽名流紳士）〉系列（二〇〇四～〇八）一炮而紅，成為人氣作家。近年來也持續推出以狼人為主角的〈発情（發情）〉系列（二〇〇七～）、以南美叢林與貧富差距極大的大都市為故事背景的〈プリンス・オブ・シウヴァ（Prince of Silva）〉系列（二〇一三～）等暢銷作。

我在前作中，是以提示如何跨越恐同心態與厭女情結的「進化型BL」作品為中心進行論述，但是從一九九八年後半起，我開始進行BL研究，並以BL愛好者身分行動後，也看了許多「正統」的BL作品，並樂在其中。所謂的「正統BL」，一言以蔽之，就是「攻」的角色必須酷帥有型充滿男人味，「受」的角色必須是我見猶憐的「美人」，但是又要有陽剛之氣。由這樣的「攻」與「受」演出既華麗又「讓人小鹿亂撞」的愛情戲，使讀者陶醉不已的娛樂型ＢＬ。原本不是同性戀者的兩人，奇跡般地墜入情網，成就「永恆的愛情神話」。這些正統商業ＢＬ，是專門用來讓女性讀者逃避現實、療癒舒壓的作品。

在這類的ＢＬ小說中，岩本作品的高級感尤其醒目。而這是有複數原因的。首先，岩本老師能把現實中不可能存在、有才能又帥的角色，包含意外性與弱點在內，塑造得極有立體感，使人不覺得空泛虛假。此外，不著痕跡地在細微之處加入高級飯店、專屬管家、私人噴射機、世界級名牌等具有奢華感的描寫，也提高了真實性。描寫異國生活及城市風景，也不會讓人覺得有什麼突兀。再來，越南料理、懷古的和式花紋等各式各樣的要素在作品中登場的時機，總是領先當時的女性流行&生活風格雜誌。在享受ＢＬ小說時，還能接觸到最新的時尚流行，令人覺得物超所值。上述這些要素，都以讀者能輕鬆閱讀的形式提供。舉例來說，就算在同一個故事中，也會把「建築設計師」與「建築家」這兩個詞彙分開使用，以表現出淺顯易懂的酷帥感。在整部作品中都如此細細地經營，提供給讀者將近二十年高品質娛樂ＢＬ小說的專業作家，究竟是什麼來歷？是什麼樣的人呢？基於這些好奇，特別邀請她與我在此展開「對談」。

溝口　恭喜您出道十五週年！……是說，十五週年是二〇一四年的事，如今已經是第十七年了呢。

慶祝出道十五週年的紀念書《YEBISUセレブリティーズ Special（惠比壽名流紳士 Special）》（二〇一四）中收錄了許多人氣系列的特典短篇，讓人覺得很開心，雖然以作品本身來說，也有不少讓人覺得多餘的部分，但是讀起來非常滿足，真不愧是岩本老師！

岩本　謝謝。

溝口　岩本老師是一九九八年時在雜誌首次發表作品，單行本首次出版是一九九九年。在商業BL界，一九九〇年代以後是雜誌創刊的高峰期，而且當紅作品的銷售量是今日難以想像地高，正是所謂的「BL泡沫經濟期」。岩本老師也經歷過那樣的時代嗎？

岩本　不，完全沒有。成為專業作家後，聽前輩作者們說了，我才知道原來有那樣的時代。作者會自辦活場或茶會，感覺是個很熱鬧的時代呢。

溝口　是啊。「BL泡沫經濟期」是到一九九〇年代中期為止吧？話是這麼說，比起現在的BL市場，感覺還是蓬勃許多。

岩本　聽說在我初次出版商業作品的時代，讀者對新人作家還有「買一本祝賀」的習慣。新人出書

《惠比壽名流紳士 Special》（插畫・不破慎理／Libre，2014）

時，據說有一定數量的讀者，都會買一本來看看到底是什麼內容。但是現在的話，好像不會特別去買新人的第一本書了。

溝口　「買一本祝賀」的說法，我直到二〇一五年十一月時，才從榎田尤利／ユウリ老師那兒得知。近年來的BL似乎朝著多樣化、小量化的方向演進，每個月的出刊量就算超過一百本也不稀奇，但是一九九八年時，根據調查，每個月的出刊量大約是三十本。雖然比現在少很多，而且也沒調查過其中有多少是新人的小說，但即使如此，每個月都持續「買一本祝賀」，還是很讓人驚訝呢。我自己也算是買很多書的人，但是是從一九九八年秋季才開始買的，所以光是回頭補齊人氣系列的作品就已經不可開交了，沒有做過為新人「買一本祝賀」的事。不過，正因為有那麼熱情的讀者，BL才能成長、進入商業的範疇呢。

覺醒──《天使心》與《JUNE》

溝口　岩本老師是從什麼時候開始對BL產生興趣的呢？

岩本　覺醒為腐女，應該是看了《トーマの心臓（天使心）》（萩尾望都／一九七五）的緣故。在那之前，我看的都是《別冊マーガレット（別冊瑪格麗特）》之類的一般少女漫畫，某一天偶然看了《天使心》，有一種被雷打到整個人觸電的感覺。因為我沒看過《ポーの一族（波族傳奇）》（一九七四～

七六），所以《天使心》是我看的第一部萩尾望都作品。衝擊性太大了，幾乎改變我之後的人生。

溝口　據說《天使心》在連載時，因為劇情難懂又平淡，在讀者回函的排名中一直無法往上，編輯部說要提前結束這作品，這時由於《波之一族》的單行本第一集賣得非常好，編輯部催促說要快點畫《波之一族》的續集，因此萩尾老師與編輯部交涉，要求先讓她畫完《天使心》，她才要繼續畫《波之一族》。這是萩尾老師在隨筆中提到的※1。

岩本　的確是呢。《天使心》講的是德國住宿學校的故事。而且是從托馬的自殺開始的故事。對帶著南歐人種特徵的尤里的歧視、對同性戀的忌諱、與神的對話以及贖罪等等，對少女來說是有點難懂的故事呢。儘管當時的我，不知是否真的完全理解了萩尾老師在故事中所要傳達的訊息，但是在看完之後，還是有種喘不過氣的感覺。為什麼會讓我的心如此動搖呢？我把書帶到學校借朋友們看。結果明顯分成和我一樣大受震撼，以及完全看不懂、無法理解的兩派。看不懂的一派占大多數，才讓我發現原來自己是少數派啊。在那之後，我把《天使心》當成聖經一樣重看了好幾次，漸漸覺得自己之所以如此被這個故事吸引，是因為在我心中有罪惡感，或者說是悖德感吧。

溝口　這是很強烈的體驗呢。之後就看起了專門雜誌《JUNE》嗎？

岩本　是的，和《JUNE》的相遇也很強烈。我從學校騎腳踏車回家的路上，路過根本不是書店的雜貨店時，發現店門口放著《JUNE》。我從店門口騎過去後，停了下來，特地繞回到雜貨店前，盯著封面一直看（笑）。就算看封面也完全無法得知內容，不過光是看著封面，就不由自主地被吸引。我拿起書，記得價格大約是七〇〇〇日圓。

溝口　當時的七〇〇〇日圓，就雜誌來說相當貴呢。

岩本　沒錯。所以我當時打消了想買的念頭。不過還是對那雜誌在意得不得了，隔天又跑去那間店，不顧一切地把書買下來，在自己房間裡偷看，但是只看懂一半而已。我相當晚熟，看到兩個男人交纏在一起的插圖，完全不懂那是什麼意思（笑）。那時我也同樣把書帶到學校給朋友看，然後才有人告訴我交纏是什麼意思。原來如此啊，我恍然大悟。所以對我來說，「對性的覺醒」是和《JUNE》同步發生的。

溝口　也就是說，因為看到《JUNE》中兩個人交纏在一起的畫面，才知道什麼是性行為。可是《JUNE》畫的是兩個男人呢。所以妳同時得到了異性戀與男同性戀的知識（笑）。

岩本　沒錯沒錯（笑）。之後就很自然地看起栗本薰老師的小說。雖然想多看描寫男性之間感情的作品，但當時還沒有BL商業雜誌。所以只好參考列在《JUNE》後方類似「推薦書籍」的欄位，把書名背起來去書店找書。例如森茉莉的作品、翻譯自外國的搭檔型作品、赤江瀑※2的作品、娥

※1　萩尾望都〈しなやかに、したたかに〉（初出一九八一），《思い出を切りぬくとき》あんず堂，一九九八，一七～二六頁。

※2　山口縣出身的男性作家。一九三三～二〇一二。以《オイディプスの刃》得到第一屆角川小說獎，以《海峽》、《八雲が殺した》得到泉鏡花文學獎。

蘇拉・勒瑰恩的《黑暗的左手》等等。那是還沒有網路的時代，而且我家附近的書店也沒進那類的書，所以後來市中心出現大型書店時，我把每一個書櫃都仔仔細細掃過。找到想要的書時，開心到快跳起來（笑）。然後把那些珍貴的「寶物」反覆翻了好幾遍。

立志當漫畫家的時期

溝口　那麼，從中學起，您就以《JUNE》為目標開始寫小說了嗎？

岩本　不，完全不是那樣。我從小就喜歡畫圖，想要成為漫畫家，一直畫著插畫和漫畫。高中暑假時第一次畫了二十四頁的劇情漫畫，投稿到《LaLa》。之後編輯部打電話來問說「妳想成為職業漫畫家嗎？」。當然我就是想當漫畫家才會投稿的，所以我回說「是，我想」，對方說「那麼就來編輯部一趟吧」，於是我就前往出版社了。見到編輯後，得知那位編輯是我崇拜的漫畫家的責編，我開心到快要飛起來（笑）。而且在等待面談的那段時間，編輯還說「在等的期間，妳就看這些學習一下吧」，把《摩利と新吾（摩利與新吾）》（木原敏江／一九七九～八四）的原稿砰地放在我面前……。

復刻版《小說JUNE DX》第1號（サン出版，1990）

溝口　咦——！好好哦!!

岩本　那時候我的手真的在發抖呢（笑）。當然，那是水準非常高的原稿。看到那些原稿的瞬間，我心想「啊，我畫不出這種程度的漫畫」。再說，那時有許多和我一樣想成為漫畫家的人在等同一個編輯的指導。那些人帶來的原稿也都畫得很好，和我稚嫩的稿子完全是不同的檔次。我在讚嘆的同時，又覺得很沮喪。這種情況持續了一年左右，我不眠不休地在兼顧學業的情況下畫漫畫，最後就病倒了。

溝口　哇哇，和《バクマン。（爆漫王）》（大場鶇・小畑健／二〇〇九～一二）的劇情很像呢。

岩本　是啊（笑）。醫生警告我不能太逞強，雙親也叫我不要再畫漫畫了，我大受打擊，於是哇哇大哭。在這種情況下，升學考試也逼近了。由於我想念美術系，必須去術科補習班才行，而且術科的作業又多又重，根本沒有時間畫漫畫。

溝口　您在美術大學的專攻是？

岩本　平面設計。上了大學後，要交的作業一堆，就自然地與漫畫疏遠了。

因挫折而轉換跑道

溝口　想從事設計相關行業，也是從小的夢想嗎？

岩本　不是。我從小學的是油畫，一開始是以油畫科為目標，但是術科補習班的老師說「妳比較適合做設計，來這邊吧」，所以就轉往設計科，大學畢業後也繼續走設計這條路。開始上班後變得非常忙，每天都有做不完的工作，幾乎沒有時間看漫畫或小說。

溝口　既然如此，為什麼會在一九九七年時投稿BL小說呢？

岩本　很常有的情況。就是碰壁了。開始工作後拚命了好幾年，雖然累積了不少經驗，但是也漸漸明白世界上有許多非常有才能的人，自己不是那塊料。接著就開始思考轉換跑道的事。在煩惱將來要做什麼時，我想起自己曾經想成為漫畫家，不過就年齡來說，現在才起步已經是不可能的了。那時的我心裡這麼想。

溝口　嗯。BL漫畫的話，即使二十後半或三十歲出道也是有可能的，但是少女漫畫的話，從以前開始給人的感覺就是十幾歲亮相，在增刊號刊載短篇漫畫，迴響不錯的話就開始週刊連載。不過現在幾乎沒有週刊連載的少女漫畫就是了。

岩本　是的，所以我認為自己不可能當漫畫家了。但同時不知為何，又覺得如果是小說的話，說不定有體力做到。雖然當時的我連一篇小說都沒寫過（笑）。

溝口　真厲害！

岩本　現在回頭想想，當時自己的思考真是太神祕了（笑）。不過，因為我是決定要做就會往前衝的類型，所以第一件事就是買了文書處理機。我記得是二十五萬日圓吧，是抱著從清水寺跳下去的覺悟買的。做了這麼大的投資，絕對不能半途而廢——為了自我警惕，所以買了文書處理機。話說回來，買是買了，但是我從來沒碰過這種機械，所以根本不會用。是看著教學錄影帶，從按鍵盤開始學起的（笑）。一開始當然是用一指神功（笑）。

溝口 對了，那是連設計師都還沒開始以電腦工作的時代呢。

岩本 是啊，我連鍵盤都不曾摸過呢。然後同時，我想起自己小時候喜歡栗本薰老師的小說，於是買了《小說道場》（中島梓名義，一九八六～八九）來看。

溝口 啊，那時候已經出成單行本了嗎？

岩本 是的。看了之後明白栗本老師是多麼熱心指導弟子們寫作，弟子們也在栗本老師的激勵下愈來愈進步。我發奮地想說「好熱血啊，好！我也要努力」。不過，雖然說要努力，但我完全不知道小說該怎麼寫。雖然我小時候很喜歡看書，但是沒有學過任何的寫作技巧，而且語彙也不足。所以我開始在通勤時，把覺得喜歡的小說描述背下來。覺得表現得很棒、很好的部分，就用螢光筆畫起來。

溝口 那時背的是BL小說嗎？

岩本 是奇幻類的小說。在那之後，我邊看邊模仿，一個人默默寫了三年的小說。一開始是一〇〇張左右的稿紙，接著是一五〇張，最後寫到三〇〇張。我覺得應該能讓其他人看看自己的作品了，既然如此，就投稿看看吧。這時，剛好有個輕小說雜誌正在舉辦徵稿比賽，我心想那我就去參加看看好了，但當我在書店重看了那本雜誌，發現上面寫著「上一屆收到的應徵作品數量超過二〇〇〇篇」。嗚哇——這完全不是我有辦法脫穎而出的比賽嘛，不可能得獎的。不過不妨碰碰運氣吧（笑）。正當那時，我第一次發現書店的一角琳瑯滿目地排放著商業BL書籍。由於我很久沒注意這類作品了，完全不知道商業BL的存在。這世道什麼時候變成這樣子了？我很驚訝。不過既然有能接受男男故事的類別，那我下次就來寫寫看BL小說好了。雖然也有投稿到《JUNE》的選項，不過我總覺得自己的作品應該和《JUNE》的風格不合。所以最後參加了BiBLOS的《小說b-Boy》主辦的新人獎徵選，寄去的作品就是《TOUGH!》。

溝口　咦？那麼，您是以第一次嘗試寫的BL短篇小說得獎的嗎？好厲害呀。

岩本　可是在那之前，我一個人修行了三年哦（笑）。

《TOUGH!① Troublemaker》（插畫・高崎ぼすこ／Libre，2006）

進行小說修行，之後初次發表作品

溝口　原來如此。在全職工作之餘，儘管沒有能夠成為小說家的具體把握，但還是持續修行了三年。這種鋼鐵般的意志真是了不起。

岩本　鋼鐵般的意志（笑）。如今想想，那三年裡我可能是在逃避現實吧。還有，這也是事到如今才領悟到的，說不定因為我是完全的BL外行人，知識為零，所以才會被編輯部撿去吧。因為沒被染上任何顏色……話是這麼說，但當時的我對自己的無知感到很自卑，總是向編輯道歉「對不起我什麼都不知道……」。從「受」和「攻」等的名詞起，到BL作品的規則與套路等等，都是開始正式連載作品後在責編的教導下一點一點學起來的。

溝口　這麼說來，《小說道場》不太討論這部分的事呢。第一本出版的單行本是《やるときゃ、やるぜ！》（一九九九），（從投稿到出版單行本）的兩年之間，您都在學BL的知識嗎？

岩本　是的。我在寫投稿作《TOUGH!》時完全沒想過後續的發展，不過《TOUGH!》是可以接著寫下去的故事，所以在得獎之後約有一年的時間，指導我的責編說「先寫寫看單篇的、大眾口味的，可以讓讀者廣為接受的作品吧」，於是我踏上了專業作家的摸索之路。但是大綱一直無法通過，不管想了多少大綱，都被說「這樣的不行」，一次一次地被退回……最後，在我已經搞不清楚東西南北時提出的大綱，總算得到「就是這個！」的回應。我心想，啊，要的是這樣的故事嗎。最後終於以完成後的《やるときゃ、やるぜ！》發表在雜誌上，並出版成第一本單行本，而且銷量還算可以，所以編輯說「這樣一來就能出《TOUGH!》的續篇了」。

溝口 在那一年中，大綱一直被退稿的期間，責編只有說「這樣不行」嗎？沒有「請改成這樣」之類的指示？

岩本 沒有說過「請寫這樣的故事」之類的話呢。也許是覺得我還沒有實力照著指示寫作吧。而且實際上，我也真的沒有那種實力呢。不過在通過大綱後，就有「這邊要更這樣，那邊要那樣」的具體指導了。

溝口 當時的責編，也是您現在的責編嗎？

岩本 是的。是她幫一無所知的我奠定好作家的基礎。現在雖然不會了，不過當時她可是非常嚴厲的哦（笑）。一開始時，我們是用電話和信件聯絡的，信上寫的都是嚴格到讓人想哭的話，還回來的原稿被改得滿江紅，在通電話時也沒有半句溫柔的話，百分之百的「辛辣」（笑）。每次責編打電話來時，我都會害怕到心臟狂跳，像小鹿般瑟瑟發抖呢（笑）。過了一年之後，責編說「也差不多可以見面了」，我心想「咦？要見面嗎？（……好恐怖）」。那時候我想都沒想就問「呃，請問您幾歲？」才發現責編年紀比我小很多，嚇了我一跳。我根本沒聽說過這種事啊（笑）。責編是在投稿時，從基本資料上知道了我的年紀。由於自己年紀比我小，所以覺得一定要凶一點才能帶我吧。

溝口　居然！難道責編當時剛畢業嗎？

岩本　好像是進公司第三年吧？前兩年在別的部門，第三年才調到小說組，第一個帶的作家據說就是我。對她來說，我就像她的「第一個孩子」，所以指導得特別認真吧。

溝口　話是這麼說，不過嚴格到會讓作家哭的指導，很強大呢……也是因為岩本老師出過社會，做好換跑道的覺悟，才有辦法撐過來吧。

岩本　就是這種感覺——我和其他作家朋友們說時，「欸欸欸欸——？」他們都很驚訝（笑）。即使同樣是小說家，走過的路也不一樣呢。不過大家在驚訝完之後也說「雖然當時很辛苦，但是就某方面來說，岩本老師能在腦袋還很柔軟時，得到這樣徹底的指導，也是很幸福的呢」。假如自己的風格已經固定了，就算被要求該這樣寫或那樣寫，也很難應對吧。現在的我，會自然地盡可能把「攻」描寫得很有魅力，但我並不是一開始時就能做到，而是克服了多到讓人想昏倒的「這裡要描寫出很帥的『攻』！」的紅筆字，才一點一點地學會這個技能。不管什麼事，每天持續不斷練習都是很重要的呢。

溝口　那位從您初次連載起到現在的BiBLOS（如今的Libre）的責編，當時雖然年輕，但是已經很抓得住商業ＢＬ的口味了呢，而且是非常正統的那種。

岩本　Libre的責編常說「我的感性很接近主流讀者的喜好」。因為我不是天生的大眾取向，所以她很認真很仔細地教我「什麼是正統」。

暢銷系列〈惠比壽名流紳士〉誕生的祕密

溝口　說到岩本老師，就會想到二〇〇四年推出的暢銷作〈惠比壽名流紳士〉系列（二〇〇四～〇八）。從一九九九年單行本首次問世開始，是好幾年後的事了呢。

岩本　是的。在這段期間，我是以兼職的方式，一年出兩、三本書。有一天編輯部問我說「要不要試試小說漫畫聯名的企劃呢？」，那是個和漫畫家合作，小說和漫畫同時進行的企劃，由於聽起來很有趣，於是我就答應了。大約過了半年，決定好合作的漫畫家是不破慎理老師，又經過一段時間的準備後，我們就開始執行企劃了。

溝口　〈惠比壽名流紳士〉也是您初次連載以來的責編做的企劃嗎？

岩本　窗口是責編，不過是出版社在企劃會議中決定的企劃。

溝口　這種從編輯部發起的企劃作品，我很想知道編輯部做的指定會細到什麼程度呢。

岩本　我記得一開始的階段，編輯部希望要達

《惠比壽名流紳士 久家×益永ver.》
（漫畫・不破慎理／Libre，2013）

到的條件有三個：「背景是設計事務所」、「員工全是男性」、「穿西裝」。

溝口　原來如此，設計師穿西裝，是編輯部要求的啊（笑）。

岩本　還有，只有第一個配對是編輯部指定的。漫畫的部分，我是以原作身分參加，配對是設計事務所的社長（BOSS）和新人。是現在所謂的「年齡差」配對。至於小說的部分，是花花公子和認真的眼鏡男……老實說，設計師很少穿西裝的，不過卻被告知「只有這點絕對不能變更」（笑）。「員工全是男性」的部分也是，明明也有很多女性在設計業界工作啊，雖然我這麼想，可是這也是絕對必要的條件。

溝口　就ＢＬ來說，這種堅持是正確的呢。雖然ＢＬ也有各式各樣的作品，不過想以ＢＬ娛樂大作為目標的話，就該這麼做呢。

岩本　是啊。因為〈惠比壽名流紳士〉是娛樂取向的作品，所以要徹底布置成娛樂取向的世界。

溝口　禁止加班也是一開始的條件嗎？

岩本　唔——不記得了（笑）。不過總之要很有名流感。他們雖然是設計師，但同時也是名流，我不斷這麼告訴自己。到最後，不如說因為我心中沒有那種東西，所以感覺全都豁出去了（笑）。

溝口　像是讓自己置身奇幻世界的感覺？

岩本　沒錯。雖然我完全不顧一切地寫出了第一話，但是當時的我，還不知道所謂的「眼鏡受」有這麼多人想看……。

溝口　「受」的益永和實，是一個戴眼鏡、有潔癖、很容易想太多的角色。這設定也是編輯部指定的嗎？

岩本　角色的個性是我自己想的。「攻」是花花公子的設定是編輯部指定的，那麼「受」就設計成完全相反的類型好了，我自己是這麼解釋的。而實際上，設計師裡就有人會好幾個小時都在擺放文字，拘泥於旁人覺得「這種細節，沒人看得出來啦」的細部，我心想，那就設定成這種類型的設計師好了。這種很注重細節、職人個性的角色，和靈光一閃型的天才花花公子相戀，兩人之間的落差應該會很有趣吧？我這麼想，設定出了久家×益永這一對。不過寫的時候，覺得益永很樸素，「一點都不亮眼，這樣真的可以嗎？」這讓我很不安。沒想到很感謝的是，刊登在雜誌上之後，得到很大的迴響。雜誌不是有問卷回函嗎？回函的厚度和以前收到的完全不一樣。而且「我喜歡益永，益永好可愛」之類的感想還寫到超出（讀者明信片上印的）框框之外。看到那些感想，「咦？這角色明明很樸素啊？」讓我很驚訝呢（笑）。

溝口　啊，對了。最近的話，漫畫《テンカウント（10 count）》（寶井理人／二〇一四～）很紅呢。明明是超潔癖的角色，為什麼能和其他人H呢？這部分真是讓人受不了！大概是這種感覺吧。腐女很喜歡有潔癖的角色。這麼說來，益永算是這類角色的先驅呢。

岩本　迴響大到讓我很困惑，不過我也想像了一下，大概是因為益永有潔癖又給人禁欲的感覺，所以被「攻」強行開發&開花的過程讓人很心癢難耐吧。除此之外，我也得到許多「眼鏡最棒了！」

的感想，由於我一開始不知道眼鏡這個屬性這麼撼動人心，所以也相當驚訝。

開始看得見「讀者的臉」！

溝口 現在的話，岩本老師已經是豪華路線ＢＬ小說的代表作家之一了。您是什麼時候開始意識到這件事的呢？

岩本 不論是豪華的部分，還是我開始確實意識到讀者的事，都是從〈惠比壽名流紳士〉開始的。在那之前，我當然也有意識到我在寫商業小說，是寫給讀者看的，但是如今回想起來，有種看不清楚讀者的「臉」的感覺。而〈惠比壽名流紳士〉的大量迴響，讓我實際感受到作品的另一端有許多真實的讀者。他們為什麼想看ＢＬ呢？在什麼時候會想看ＢＬ呢？等等，我開始能想像讀者的動機和所處的情境。讀者或多或少都想在ＢＬ裡尋求療癒的這件事，以及想置身在虛構的故事中，暫時忘了現實等等的想法，我也是在那時才意識到的。因為這個契機，在那之後，我寫作時的心境似乎就改變了。

溝口 這是單行本出版後第四、五年的事了吧。那時，您是否有意識到「這種東西不可以寫」的部分呢？

岩本 這部分因作者而異，就我的情況來說，是寫出了沒有明確表示這兩人之後一定會過著幸福快樂的日子，把兩人的將來交給讀者解釋的「氣氛型結局」吧。正統派作品的話，寫出明確的大團圓好結局，是很重要的呢。

溝口　原來如此。必須讓讀者明確地看到好結局，才算療癒呢，商業BL確實是這樣。

脫離「BL味覺障礙」

溝口　〈惠比壽名流紳士〉之後，您也陸續發表了許多暢銷作，很厲害呢。比如現在正在進行的毛絨絨……不對，狼人的〈發情〉系列。第一集《發情》（二〇〇七）是在〈惠比壽名流紳士〉完結的前一年就開始了，兩者的時間有一部分重疊。《發情》的插畫是如月弘鷹老師，系列第二集《欲情》（二〇一〇）起的插畫是北上れん老師，中間有三年的空白。

岩本　其實在〈惠比壽名流紳士〉迎向結束，Unit Vanilla[※3]的活動告一段落之後，讓我整個人鬆懈下來。從二〇〇九年起，我的情緒變得很低落，什麼都寫不出來。

《發情》（插畫・如月弘鷹／Libre，2007）

溝口　咦咦!?但您還是一直穩定地出書呀？

岩本　在寫不出來的時間點，包含插畫家的預約在內，工作已經排到三年後了，寫不出來的話會造成大家的困擾，該怎麼辦才好呢？我和各出版社的編輯商量，從初次連載時就指導我的Libre責編說「慢慢寫也沒關係，總之要繼續寫下去」。責編說，她看過許多陷入低潮的作者，一旦完全停筆，就很難回來了。引擎熄火的話，就必須重新點火。所以不要熄火，慢慢地開車就好。因此，雖然我還是繼續寫作，但是就像變成味覺障礙那樣，儘管還是能寫，可是自己無法判斷就商業作品來說，寫出來的東西是不是合格的。所以，每寫完一章我就會送給責編審稿，「沒問題的，可以的，水準和平常一樣哦」聽到這麼說，我會心想「是這樣嗎」才繼續寫。我一直重複著這樣的狀態。

溝口　那麼，〈發情〉系列也是在那樣的狀態下完成的嗎？

岩本　第一集《發情》時還好（笑）。不過第二集時完全陷入了谷底，而且和我一起做系列企劃的責編又在留職停薪，所以是由總編暫代我的責編，但是當時的我腦袋一片空白，什麼想法都沒有。於是總編問我說「妳喜歡哪種情境？」我沉默了很久，說「……綁架監禁」，「我知道了，就寫那個吧」因為這句話，我寫出了《欲情》（笑）。

溝口　賀門把迅人綁走、監禁起來的故事，就是這麼來的啊。

※3　和泉桂、岩本薰、木原音瀨、ひちわゆか四名小說家組成的團體，代表作是《SΛSRA》。

岩本 沒錯。在這種情況下寫出的《欲情》，寫到完結時，我看到了一道光芒。在全黑的隧道深處看到了微弱的光芒。啊，那裡就是出口。我意識到這點，開始朝那道光的方向前進。我開始去健身房運動、觀劇、旅行、挑戰有點難做的料理、迷上二次創作、參加販售會等等（笑）。經過各式各樣的復建工程，到完全恢復，大約是一年前的事。

溝口 居然！陷入「味覺障礙」兩年，復健了將近四年。我都不知道您痛苦了這麼久，依然很開心地拜讀您的作品……是說，儘管陷入低潮，還是能繼續寫出這麼萌的娛樂小說，真是太了不起了。

岩本 編輯說「妳不管精神方面變得多破爛，都不會表現在文章裡」。說不定我是相對客觀，或者該說，是會把作品和自己拉開距離的類型吧。

溝口 其實，我從決定要出國念研究所時起，將近二十年前開始，就一直在上健身房。我確實地感受到鍛鍊身體對精神健康非常有幫助，所以聽說岩本老師也以上健身房作為復健時，我相當有共鳴。我通常是以機械做肌力訓練，以跑步機做約三十分鐘的有氧運動，偶爾也會去游泳池游泳。雖然想一週去三次，不過通常只能去兩次左右。

岩本 相當有毅力的鍛鍊呢。我的話是每週請私人教練指導一次。

溝口 哦哦！果然有私人教練比較好嗎？

岩本 這比較適合我。因為能依照我工作的內容，比如用電腦寫作的時期，或是手動校稿的時期，安排不同的訓練項目。因為寫作時總是坐著不動，身體很容易變僵硬，有教練指導的話，多少能緩解身體。

溝口　原來如此。對我來說私人教練太高不可攀了，不過以後我會盡量請一般教練幫我看動作的。

狼人・獸耳・隧道的出口

溝口　話說回來，《BL進化論》中只討論商業出版的作品，不過那本書出版後的隔月，二〇一五年七月，在我和三浦紫苑老師的座談會上（參考本書三七〇頁～），有聽眾問道：「您覺得ABO如何？」當時，紫苑老師說「雖然我沒有看過號稱『ABO』的作品，但是岩本薰老師的〈發情〉系列算是一種豪華版的ABO呢」。原來如此，我心想。不過這次重看〈發情〉系列，我又發現與ABO不同的部分。比如「孩子世代」的第一個配對《艶情　王者の呼び声（豔情　王者的呼喚）》（二〇一五）的「攻」是「英國高斯福一族」的「Alpha狼」亞瑟。雖然出現了這種ABO的用語，但是文中有「成為高斯福的當家，就等於

《豔情　王者的呼喚》（插畫・北上れん／Libre，2015）

成為Alpha（一族的領導者）」這樣的句子。雖然我也不清楚起源自歐美二次創作的ABO（Omegaverse）的詳細設定，不過參考《b-boy》的ABO系列設定的話，不論是Alpha、Omega或是Beta，都是與生俱來的「性別」，和〈發情〉系列不一樣呢※4。

岩本 是的。在《豔情》之中，都是當作現實中的狼群生態用語。

溝口 啊，所以「受」的角色不是Omega。

岩本 沒錯。身為Omega的是「攻」亞瑟的哥哥尤金，他生下來就體弱多病。這種個體在狼群之中是必要的。狼群是以Alpha狼為頂點的金字塔社會，進入繁殖期時，只有Alpha公狼與Alpha母狼的組合才能生小孩。作為生物，其他的狼當然會累積壓力，這時被其他狼當作宣洩壓力管道的就是Omega。不過這樣有點可憐就是了。

溝口 原來如此，與ABO的流行無關，是從真實的狼得到靈感，發展出的狼人故事呢。

岩本 我小時候很喜歡平井和正老師的ウルフガイ（WOLF GUY）系列※5，一直在想，總有一天要寫狼人的故事。雖然終於得到機會，寫出了《發情》，但是封底簡介卻沒有提到狼人的事。

溝口 （翻書確認）啊，真的耶。「攻」的部分只寫「還有更大的祕密……!?」稍微暗示一下而已，最後以「岩本薰史上最強的情色羅曼史！」作結。

岩本 在二〇〇七年那個時間點，讀者很有可能不會去買狼人的故事，所以刻意隱藏了這個部分（笑）。出版社也很反對這個題材，為了寫狼人，我用自己史上最多的情色描寫作為交換。

溝口　但《發情》賣得很好不是嗎？

岩本　真的很感謝大家。但是，不論責編或我，之後都很慎重地解釋成「這是因為情色成分很高的關係，不是因為狼人題材被大家接受了」。即使責編自己也一直都很喜歡毛絨絨動物的故事，但有很長的一段時間，商業上就是很難接受這種題材。

溝口　但是後來封底就直接寫上狼人作品了呢。那是什麼時候的事呢？

岩本　是在第三集的《蜜情（蜜情）》（二〇一一）封底。由於獸耳熱潮逐漸瀰漫，我們開始討論差不多是時候解禁了，才終於決定把狼人要素寫在書腰或封底上。

溝口　哦哦。那時流行過「獸耳」這種把動物擬人化，再加上可愛的耳朵和尾巴的設定呢……說到《蜜情》，「受」懷孕、生子的部分也很驚人呢。雖然讀者應該已經因為漫畫《SEX PISTOLS（野

※4　ABO是誕生自歐美的二次創作設定，所以沒有怎麼寫才絕對正確的官方設定。近年來，在商業BL中也形成一股熱潮。例如《b-boyオメガバースコミックス（BBOC）》中的設定是：世界上除了男女之外，還另外分出α（Alpha）、β（Beta）、Ω（Omega）的性別，Omega就算是男性也能懷孕。只有Alpha與Omega才能成為伴侶。岩本的〈發情〉系列中，有把狼人稱為Alpha狼的表現，也有女體化並懷孕生子的狼人角色，但是生產的男性角色並不是Omega，所以不是ABO。除此之外，一般ABO的角色不一定非是狼人不可，而且Omega男性懷孕，為Alpha男性生子時，也很少女體化。〔參考文獻《さよならアルファ》（市梨きみ，二〇一七）〕

※5　以狼人・獸人為主題的科幻作品群。一九七〇年代初期，原作・平井和正、漫畫・坂口尚的漫畫《ウルフガイ（WOLF GUY）》》開始連載，平井也開始創作小說版。小說作品有《狼の紋章（狼之紋章）》、《狼の怨歌（狼之怨歌）》等等。

性類戀人）》（壽たらこ／二〇〇四～）而很習慣生子劇情了，不過沒想到，岩本作品中居然也有女體化的劇情呢。

岩本　就像剛才說的，在雖然看得到光，但是離隧道的出口還很遙遠的時期，我第一次看起二次創作，並沉迷其中。在那之前，我沒有經歷過同人活動，薄本的話只看過朋友的原創本。那段時間我看了很多二次創作的作品。在二創的世界中，大家都很忠實於自己的萌，非常自由地創作。總之就是創作得很開心。對當時的我來說非常耀眼燦爛，而且也很刺激。在二創中，女體化的作品並不稀奇。剛看到時我很驚訝，女體化的話就不是ＢＬ了吧？但是看多了之後，發現只要夠有趣，其實怎麼樣都可以。不需要拘泥於「該這樣才行」的形式之中。在知道自己頭腦有多僵化的同時，也有種海闊天空的感覺。反正是狼人嘛，所以懷孕、生小孩也沒關係吧。我當時這麼想。

溝口　從閱讀二次創作的復健中，誕生出毛絨絨的生子情節，讓人感慨很深啊。「妳對女體化有什麼想法？」我也常被問這個問題。但由於我對二次創作不熟，所以無法做出令人滿意的回答。不過說到〈發情〉系列，就算女體化也一定會變回男性的身體、女體化是本人無法控制的事、女體化懷孕生子會受到眾人的祝福、女體化時也會被當作「完成了非常崇高任務的男人」——也就是說不會被「當女人看待」，我覺得重點應該是這裡。不知道讀者們的反應又是如何呢？

岩本　雖然我剛才說了那堆話，但是因為我很膽小，所以還是很緊張。不過意外地受到好評。嬰兒狼人軟綿綿毛絨絨的身體好可愛唷、身為狼人但因為尚未成熟，所以露出耳朵和尾巴的樣子好可愛唷！很多人這麼說。至於懷孕、生產、養小孩的這一切，也有已經當媽的讀者說「讓我想起自己育兒時的事」。

前所未有的雨林萌！

溝口　另一個現在進行中的〈Prince of Silva〉系列（二〇一三～），故事背景是南美，而且雨林是很重要的故事舞台。這在ＢＬ中很罕見呢。就某方面來說是很有挑戰性的作品。是因為已經走出了精神低潮的隧道，所以才能寫出這樣的作品嗎？

岩本　算是復原的最後工程（笑）。ＢＬ意外地，以外國為背景來寫故事的難度很高呢。一般就算想要自我挑戰，也會以大家相對熟悉的地點為主，如果是以前的我，應該會選義大利或英國等讀者容易想像的國家為背景吧。但是，這系列開始時，我想做和之前不一樣的事。所以問責編說「南美可以嗎？」責編則回說「南美

《碧之王子　Prince of Silva》（插畫・蓮川愛／Libre，2013）

不錯耶！雨林很萌！」。

溝口 編輯也萌雨林嗎！

岩本 是的（笑）。不過我也事先跟責編說了「對不起，銷量可能不會很好」，責編則說「以後的事沒人知道，現在還是先做想做的事吧」。而且這系列沒辦法一集結束一個故事，這部分很難處理，但責編也同意了。

溝口 啊，是呢。〈發情〉系列有好幾對配對，可以選擇喜歡的配對那集看就好。雖然岩本老師的粉絲應該會每集都看就是了。不過，有很多管道可以進入岩本世界，是您作品的強項呢。

岩本 是的。就算覺得「這個角色我不是很喜歡」，只要系列的下一集是其他配對的話，「這我可能會喜歡吧」說不定會因此而繼續買來看看。但是像Silva那樣，主角一直是同一對配對的話，讀者如果覺得「我不太萌這個角色」就不會繼續買下去了。

溝口 原來這系列需要一開始就做出這麼勇敢的決斷……！

岩本 其實沒那麼了不起啦，純粹是被萌推動著寫出來的（笑）。我寫的一直是所謂的正統ＢＬ。我很喜歡正統式的劇情發展，寫的時候也很開心。不過不能否認，每對配對的發展也都很相似。雖然有在正統劇情中尋求安定感的讀者，但是我覺得，想看以前沒看過的新鮮劇情的讀者也增加了。想同時滿足這兩方的要求相當困難——雖然純粹是我沒有能力讓兩者並存——在這時候，我也感受到一種危機感，就年齡來說，不知道自己還有多少年能待在商業圈寫作，還能寫多少本書。

溝口　不不不，您的年紀還不需要考慮還有多少年的問題啦。

岩本　不不（笑）。明天的事沒人知道。

溝口　這也沒錯（笑）。還有，我開始做BL研究是一九九八年，幾乎和您出道的時間相同。因此我很清楚和當時相比，現在已經沒有「前途還充滿希望」的那種感覺了（笑）。就算還沒有具體地感受到體力衰退也一樣。話說回來，蓮川愛老師的插圖，感覺畫得很順手，她也對南美的故事沒有什麼排斥嗎？

岩本　是的，很感謝她。蓮川老師是很有挑戰精神的人，還不如說，因為是沒有畫過的世界，所以她從主視覺設計開始就很積極地參與。由於是特殊的設定，我也前往亞洲的雨林拍照，收集可以作為作畫資料的照片集或DVD。

溝口　「雨林的植物畫得很好呢——很有真實感！」雖然我沒去過雨林，不過有這種感覺（笑）。果然這部分還是有花時間做功課的呢。

岩本　第一集的《碧の王子（碧之王子）》（二〇一三）的封面完成時，我被精緻的筆觸與濃淡有致的綠色所折服。主角們被雨林纏繞——與雨林共生的感覺表現得非常好。這個系列的封面，在構圖上鏡頭都拉得比較遠，也算是特色之一吧。人物相對小一些，背景畫得很密實。該說是重視世界觀嗎？還有，由於每集的書名都會用不同的「顏色」，所以封面插圖無論如何都會「受限於色彩」。但是《碧之王子》是熱帶植物的綠，《青の誘惑（青之誘惑）》（二〇一四）是射入夜晚溫室的藍色月光，《黒の騎士（黑之騎士）》（二〇一五）以黑色表現雨林的深邃，「原來如此啊！」我每次看到新的封面，都會拍案叫絕、感動不已。因此在寫作時，我會在腦中浮現出主題色彩，一面寫一面期待「這次的色彩，會怎麼表現呢？」。

溝口 我在看這個系列時，也會先把書衣的折口打開，仔細欣賞過包含書背、折口在內的整張圖後，再開始閱讀。順帶一問，單一配對、背景在南美，這種操作難度極高的作品，讀者們的反應如何呢？

岩本 感謝大家的支持。雖然是連續的故事，但是中途棄追的讀者不多，感覺都繼續追下來了。還有，對我來說，也難得地有作家朋友與編輯朋友寫感想給我呢。因為南美很稀奇吧（笑）。

溝口 南美確實很稀奇，不過我覺得這系列不著痕跡地使用了很厲害的技巧哦。蓮在故事裡現在是十八歲，不過小時候——從十歲到十六歲為止的、也就是所謂從兒童到青年的漫長時間，特地花了一整集來描寫呢。而且故事背景還是從雨林到都會、從大宅到貧民區，各式各樣都有。這要有相當的筆力才能做到。而且，該省略哪些部分也需要很強的編輯能力。南美小國艾斯特拉尼歐的席瓦家的事、蓮的親生父母的事、雨林中的養父母的事、義兄的事、「小弟」美洲豹厄爾巴的事。具有說服力的雨林描寫、養父母家幸福但貧窮的生活、為了養父母，蓮的寂寞與特訓、忍受祖父的冷淡，接受了成為席瓦家當家的人生……等等，書中塞進了許多要素，但是可以很順地看過去，並且理解這些部分。也因此，讀者才能確實地享受維克多．鏑木與蓮的關係，並萌在其中。讀者當然不需要考慮這麼多，只要單純享受就好了。但是看在專業作家或編輯眼中，就會明白這些部分的難度有多高，所以這部作品才會這麼受到矚目。

支撐著世界觀的棟梁

溝口　話說回來，我現在看到第三集，覺得蓮的亡母的哥哥的寡婦，也就是蓮的舅媽——的未婚夫・超美形的加百列「應該真的是壞人吧，雖然到一半時都還幫著主角，不過不知道他究竟在打什麼主意！」讓我很緊張呢（笑）。

岩本　加百列是僅次於兩名主角的重要角色，所以我很認真地描寫他。要是沒掌握好的話，會變得比主角更亮眼（笑）。充滿謎團的角色，沒有魅力的話就沒有意義了。所以聽到「我很在意加百列」的感想時，我會覺得「成功了！」（笑）。

溝口　完全中了岩本老師的圈套呢（笑）。話說回來，「攻」的鏑木在外表和工作能力上，都是「Super攻」，不過他的立場是席瓦家的部下。「受」的蓮從十歲起，就某種層面來說，鏑木就是他的絕對保護者，所以蓮非常需要鏑木，但蓮卻是當家。這種因主從關係而來的各種內心糾葛，也很有說服力。

岩本　謝謝（笑）……這麼說來，一開始「攻」的鏑木，是更輕浮的角色（笑）。有點無賴又捉摸不定，說話口氣很輕佻。因為主角蓮是個性認真的角色，所以我覺得這樣的平衡感應該比較好。但是寫完第一稿交給責編看後，被說「這樣是次男角色哦」。因為是系列的主角（攻），所以必須更有分量，更有重量感才行。「請把他寫成長男角色」責編要求我重寫。這麼說來，我回想過去的作品後發現，確實，羅瑟里尼（〈ロッセリーニ家の息子（羅瑟里尼家的兒子）〉系列／二〇〇六～一一）的時候，也是以正統派的長男「攻」作為第一集的配對。〈惠比壽〉的漫畫版也是從「BOSS」的故事開始。關於BOSS的部分，責編常說「BOSS是惠比壽世界的世界樹哦」，意思是支撐整個世界的棟梁。要先深深打樁，才能讓整個系列的世界觀安定下來。丟變化球，是打好樁之後才能做的事。Silva的話，由於讀者們不熟悉故事背景的南美，而且劇情又很雲霄飛車，所以更要有穩定的棟梁才行。我把整部重寫後，還是被說「太輕了」（笑），直到第三稿才總算合格。如今回顧，我覺得果然有這種程度的重量感，對於主從這樣的關係性來說也比較好。不論如何，第一步走錯的話，會影響到後來的發展，所以打造新系列真的很困難。不管做過幾次，每次都是在嘗試錯誤。

溝口 整集重寫了三次！哇——真的是耗神費力的系列呢。這麼說來，就算第三集結束，還是不知

《羅瑟里尼家的兒子　掠奪者》（插畫・蓮川愛／角川書店，2014）

道加百列的真面目，還有在貧民區長大的吉恩，這個蓮唯一年紀相近的朋友，雖然是很有魅力的角色，但是完全感受不到戀愛方面的氣息，這些部分也脫離了正統ＢＬ的固定形式呢。雖然是這種具有實驗性的作品，但是整體仍然是帶有華麗感的娛樂ＢＬ小說，並被讀者所接受，我再次覺得真是太厲害了。

岩本　我是很容易「陷在固定形式中」的人，所以在寫Silva時，我盡可能有意識地不讓自己落入窠臼裡。雖然我寫了很多年的ＢＬ，不過用這種寫法也許是第一次吧。就這方面來說，對我而言Silva也是很有挑戰性的作品。我真的寫得很開心，假如讀者也能看得開心，一起樂在其中的話，對我而言就是最大的幸福了。系列第四集《銀の謀略　Prince of Silva（銀之謀略　Prince of Silva）》（二〇一六）也請大家多指教了。

溝口　這次是銀色嗎！我很期待！

腐女們認識三秒就能變成好朋友

岩本　我看了《ＢＬ進化論》之後，覺得多年來感到模糊不清、不可思議的部分，變得清楚了許多。例如說，為什麼腐女認識三秒就能大刺刺地談自己的性癖之類（笑）。

溝口　謝謝（笑）。是第五章「閱讀ＢＬ／活在ＢＬ裡　作為女性讀者間『纏綿』園地的ＢＬ」的部分吧。

岩本 舉個簡單易懂的例子，完全不認識的人，在推特突然向我告白：「我有SM屬性！是M！」，那時候我的反應是「欸欸？」（笑）。

溝口 因為對那個人來說，岩本老師是她的性搭檔呢（笑）。

岩本 看了《BL進化論》後，我才恍然大悟。我是把自己的性癖（以這個例子來說就是「喜歡SM」）表現在小說裡，讀者接收到了我的訊息，所以才會在推特上回應我「我也是！」呢。

溝口 和以筆名告知大家自身工作的作家不同，讀者的帳號是完全匿名的（會這麼以為），由於是匿名帳號發出的「呢喃」，所以才會說出那樣的話呢。

岩本 腐女們認識三秒就能變成好朋友，是同樣的原理呢。例如說「大叔受最棒了！」的瞬間，與雙方的經歷、年齡完全無關，「我懂我懂！」會一下子覺得和對方變得很親近。這一瞬間，嘩地湧上來的腎上腺素，有點像戀愛呢。就這方面來說，溝口小姐將其比喻成「性交」，我就可以接受。

溝口 應該也能比喻成「發展場」吧。與真實姓名、年齡、職業沒有關係的「性交」用的場所。對男同志來說，對方的外表是很重要的；不過BL愛好者則是從自曝心中的性「嗜好／取向」開始。但是和前提是僅限一次的「發展場」不同，從「性交」開始的腐女，變得太要好、太嗨，距離拉得太近的話……。

岩本 可能因吵架而分手呢。

溝口 是的，特別是二次創作方面，常聽說這種情況……最後，我想問個範圍比較廣的問題，請問您有什麼此生中特別想完成的事嗎？

岩本 唔——雖然只是妄想，不過如果可以的話，我想寫出像《清秀佳人》那樣的作品。那是我閱讀的起點，小時候重看了不知道多少次。我想寫出可以被人看那麼多次的作品。

溝口 您以前從來沒有寫過小說，卻花了三年便成為專業作家，所以我覺得完全不是妄想哦！

（二〇一六年二月二十二日　於東京・惠比壽）

BL與男同志的關係，以及今後會如何？

以推理專門書店的男同志老闆為主角，從二〇〇〇年開始發表的小說系列〈The Adrien English Mysteries〉的作者Josh Lanyon，在二〇一五年自爆自己是女性時，我感到非常驚訝。在日本，這個系列是由專門翻譯國外男同志羅曼史小說，或是M／M小說（請參考二七〇頁）的モノクローム・ロマンス文庫（Monochrome・Romance文庫），於二〇一三年出版。本書中有我與C・S・帕卡特的對談，為了做功課，我在對談前採訪了翻譯家冬斗亞紀，在採訪時聊到了這件事[※1]。本書中與三浦紫苑對談時也有提到這件事，在那之前，我一直以為Lanyon是男同志。因此在得知Lanyon是女性後，我的感想是「難怪。雖然書中對（〈Adrien〉的登場人物中）原本是教師，貌似理解男同志，但其實抱持著強烈恐同心態的角色的描寫，非常有『真實感』；但是在描寫對主角非常執著的反派角色時，就有點BL的感覺」。還有，「由個人經營，頻繁舉辦讀書會與作者簽書會的個性派書店，雖然在二十一世紀也確實存在，但是由於帶著點復古感，因此能微妙地與現在進行中的美國同志動向拉出距離。這也是很巧妙的設定呢」。不過話說回來，明明沒有證據證明作者的性別，為什麼在剛知道作者是女性時，我會感到驚訝呢？我如此自問。「因為是寫得很好的男同志推理羅曼小說，所以作者應該是男同志。不可能是女作者」，也就是說，「女人寫或看以男性間的戀愛為主軸的故事，根本就很奇怪」這種長久以來一般人對BL的偏見，其實我自己也在某種程度上抱持著這樣的偏見。不過，英語版的〈Adrien〉系列，一開始由是英國的Gay Men's Press出版社發行的，我手上的平裝版封面（**圖1**），看起來就像以男同志消費者為目標的時尚休閒服品牌廣告。硬要辯解的話，可以說這是使我產生先入為主的觀念，誤以為作者是男同志的原因。

但我還是受到不小的衝擊。在《BL進化論：男子愛可以改變世界！日本首席BL專家的社會觀察與歷史研究》（以下以前作稱之）中，我一直努力說明，就算作者是異性戀女性，只要誠實地學習，並且有想像力的話，就能確實地了解現實中的恐同心態與異性戀規範，並創作出能提示世人如何克服這些問題的「進化型」作品。我明明一直要大家拋棄「不是男同志的話，就無法描寫出『真實的』男同志角色」這種本質主義的前提。不過，我在得知Lanyon是女性時，並不是覺得自己「被騙了」。我驚訝的是，「為了賣書，所以裝成男同志」或是「比起女性，異性戀男性寫的男同志羅曼史更像樣、真實多了」這種英語圈對Lanyon的強烈厭女批判，以及我自己其實也延續了這種想法[※2]。我深深地反省這件事。Lanyon明白告訴大家自己目前與男性結婚，且過著幸福的生活，所以很多人認為她一直是異性戀者，但是她在自己的部落格中寫道：「第一次被酸是『lesbo（對女同性戀的蔑稱）』，是中學時的事。當時的我太無知了，不知道那是什麼意思——除了明顯感受到，那是身為女孩最糟糕的事情」這種沉痛的告白[※3]。這些話與許多BL愛好者女性「不確定自己是不是一〇〇%的異性戀者」的發言重疊。我能理解Lanyon說這些話的心情，但是對於「異性戀女性以男性筆名寫男同志羅曼史」的批評，若是以「不，我並不是一〇〇%的異性戀者」作為反駁，又會陷入同性戀者才有資格描寫同性戀的當事者主義、本質主義之中。我認為不該以這種話反駁，而是該斷然主張「當事者主義根本就是不對的」。當然，假如想把我的感想告訴Lanyon與批評她的人，就必須用英語書寫才行，不過在這裡，我想趁此機會，以日語討論BL與男同志之間的問題。

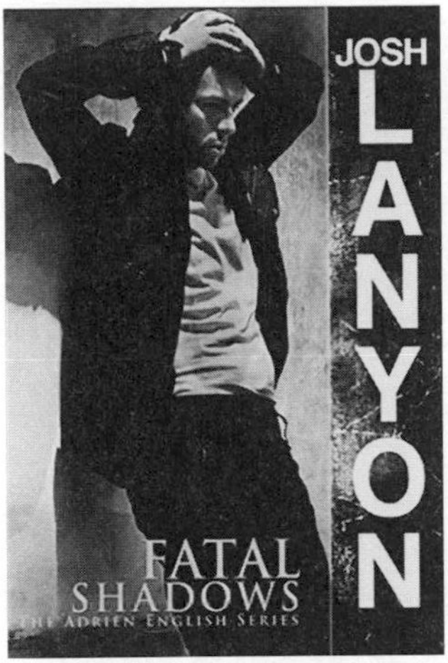

圖1　Josh Lanyon, *Fatal Shadows*. Just Joshin出版社在2012年發行的改訂版

無法構成BL的世界？

當然，也有讓人覺得正因為作者本身是同性戀，才能創作出的作品。例如田龜源五郎的《弟の夫（弟之夫）》（二〇一五～一七），會讓人覺得，這是唯有在現代日本社會，以男同志・情色・藝術家身分在國內外有豐富閱歷的漫畫家，才有辦法創作出來的作品（圖2）。但是，《弟之夫》並不是把田龜身為男同志的現實直接反映在故事中的那種作品。我身邊有不少BL愛好者與男同志朋友盛讚「這部作品應該作為小學道德課的參考書」「該放一套在班級圖書館裡」。累積了高度技巧構築而成的這個作品，優秀到足以作為國民教育使用，它能給全日本所有年齡層的人、對同性戀的認知千差萬別的人，帶來正確的知識。除此之外，田龜也很積極地露臉接受採訪，讓大家看到並非「男大姊」的男同志。包含這種行動在內，可說是一大啟蒙計畫，值得高度評價。而實際上也真的如此。但是，那種內容的作品，與並非男同志的作家所描寫的作品並不衝突——只要他們願意誠懇學習、有想像力、具備技術就可以了。

圖2　田龜源五郎《弟之夫①》（雙葉社，2015）

稍微換個角度來看吧。本書中，三浦紫苑說，近年來，許多國家開始把同性婚姻納入法律中，而且在日本，也不是沒有實現的可能，在有這種感覺的今日，就會有人提出疑問：「假如世人把同性戀視為理所當然的事，BL不就不存在了嗎？」也就是說「男人喜歡男人，是一種禁忌的愛。不過，因為你是你，我才會愛上你的」這種禁忌要素將會消失。如此一來，BL的故事就難以成立了。對於這樣的擔心，三浦算是做了最簡潔有力的回答，她說，假如同性婚姻合法，同性戀故事就會從社會上消失的話，在異性戀婚姻理所當然的社會中，有這麼多男女之間的愛情故事，不是很奇怪嗎？就算不是「禁忌的愛」，只要是人，就會出現各式各樣的糾葛或故事。這是理所當然的事。

之所以會出現這樣的問題，是因為只知道BL這種類別，但是沒有在看BL的人中，有很多人對於BL的認知都停留在BL的始祖吉爾伯特（《風と木の詩（風與木之詩）》竹宮惠子／一九七七～八四）或是一九九〇年前半的學園少女漫畫全盛時期。另一個原因，是因為BL的類別全名是Boy's Love，亦即意味著「少年們的愛」的緣故吧。但是實際上，近年來的商業BL作品，主角的年齡涵蓋十幾歲到四十幾歲，偶爾也有五十多歲的情況。主角不一定是高中生，有各種職業的成年人，甚至還有斬妖除魔的奇幻作品。商業BL的子類別，可說網羅了一般娛樂作品中的所有類別。

BL與男同志「相遇」了嗎？

BL愛好者當然知道這些，所以從BL愛好者口中問出的「今後的BL將會變得如何？」又有不同的意涵。「進化型」BL提示了該如何克服現實中的恐同及厭女心態。在LGBT（Lesbian、Gay、Bisexual、Transgender的英文首字母縮寫。除了上述四種族群外，也包含了其他種類的性取向在內）變得形於可見的今日，BL還能一直是「由女性創作，以女性讀者為主要客群」的類別嗎？會變成男同志也想看的類別嗎？假如男同志讀者增加的話，到時候BL和男同志虛構創作會變成同樣的東西嗎？此外，要是變成那樣的話，例如本書的「BL電影論　序論」中分析的〈フジミ（富士見）〉系列第一話（〈寒冷前線コンダクター（冷鋒指揮家）〉）那樣，以強暴為開始，在現實中既是犯罪又很扯，但是因此才能樂在其中的BL奇幻作品，會不會因此消失呢？

首先，我們必須先想到，BL與男同志，早在二十多年前就已經相遇了。就如前作第三章「男同志的觀點？　以虛幻（般的）『YAOI論戰』為中心」所考察的一樣，以「YAOI什麼的去死吧」這種鬥爭性很強的文章，批判一味描寫男性間性愛場面的BL漫畫的佐藤雅樹，並不能代表男同志。還不如說，正因為他是少女漫畫迷，所以才會要求與女性BL愛好者（以當時的說法是「YAOI」）展開對話※5。之後，一群BL愛好者與自稱女性主義者的女性們回應了佐藤的發言，展開了一連串的爭論（一九九二～九五）。雖然內容非常錯綜複雜，但是這個主題，就算以「女性特質很強的男同志佐藤本身被恐同與厭女的想法壓抑」作為結論，也不算有錯吧。此外，前作中，與異裝王后Bourbonne對談時提到了一九九〇年代前半，男同志們會輕蔑自身的女性特質，並抱持著恐同的心態。因此Bourbonne對此分析道：佐藤的主張，顯示出了抱持著恐同或厭女心態的男同志們，「在純女性的世界複製出了同樣的狀態，使他們產生了類似近親相斥的煩躁感」。至於當時的一般男同志們，對BL有什麼想法呢？對於女性們喜歡的男性之間相戀的表象，絕大多數的男同志都覺得「沒興趣」。

「YAOI論戰」是在自費出版的雜誌上進行的，今日的BL作者或BL愛好者，很少參與或讀到這場爭論（本書中登場的BL作者們，幾乎不知道這件事）。也就是說，佐藤因與某某個別的BL愛好者交流，對整個BL類別產生影響、改變了BL，在這層意義上，最重要的不是與誰「相遇」，「YAOI論戰」的重要性在於，它是日本社會的厭女與恐同心態交錯對話後所產生的一個症狀（symptom）。它對像我這種二十年來一直思考這個問題的人，指引出一條思考的道路。

話說回來，近年來的「進化型」BL，不再表現出「我才不是同性戀」這種恐同心態，描寫的是對現實日本社會中的同志歧視有所認識，並克服這些困難的主角。像這樣的BL，男同志們應該也比較看得下去吧。事實上，在我的講座裡，以〈同級生〉系列（中村明日美子／二〇〇八～一四）為主題寫報告的女學生中，有人提到，自己之所以知道《同級生》這部作品，是問身為男同志的BL愛好者朋友「有沒有什麼沒有恐同表現的BL作品？」時，對方告訴她的。像這種被男性讀者接受的BL作品，今後應該會日漸增加吧。而且，他們也會去創作BL漫畫或小說吧。這樣的男性增加時，我在前作中提到的「女性們透過BL在腦內性交的虛擬女同志（virtual lesbian）空間」又會變得如何呢——當然，生物學上是男性的讀者，也可以參與這種會話空間。到那時候，和現在這種壓倒性地只有女性的空間，會有什麼樣的不同呢？在沒有變成那樣之前，沒人知道會怎麼樣。就像本書中榎田尤利／ユウリ所說的，現狀是很多ＢＬ愛好者不希望自己的丈夫或男友說「我想更加理解妳，所以特地去看妳喜歡的ＢＬ」。要問為什麼的話，是因為這些ＢＬ愛好者是為了暫時脫離現實中自己是異性戀女性的事實，想要自由地享受作品中的戀愛與性愛之故。但是今後，假如男性們也理所當然地看起ＢＬ呢？

……我很了解這種不安，但是沒必要杞人憂天，我在此如此主張。還有就是，我要再次強調，沒必要認為實際上是男同志的人所創作的ＢＬ作品，會比女性創作的ＢＬ作品「更真實」。

遠離當事者主義

目前的日本，以中年男同志情侶為主角的漫畫，讀者最多的應該是《きのう何食べた？（昨日的美食）》（二〇〇七～）吧。作者吉永史在本書中提到，她因為訪問了複數的男同志，才發現也有並非大鬍子肌肉男或精實男，而且也不熟悉新宿二丁目的這種不屬於住在東京的多數派男同志的男同志，所以最後還是維持原本的主角設定。從這裡可以明白，就像異性戀女性有各式各樣的類型一樣，男同志也有各式各樣的類型。例如「二〇一七年五月六日和七日，於東京・代代木公園舉辦的TOKYO RAINBOW PRIDE（ＴＲＰ），有十萬人參加園遊會，七日的遊行則有五千人參加。這種在大白天的公共道路上，明白地宣告自己是性少數者的活動，最早是起源於一九九四年的『東京Lesbian Gay Parade』。當時有許多男同志與女同志的朋友都戴著墨鏡或以帽子遮臉，但是今年，幾乎所有人都是露臉參加了」像這樣的記述中，「男同志」這種表示分類的單字，是具有功能性的。但是，徒以「男同志」為主角的故事，就不可能存在了。《昨日的美食》中的筧職業是律師，是喜歡做省錢主婦料理的男同志。他雖然向父母出櫃了，但因為得不到理解而煩躁；也曾經在對話時向不動產公司的人出櫃過。但他不像是會去參加ＴＲＰ遊行的人。相反地，以TRP志工的身分，熱心參與同志活動的男同志律師為主角，這樣的故事也是有可能的吧。關於《昨日的美食》，作者吉永史說，她原本考慮發表在BL雜誌上，但是無法實現，所以改在青年雜誌上連載，分類也因此變成青年漫畫。會去當TRP志工的男同志律師的故事，其他人應該也畫得出來，但是能發表在BL雜誌上還是青年雜誌上，當然就無法預測了（也有可能發表在男同志雜誌或同人誌上）。不用說也知道，就算畫出這個故事的不是男同志作者也沒關係。不論是什麼樣的男同志主角，由什麼樣性別、性別認同、性取向的作者來畫，只要那個角色有魅力，只要故事有趣，就會得到多數讀者的支持。

取代「一億總HOMO」的作品

再來，以強暴作為初遇的BL奇幻作品，會因此而消失嗎？

我認為不會有那種事。主要原因有二。

第一，實際上，不管多麼超展開的BL奇幻作品，只要夠力，就會吸引BL愛好者之外的讀者。例如把《ダブルミンツ（雙生薄荷）》（中村明日美子／二〇〇九）拍成電影的內田英治導演，是偶然看了漫畫，被故事中的世界觀所吸引，所以寫了非常熱情、熱情到令原作者中村驚訝的信到編輯部，聲明自己非常想把這部作品拍成電影[※6]。一如在本書的「BL電影論序論」中所提到的，透過電影，內田向大家告白，自己總算察覺到了BL愛好者們早已明白的同性友愛（homosocial）與同性戀（homosexual）之間的關係。也就是說，內田在看漫畫的時間點，還無法用具體的語言去說清楚自己究竟是被作品的什麼部分所吸引。儘管如此，內田仍然被吸引到想將其拍成電影的程度，這就是有力量的虛構作品能做到的事。此外，ヨネダコウ的《鳴鳥不飛》（二〇一三～）在得到「FRaU漫畫大獎」後，長年在黑社會做採訪的記者鈴木智彥在激賞評語提到「（……）矢代『男人、男人、男人，不管是大哥還是大叔，簡直就像是假性同志的集會』的感想，就算是真正的黑道也常這麼說。把男人的嫉妒以性愛視覺化，也更容易理解黑道的本質」[※7]。這裡他稱讚的是，

《鳴鳥不飛》將真正的黑道也有自覺、由同性友愛產生的同性情色，以同性之間的性行為視覺化。今後應該也會有這種以男性同性戀愛為主軸，但是與現實中的男同志有一線之隔，有力量吸引各種讀者層的BL奇幻作品誕生吧。

另一個原因就是，在今後，BL奇幻作品應該會和不良少年電影、恐怖片或西部片等一樣，被視為一般的類別吧。這裡的「類別」，指的是「電影類型（genre film）」，這種類別與觀眾之間有一定的約定俗成，因此某些約定俗成的描寫可以被省略。例如在電影《クローズZERO（熱血高校）》（三池崇史執導／二〇〇七）中，鈴蘭高中和鳳仙學園的不良少年為什麼要互相對抗呢？沒必要描寫原因與動機（因為原作是不良少年漫畫。但假如這部電影在不熟悉不良少年這種類別的文化圈中上映，應該會有很多人看不懂故事的前提吧）。BL也一樣，「兩個美男談戀愛的故事」這樣的「約定俗成」早已廣為人知。今後的商業BL作品中，除了提供接近現實男同志的「進化型」作品之外，應該也會繼續提供女性讀者能在安全圈內享受男性之間豪華／令人小鹿亂撞／充滿活力等等的戀愛故事作品吧。例如前作的專欄中考察過，唯有在BL這個類別之下才能享受樂趣的「深化型」漫畫作品《純情羅曼史》（中村春菊／二〇〇三〜）和《春を抱いていた（擁抱春天的羅曼史）》（新田祐克／一九九九〜）就是屬於這類的作品。

小說的話，出現在本書的岩本薰的〈惠比壽名流紳士〉系列（二〇〇四〜〇八）也是一例。開在東京・惠比壽的設計事務所，登場的設計師們全都穿著義大利名牌西裝。像這樣的名流設定，究竟要因為「不可能、不合理」而不看，或者是知道「不可能、不合理」，但還是寧可被騙，也要樂在其中呢？當然，故事裡必須有讓這個設定感覺起來很合理的描寫才行。寫／畫這種BL奇幻作品，需要有相當高度的技術※8。一九九〇年代隨處可見的、登場的男性角色全都愛上同性、「攻」是又高又帥的有錢人、「受」是「美人」，這種所謂「一億總HOMO」的作品，應該已經難以在近年的BL愛好者中通用了吧※9。

「注入生命」不需要當事者

也有出現在本書對談中的羽生山へび子的漫畫〈晴れときどき、わかば荘〉系列（二〇一三～）在二〇一七年三月，被劇團Rexy改編成舞臺劇（鄭光誠指導，友池一彥編劇）（**圖3**）※10。Rexy是由以女性為客群的男女AV製作公司SILK LABO和GIRL'S CH所組成的劇團。因此，飾演經過數年空白、奇跡復活的騎士・幕之內大輔的有馬芳彥，與飾演飛機頭高中生・千葉康太的北野翔太都是AV男優，稱為「Ero Man（意指SILK LABO旗下的AV男優）」；至於飾演老是騷擾在車行工作的長崎惠一（井深克彥）的噁心顧客淺井陽登的，則是「Love Man（意指GIRL'S CH旗下的AV男優）」。

話是這麼說，這個公演的客串角色總共有八人，數量相當多。其中，飾演長崎的井深克彥，在二〇一六年的電視節目《有吉反省會》中出櫃，告白自己是男同志的事※11。那麼問題來了，由真正的男同志井深飾演的BL角色，感覺起來有比其他的BL角色更像「真的」嗎？作品中，長崎的幼年玩伴，把他稱為惠的清——清川誠司（雞冠井孝介）來找他，兩人確認了橫跨十年的愛。難道說，因為演員是真正的男同志，所以舞臺上的惠就比清更有真實感嗎？此外，原作中的性愛場面，在舞臺版中被改成受到襲擊但是未遂。受到襲擊的幕之內，上臂部有相當長的時間在舞臺上露出，是相當具有衝擊性的演出。但是襲擊的一方，身為後輩騎士的一條誠（矢島八雲）與被襲擊的幕之內（有馬），誰演得更

圖3　劇團Rexy公演《晴れときどき、わかば荘》DVD（劇團Rexy，2017）

有BL角色的感覺呢？同樣職業的前輩與後輩，他們之間的羈絆與競爭意識，突然滑動成性欲的瞬間，誰表現得比較好呢？以在鏡頭前與女性性交為工作的有馬，在舞臺上看起來也只是個「Ero Man」而已嗎？

……這種問題，很明顯沒有意義。不論演員本人的性取向是同性戀或異性戀，只要真摯地表演BL角色，就能把生命注入角色中，並呈現在舞臺上。劇中有由中年男性藝人女裝飾演的若葉媽媽（島津健太郎），但是和過去的「男大姊」不同，包含若葉媽媽在內，導演、編劇、演員，全都誠實地融入原作，創造出了高品質的舞臺劇。

我希望今後能出現更多有趣的BL漫畫或小說作品。當然，也希望現實中的同性戀者得到更多認同，有更多人權。我是被BL的始祖，也就是一九七〇～八〇年代的少女漫畫中的「少年愛作品」、「美少年漫畫」所拯救，才能接受自身性取向的女同性戀者。我認為「進化型」的BL，已經從當事者主義、本質主義中解放，這些女性作者們以現實中有可能實現的形式，給予社會如何克服恐同與厭女心態的提示。這些部分我已經在前作中詳細地論述過了。

今後，BL與男同志交錯的場面肯定會更多。所以如今，脫・當事者主義與脫・本質主義，以及不論表現的主體是誰，都應該從異性戀規範中得到自由。這是很重要的部分，我希望大家能認識到這兩點。

※1 包含Lanyon及帕卡特的作品在內，冬斗亞紀在Monochrome・Romance文庫翻譯了許多作品。採訪日期是二〇一六年八月三十日，地點為橫濱。

※2 Josh Lanyon的部落格，二〇一五年九月二十五日的文章。http://joshlanyon.blogspot.com/2015/09（最後閱覽日為二〇一七年五月十六日）

※3 同右。

※4 關於BL電影，初期的暢銷作是以《そして春風にささやいて（春風物語）》（原作小說ごとうしのぶ，横山一洋執導／二〇〇七）為開頭的〈タクミくんシリーズ（託生君系列）〉，大多是以高中為背景的學園故事，這也是加強了「說到BL，主角都是十幾歲」這種印象的原因吧。

※5 「YAOI」一詞不只指「女性以男性間的戀愛為主軸創作、閱讀的現象」，也泛指進行這類活動的女性或作品。

※6 「電影《雙生薄荷》座談會」（《OPERA》vol.62，茜新社，二〇一七，十三～二十五頁）。

※7 《發表！第3回　FRaU漫畫大獎》「FRaU」講談社，二〇一五，十月號，一二一～一三二頁。

※8 以《冷鋒指揮家》為開頭的〈富士見〉系列，是以東京都富士見町的市民交響樂團這種具有庶民感的團體為背景的故事。話是這麼說，但是古典音樂的要素仍然醞釀出豪華的感覺。此外，隨著故事進展，兩名主角也開始在歐美活躍，出現了高級飯店等的豪華描寫。不過，義大利小提琴家會說完美的京都腔、為了表演而前往紐約的主角們從機場出來時，不是搭計程車，而是搭公車等等，仍然以日本讀者的庶民感為基準。這些部分的描寫，與盡可能地讓讀者即使沒有親身體驗過、光憑想像就會陶醉，在細節上累積許多豪華描寫的岩本作品，施力方式有很大的不同。當然，因為妻子是京都出身的日本人，所以能用完美的京都腔討論複雜話題的義大利人，以及因為在各方面都是天縱英才，所以精通多國語言的義大利人，比較這兩種角色誰比較「真實」，是沒有意義的事。

※9 近年來，主角之一不是人類的奇幻系BL（一般定義上的奇幻設定的BL）作品之所以增加，是為了不讓一般的「戀愛」成為理所當然的前提，試圖摸索各式各樣的兩人之間，他們的關係性與差異。這部分我已在前作的專欄中考察過了（「專欄3　重新檢討BL的得意招式『愛』的定義」）。再加上，假如想創作因「強硬」而有力量的故事，以現實人類為主角的話說服力會不夠。要舉小說為例的話，本書「對談」中提到的岩本薰的狼人BL作品〈發情〉系列（二〇〇七～），以及犬飼のの的〈暴君竜を飼いならせ（侏羅紀愛人）〉系列（二〇一四～）都是這類作品。在設定上，擁有恐龍的基因、平常是人類的外表，但是能夠變身成恐龍的「攻」，必然會索求素食主義者的「受」身上沒有因肉食而被汙染的血液和體液，並發展成性愛。除此之外，在前作中，「動搖男女的性別或人類的性（sexuality），使人聯想到多樣的可能性，讓女性角色得到頂點的世界」以這

樣的方向來考察的《野性類戀人》（壽たらこ／二〇〇四～），也同樣有一部分是為了展現這種「強硬」。因為在這部作品的世界觀中，對「斑類」的主角們來說，性愛是和誰都可以做的事，但是戀人等於生子的對象，這些都是由本能決定的。再舉一個例子，描寫幫忙吃掉詛咒的守護神（「攻」）與人類（「受」）的配對《この世 異聞（今世詭異秘聞）》（鈴木ツタ／二〇〇六～一三）也是一例。近年來ABO的興盛，也可以解釋成基於這種趨勢的緣故吧。順帶一提，以這個脈絡來看漫畫《10 count》（寶井理人／二〇一四～）的話，不戴手套就無法出門，潔癖到這種程度的主角，居然能與特定對象進行會把全身弄得都是體液的性行為，這種落差感產生的力量，足以與主角不是人類的奇幻系BL作品匹敵。讓人覺得在作品世界中就有可能，也就是說，主角兩人明明都是普通人類，但是能形成規模龐大的奇幻感，應該是《10 count》爆紅的原因之一吧。

※10 原作為《晴れときどき、わかば荘　あらあら》（二〇一三）與《晴れときどき、わかば荘　まあまあ》（二〇一五）。不過舞臺版是除了《あらあら》的三個配對之外，再加上了「若葉媽媽」與「阿健」的配對，所以阿健的臺詞比原作更多，藉此一定程度補足了兩人過去熟識的經過，表現出與現在的幸福之間的關聯性。

※11 二〇一七年四月一日，井深在自己的部落格以「不擅長說謊系男子」為題的文章中提到，自己被問「是同性戀嗎？男大姊嗎？」時，雖然以前一直否認，但是又覺得那麼做是騙了「為我加油的人們」，不合本性，所以半年前才在電視節目中出櫃。（最後閱覽日為二〇一七年五月十八日）https://ameblo.jp/katsuhiko-ibuka/entry-12261712362.html

「我決定拚命地成為名為漫畫家的創作者，最後成功了。雖然很辛苦，但是也有身為創作者才懂的樂趣。」

4

與漫畫家　トウテムポール的對談

在我的印象中，トウテムポール老師最初是以《星のやうにさよなら》（筆名「志ろう」），得到「アフタヌーン四季賞（Afternoon四季獎）」二〇〇七年秋的池上遼一特別獎，在漫畫界登場。不過他在商業BL界第一個亮眼問世的作品，則是二〇一三年的〈東京心中〉系列。那是一部非常令人驚訝的出道作品。要說原因的話，首先主角不是出現在螢幕前的偶像或演員，而是在電視節目製作公司上班的幕後工作人員，採用這種設定的BL作品，〈東京心中〉應該是第一部吧。再來，BL類別的漫畫家，幾乎都是先在雜誌上連載作品，之後再把連載的部分集結起來，追加全新繪製的故事出成第一本單行本。但トウテムポール老師則是直接一口氣連續出了四本漫畫，這是極為罕見的例子。關於〈東京心中〉，我已經在前作《BL進化論》（二〇一五）中，將其視為「職業類」

ＢＬ作品的代表作，在專欄進行過考察了。書中具體又詳細地敘述電視節目製作的工作，宛如作者曾經從事過相關工作一般，這些部分又靈活地與主角們的戀愛連結在一起……正因為「社會見習的樂趣」與「萌」能同時成立，本作才會如此充滿魅力。然而，我還是覺得很不夠。愈是閱讀〈東京心中〉，我就愈覺得完全沒有討論到其魅力，使我產生想要更加接近、掌握住那魅力的想法。因此我請在《OPERA》連載〈東京心中〉續篇，並同時在《SPIRIT增刊 HiBaNa》※1連載非ＢＬ作品《或るアホウの一生（某個阿呆的一生）》（二〇一五～）等，精力旺盛地進行活動的トウテムポール老師騰出時間與我「對談」。

溝口 「トウテムポール（圖騰保羅）」是很奇妙的筆名呢。我看後記您都是以「ポール（保羅）」作為第一人稱，所以「トウテム（圖騰）」是姓，「ポール」是名嗎？

トウテムポール（以下簡稱「ポール」） 不，我以前在畫同人誌時，社團名稱是トウテムポール，筆名則是ポール。所以現在的筆名雖然是トウテムポール，不過在提到自己時，還是會以ポール自稱。而且當初，我覺得自己想社團名稱很不好意思，所以問朋友「有什麼好名字嗎？」朋友回說「就叫トウテムポール好了」（笑）。我心想「嗯，也好啦」就這樣隨便地決定了。

※1　二〇一七年九月號後休刊。《某個阿呆的一生》轉換到「MangaONE」（小學館的漫畫專用ＡＰＰ）繼續連載。

溝口　ポール是西歐人的名字呢，您不會覺得有抵觸感嗎？

ポール　完全不會（笑）。當時我覺得這個名字很有衝擊性，容易唸也容易記，沒什麼不好的（笑）……不過事到如今確實有點，比如說我為了《某個阿呆的一生》到將棋聯盟採訪時，要說出「初次見面，我是トウテムポール，請多指教」會覺得很難為情，而且在採訪時，對方也會盡量避免直接稱呼我的名字。不過因為對方馬上就能記住，所以也還可以啦。

《OPERA》總編E（以下簡稱「總編」）　「這個人在自介時，應該會說Call me Pole吧，好帥喔」有作者曾經這麼說過哦。

ポール　是嗎？那還是說出來比較好吧？「Call me Pole!」（笑）。

溝口　「Sure!」（笑）……那麼我就叫您ポール老師吧（笑）。

四本單行本連續發行！出道的幕後花絮

溝口　二〇一六年十月發行的新刊《はるのしんぞう—東京心中・6—（東京心中6：春之心臟）》的腰帶上寫說，〈東京心中〉系列七本的累計銷售量已經突破二十五萬本了，就ＢＬ漫畫而言，可說是非常暢銷的作品呢。再次恭喜您！

ポール　謝謝。

溝口　我是從二〇一三年末出版的《這本BL不得了！　2014年度版》得知〈東京心中〉在排行榜得了第一名，才一口氣買下四本單行本。不過〈東京心中〉的上下集是在二〇一三年二月出版，系列作的第三、第四集《愛してるって言わなきゃ殺す—東京心中・2—（東京心中2：不說愛我就宰了你）》、《君も人生棒に振ってみないか？—東京心中・3—（東京心中3：你要不要也賭上自己的人生？）》則分別是在同年的三月、四月出版。之前《OPERA》的總編說過，她看了您的同人誌作品電子版後，問您想不想出成單行本，接著您在短短一週內就寄了四本份的原稿給她。她對您的速度和判斷力感到非常佩服呢。

ポール　這樣的解釋真是太正向了（笑）。其實在《OPERA》詢問我要不要出單行本之前，也有其他家出版社找我出書，但是他們全都看不起當時還是同人作者的我。對不起，我有一半都在講壞話，這樣沒問題嗎（笑）？

溝口　就算說壞話也沒問題哦（笑）！「看不起」是什麼意思呢？

ポール　某家出版社提出了比業界行情低很多的版稅抽成率。雖然我沒有在《Afternoon》連載過，不過《Afternoon》的編輯曾經告訴過我基本的業界行情，並且說，既然有認真工作，就該得到應得的金額。所以我問對方「這比一般的抽成率還要低吧？」但是對方卻回覆說「其他人也都是以這個抽成率委託的，為什麼只有妳是特例」，還說「頁數太多了，只有一本的話我們就幫妳出。妳把和主線無關的內容刪一刪，只留色情的部分，這樣的話我們就幫妳出單行本」。我那時候不斷抱怨「我不喜歡那樣」。雖然當時我是以同人活動為主，但我已經必須光靠漫畫來維持生計了……可是卻沒有什麼工作進來，而且前輩作者也跟我說「光是同人誌能被出成單行本，妳就該覺得感謝了」。我漸漸覺得，難道是對此不滿的我有錯嗎？當我開始自暴自棄時，《OPERA》來問我出書的事了。所以，雖然這樣子很囂張，不過我還是回說「版稅必須是一般的行情抽成率，也不能刪內容，只保留H的場面。這樣你們還願意一起出書嗎？」然後，因為對方說「沒問題喔」，所以我心想「那就來試試吧！」一口氣送了四本份的原稿過去。

溝口　話是這麼說，不過同時出版四本還是太辛苦了。所以才會以兩本、一本、一本的形式，分成三個月出版嗎？

總編　是的。四本同時出版還是有風險，所以我依照劇情，認為到第二集（上下集）做個區隔比較好，就先出了兩集。但是，假如前兩本的銷售成績不理想，出版間隔又拖太久的話，第三、第四集恐怕就無法出版了，所以直接訂在下個月、下下個月接著出版。雖然也有作業時間的問題，不過我打算搶在經銷商將實銷數字回傳到出版社前把書出完。然後就結果來說，單行本賣得很好，所以後來就變成在《OPERA》上連載後續了。

自主性地實驗長篇作品，而開始畫〈東京心中〉

溝口　也就是說，雖然現在還有在《OPERA》上連載，不過內容是先從同人誌問世的呢。

ポール　是的。下次要出的同人誌是以女裝演員中村聖為主角的故事。

溝口　啊，我也挺在意那個角色的。他既不是所謂的「男之娘（偽娘）」角色，也和現實中的女裝藝人不同，當然也不是MtF跨性別女性※2。

ポール　一開始時，我只是把他當作讓作品更熱鬧的配角而已，所以只要夠搶眼就好。後來又追加了頭腦聰明的角色設定，因此也會上綜藝節目談話，進而與宮坂他們產生接點，開始一起工作。而且他是女裝藝人，在矢野拍的戲裡還能扮

※2　指生理性別是男性，性別認同是女性的人。

女裝演員中村聖／《東京心中6：春之心臟》（茜新社，2016）

演穿女裝的男性角色。雖然我當初打算把他當成路人配角，但是太好用了所以就（笑）。由於他經常出場，漸漸搏得了不少人氣，所以這次我就決定畫中村的故事了。

溝口　原來如此。話說回來，在受歡迎的少年漫畫中選出兩個角色，將他們分為「攻」與「受」，描寫同性戀愛關係的二次創作同人誌——這類「動漫衍生創作」從一九七〇年代就一直很興盛。邀請這類的二創作者在商業誌上發表原創作品，在ＢＬ業界是很重要的發掘作者方式。不過，像ポール老師這樣長期以同人誌的形式發表原創故事的例子，真的非常少見呢。正確來說是從二〇〇八年開始，距離單行本出版將近六年呢。

ポール　話是這麼說，不過二〇一〇年時就開始電子書化，所以完全只有紙本同人誌的時間大約是三年左右。

溝口　雖說是三年，但如果是二創圈的話，即使是當紅的二創類別，似乎也很少紅得過三年，所以感覺起來還是很久。我對二創不是很熟，不過在《Tiger&Bunny》時期偶爾會去朋友的社團幫忙，體驗過「最大瞬間風速」的盛況以及之後冷下來的過程，所以有這樣的印象……話說回來，ポール老師沒有畫過二創同人誌嗎？

ポール　有哦。如果從當地的小型販售會上賣影印本開始算起的話，我從國中起就一直參加二創活動了。然後大學畢業後，我投稿了某少年漫畫雜誌的新人獎，開始有編輯負責帶我，這段時間雖然我曾經中斷過畫同人誌，但是因為雜誌那邊的草稿一直無法通過，不能正式畫漫畫，所以我開始感到煩躁。那時我還有在畫二創同人誌，不過幾年後在《Afternoon》得獎時，以此為契機，我決定不再畫二創同人誌了。雖然畫二創很快樂，但我認為這樣無法讓自己進步，於是開始畫起原創的同人誌。

溝口　這就是以同人誌的形式開始畫〈東京心中〉的原因嗎？

ポール　是的。就算得獎後有責編帶我，但是也沒辦法立刻在雜誌上連載。首先要畫出分鏡草稿給責編審查，要是順利的話責編就會說「請將這個草稿完稿吧，可以刊登了」。但是我的草稿一直無法通過，畫了又被退，畫了又被退。當然責編也有指導我，讓我學到很多，但是一直處在畫草稿被退稿的循環中，就沒有機會作畫了。我很想畫漫畫，因此開始畫起了原創同人誌。

溝口　原來如此。您是從一開始就打算畫長篇連載了嗎？

ポール　是的。感覺就像是隨興地開始實驗長篇連載。因為新人不可能一下子得到長期連載的機會，而且我也沒有畫過長篇，自己都沒有信心的東西，很難開口要求「請讓我畫」。還有，當時的我還立下了「把所有想到的要素全加進去」這種謎之目標。所以有BL要素，也有女性角色，加了各式各樣的東西在裡面。

沒有內心獨白的「美人受」的衝擊性

溝口　所以才能突破各種既定模式呢。首先，在ＢＬ中，有不少作品都是讓主角從事偶像或當紅演員這類出現在螢光幕前的職業，但是讓主角從事幕後製作相關職業的作品相當罕見，說不定這是第一個以這類職業為題材的作品呢。說起來，您為什麼會想到這樣的設定呢？

ポール　有一個低預算的電視節目，在節目裡，ＡＤ（助理）常常代替來賓出現在畫面裡，遞補來賓的空缺。我看著看著，看到從鄉下來東京不久的ＡＤ，樣子漸漸變得像都市人，看起來不再那麼土氣。比如一開始滿口方言，後來變成說標準語了。又過了一陣子，那個人似乎出頭了，變成了導播。之後又出現了說方言的ＡＤ，而且還會聽到變成導播的人正在發號

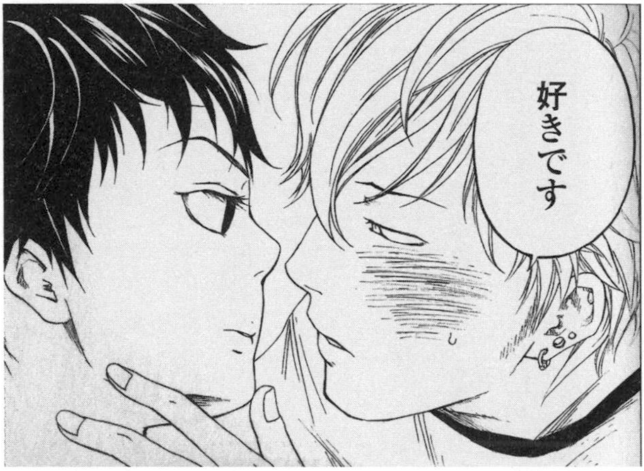

矢野（左）和宮坂（右）／《東京心中（上）》（茜新社，2013）
©トウテムポール／茜新社

司令的聲音。我覺得這樣的節目很有趣，就一直看下去了。

溝口　岩手縣出身，還在說方言的「攻」宮坂，就是從那位AD得到靈感的吧。「受」的矢野個性相當不可思議，矢野這個角色的設定是從哪來的呢？

ポール　矢野也是在那個節目中看到的AD。不過那個人的工作並不是一直在旁邊協助來賓，所以只能偶爾看到一下。

溝口　咦？有像矢野那樣的「美人」AD出現嗎？

ポール　是的。那個AD長得很好看。只在白板前稍微出現了一下，不過睫毛非常長，很引人注目。

溝口　一七二公分的「美人受」是上司，一八九・五公分的高個子「攻」是新人AD，這個設定也是從那個節目來的嗎？

ポール　我並沒有完全模仿那個節目。宮坂幾乎可以說是出於我想像的產物，不僅和作為原型的AD愈來愈不像，身高也是將我喜歡的別人組合在一起後才變成那種感覺……另外，我也看過AD座談會之類的文章，裡面有個AD說「雖然前輩很嚴格，但是我很尊敬他」。我也想確實地畫出那樣的感覺。

溝口　原來如此。那麼換個話題，我最近開始注意到有沒有內心獨白這件事，矢野這個角色一直都沒有內心獨白呢。

ポール　是的。因為矢野是只看得到一點表面，不知道他內心想法的角色。所以我完全不讓他有內心獨白，並把這件事作為原則。

溝口　確實。正因為矢野沒有內心獨白，所以有時候會說出不可思議的話，而且連以前就和矢野有交情的配角都說「他就是這樣的人」，所以即使會一點一點地了解矢野，但還是無法全盤了解，會和宮坂一起感到緊張不安呢。

ポール　說起來，比如像我們現在這樣說話時，不是也不知道對方內心在想什麼嗎？所以我也想在漫畫裡好好表現出這樣的感覺，只讓第一視角的宮坂有內心獨白。雖然我原本是這麼打算的，可是因為我沒有處理得很好，所以連由佳也加入了內心獨白。

溝口　原來如此。雖然因為這樣，矢野這個角色會讓人覺得搞不清楚、不可思議，但是ポール老師腦中有沒有關於他的背景，或是像履歷表之類的東西呢？

ポール　大致上是有的。不過，也有不畫畫看就不知道的部分，所以之後說不定會畫過去篇吧。

〈東京心中〉的世界不存在恐同心態的原因

溝口　由於故事中有關電視節目製作的工作內容描寫得相當具體，所以我本來以為作者是實際待過那個業界的人，或是家人、戀人曾經當過ＡＤ，但是從訪談及後記看來，完全不是那樣呢。雖然和知道業界事情的朋友聊過，但是沒有特地做過採訪，因為您很清楚地這麼說，讓我非常驚訝。第一集的開頭，攝影棚天花板的桁架※3之類都畫得很真實呢。

ポール　不，畫得很假（笑）。最近的話因為有出了能作為參考資料的書，所以我有拿那些書當參考，但在那之前，我都是看電視節目，當畫面上出現想畫的東西時按暫停確認，像這樣畫出來的。

溝口　真厲害。話雖如此，即使在出成商業單行本之前已經出成電子書了，但是要長年連載原創的同人誌，應該很難維持動力吧？

ポール　很難呢，應該說，其實沒有維持住。現在重看的話，有明顯作畫崩壞的回數。那是因為我畫到自暴自棄的關係（笑）。

溝口　咦？有「作畫崩壞回」嗎？

※3　以三角形為單位的構造。在電視公司的攝影棚經常可見。

「作畫崩壞回」的矢野／《東京心中2：不說愛我就宰了你》
（茜新社，2013）©トウテムポール／茜新社

ポール　就是「曝光」的那一段。單行本是收錄在第三本《東京心中2：不說愛我就宰了你》，同人誌的話是收錄在第十本裡。那時我陷入了「我為什麼要畫這漫畫？我已經搞不清楚了」的狀態，矢野的臉就幼兒化了。

溝口　確、確實，矢野的兩眼大大地在臉的正中間，而且塗成全黑，很有衝擊性呢。話是這麼說，在劇情上，這裡是由佳問「你們在交往嗎？」矢野回答「沒錯」的重要情節，我有貼上標籤。「攻」的宮坂雖然很慌張，但是矢野很爽快地肯定說「沒錯」。

ポール　那段時間，正好是我無法維持繼續連載同人誌的動力，自暴自棄的時期。讀者很少，也沒有任何迴響，所以自己也不知道該畫些什麼才好。因此我想說「算了，就讓他們曝光吧！」就變成那樣了（笑）。我已經不知道為什麼要讓兩人隱瞞交往的事。心想「總之要讓劇情有起伏」所以就讓由佳知道了。

溝口　不過，由佳很乾脆地說「是喔？我早就注意到了／這樣我就釋懷了」就接受了這件事呢。

ポール　是啊。因為矢野是不知道在想什麼的角色，如果是感受更一般的角色，我想應該會說「不應該是這樣吧？」之類的話，或是做出某些舉動。結果，因為由佳也不是「漫畫中的普通人」，所以沒有演變成大事件呢（笑）。

溝口　就現實來看的話，現在的日本社會，特別是電視業界，和同性上司或同性同事談職場戀愛，很難想像會被周圍的人坦然接受呢。但是我在看這段劇情時完全沒有格格不入的感覺。這是為什麼呢？我一邊重看，一邊思考原因。我想，是因為本作藉由徹底貫徹「職業類ＢＬ」的真實性，再次探討「所謂的戀愛是什麼？」所以才特別有說服力吧。包含宮坂甩了女朋友喜歡上矢野的事情在內。

ポール　說起來，宮坂本來是個活得沒什麼理由的人。因為沒什麼理由地受歡迎，所以沒什麼理由地交了女朋友，沒什麼理由地就這樣一直交往。我想畫的是這樣的宮坂發生了轉變。

溝口　是的。泉再次登場時，她自己也開始思考起對自己來說「喜歡」究竟是什麼，心境上發生了轉變。因此她不再是單純的「炮灰」配角，我覺得這點很棒。不過她一開始是會問「我和工作哪個重要？」的人。宮坂以前也會沒什麼理由地配合她。

ポール　沒錯，泉一開始是為了表現宮坂「沒什麼理由」的個性才存在的。但是我自己也覺得，若只有那樣的話泉就太可憐了，而且我的朋友中也有喜歡她的

宮坂的前女友・泉／《東京心中3：你要不要也賭上自己的人生？》（茜新社，2013）

人，還問我說「妳還會讓泉再出場吧？」。揍了宮坂後就消失，光是這樣實在太悲慘了（笑）。所以我讓她再次登場了。

溝口　泉不是單純作為「沒什麼理由的女朋友」這種角色退場，我也覺得很高興。不過一開始時，宮坂作為「沒什麼理由，覺得有男女朋友是很理所當然的人」，正因為有泉在，才更能突顯出至今一直沒什麼理由配合她的宮坂，在遇到矢野後出現的轉變。矢野最喜歡的是電影，喜歡影像製作的工作，所以理所當然地完全沒考慮過和他人談戀愛的事。宮坂是被矢野那種對工作的熱情吸引。而且矢野也隨著與宮坂的相處，開始會說出「和宮坂在一起的話，好像會變得更喜歡電影與工作」「所以我想和你在一起」「雖然我不知道這樣算不算喜歡你」這樣的話。也就是說，意思是「工作

《東京心中2：不說愛我就宰了你》
（茜新社，2013）
©トウテムポール／茜新社

非常重要。雖然一個人也能工作，不過如果和某人一起工作，能因此把工作做得更好的話，和那個人在一起就是正確的」這樣吧。

ポール　是啊。

溝口　還有，由佳也是，宮坂的同事長谷川也是，大家都是很重視工作，拚命製作影像的同伴。正因為讀者理解這件事，所以看到由佳對於只要不對團隊造成負面影響，就算同樣是男人的上司矢野和後輩宮坂真的在交往，也不會特別在意的部分，也才能夠接受。正因為這是具體描寫職場工作內容的「職業類作品」，累積了許多真實的描寫，才能讓這個不存在恐同心態的世界、與現實不同的世界具有說服力。以虛構作品來說，基礎打得非常紮實。

原本以為BL只有小說，沒想到……

溝口　話說回來，我是看「二四年組」之類的少女漫畫長大的，雖然中間也有稍微看過《エロティクス・エフ（Manga Erotics F）》和《フィールヤング（FEEL YOUNG）》，不過近年來幾乎只看BL，漫畫看得非常偏，所以不太清楚ポール老師的畫風是受到什麼作品的影響。請問是少年漫畫嗎？

ポール　沒錯。我特別喜歡富樫義博老師的作品。一直有在看《幽☆游☆白書（幽遊白書）》（一九九一～九四）和《HUNTER×HUNTER（獵人）》（一九九八～）等等。他的分鏡非常高明。

溝口　那麼，完全沒有看少女漫畫嗎？

ポール　我為了看《ドラゴンボール（七龍珠）》（鳥山明／一九八五～九五）一直有買《ジャンプ（JUMP）》，姊姊則是買《Ribon》。然後我們會交換著看，所以我以前也喜歡《Ribon》。不過就結果來說，是受到少年漫畫和青年漫畫的影響呢。上了國中後姊姊就不再買《Ribon》，我也看起了《サンデー（SUNDAY）》之類的雜誌。

溝口　有看過商業ＢＬ嗎？

ポール　因為有朋友會買，所以我看過他借我的。

溝口　那有記得的商業ＢＬ作品嗎？

ポール　我第一次看的是小說〈タクミくん（託生君）〉系列（ごとうしのぶ／一九九二～二〇一四），所以我那時候一直以為ＢＬ只有小說而已（笑）。後來朋友說「我也開始買漫畫了哦」，「咦？也有漫畫的嗎？」嚇了我一跳（笑）。朋友迷上而借我看的是小鷹和麻老師的《絆―ＫＩＺＵＮＡ―（KIZUNA絆）》（一九九二～二〇〇八）。之後有錢的朋友還買了ＢＬ的ＣＤ帶來學校，「咦？也有變成聲音的嗎？」（笑）。因為我一直以為只有小說而已，所以心想「原來這個世界這麼廣闊的嗎！」而相當吃驚（笑）。高中時，我還把廣播劇ＣＤ轉錄成錄音帶。因為我的隨身聽用耳機的話，最多可以讓四個人一起聽，所以會和朋友一起聽。在美術課的實作時間（笑）。

溝口　啊，美術課的話就有可能呢（笑）。

漫畫和影像都一樣，「主題藏在細節裡」

溝口　話說回來，矢野以拍電影為目標，這也是一開始就決定好的嗎？

ポール　是的，剛才講的那個節目的AD裡，有人後來去做電影方面的工作，我看到後心想「哦～原來也有這樣的嗎」。我的朋友也因為想拍電影而進入影像業界，但是在做了兩個月左右電影的工作之後，變成了綜藝節目還是知識問答節目的AD了。「為什麼？兩者不是沒關係嗎？」雖然我這麼想，不過那樣的事好像很常見。然後，我的朋友雖然從電影界跑到電視界，但是他曾說過還想再回到電影界，所以我心想「原來也有這樣的呢」。

溝口　雖然將來想拍電影，不過總之先成為電視節目製作公司的正職員工。像矢野這樣的人，在現實中也是有的呢。

ポール　是的，似乎是這樣。和一開始就想「我只想在○○導演底下工作，所以加入了該電影導演的『小組』裡」的態度又不一樣呢。

溝口　原來如此。因為矢野也有拍電影的志願，所以他的工作說教變成了一種創作論呢。而且，我覺得這也成了故事的躍動力。比如矢野說過的「主題藏在細節裡」。

ポール　不能不注意細節。很多業界都會這麼說呢。

溝口　具體來說，就像他說明的「就算只是劇中的一個小場面，還是要配合角色設定，必須準備體育報紙而不是一般的報紙」。

ポール　雖然很不好意思，不過那段其實是反映出了我自己在學習漫畫技巧時的想法。為了看起來像是真有那麼回事，必須要把細節做好。我把這個想法替換成拍攝戲劇的情況，讓矢野做了說明。

溝口　「矢野的影像編輯講座」也非常具體，我覺得很有趣。同樣的場景，以不同的方式先拍下三種畫面。這樣在剪接時，就可以把不同的畫面接在一起做排列組合，就算發生的事都一樣，給人的感覺也

《東京心中3：你要不要也賭上自己的人生？》（茜新社，2013）

會不一樣。如此一來，直到剪接階段都可以保留表現的可能性。

ポール　這也只是把我自己在思考該怎麼畫漫畫時想出來的編輯方法，改編成影像版本而已。不過以前確實有朋友說過，看電影可以學習怎麼畫漫畫，所以我也看了很多電影。關於《青い春（藍色青春）》（豊田利晃執導／二〇〇二）這部電影，在〈東京心中〉裡也有提及，除此之外在那部的片頭預告知道的《ハッシュ！（男色誘惑）》（橋口亮輔執導／二〇〇一），裡面有一幕讓我心想「哦哦，這就是所謂的表現嗎」。

溝口　關於《男色誘惑》，我在前作的補遺中也有提到。為什麼這部片能得到男性影評人的稱讚呢？應該說，這是一部想生孩子的女性，要求男同志情侶的其中之一提供精子，也就是同性戀男性維持著同性戀的本性，或許會成為父親的故事。對於一般「討厭同性戀（恐同心態）」的父權男性來說，男同性戀者不需要把本性改為異性戀者，或許就可以在這種情況下成為父親，這應該是一個不合情理的故事。父權制度與異性戀規範應該是成套的，可是電影卻暗示「這樣的組合，不一定是必要的哦」，對於異性戀父權來說這應該是一種威脅吧？那麼為什麼男性影評人能接受呢？因此，我試著重看了電影，發現對同性戀者或有同性戀觀點的人來說，要看懂電影中同志性愛的暗示不是問題；但如果不是這兩種人，就很容易漏看那些部分。電影中有好幾個以這種方式描寫的場面。

ポール　我注意的部分是，腳有點行動不便的女孩子，在夜晚的公園裡，和主角之一理科上班族的勝裕吵起來的場面。那一段，假如在近距離特寫人物的話，我想會讓人覺得受不了。可是那一段一直是距離很遠，從遠方拍攝的畫面，遠到甚至無法看清楚角色的臉。不過，整體是很慌亂的感覺。所以雖然吵得很誇張，但是看的時候會讓人「呼——」地鬆口氣，雖然很緊張，但是又覺得有種幽默感。我對那一幕感到很驚嘆。令人難受的場面不拉近鏡頭，而以遠景鏡頭表現，這是在漫畫中也能使用的表現手法呢。

溝口　不只是「描繪了什麼」，「如何描繪的」真的也很重要呢。話題回到「矢野的影像編輯講座」，先以三種方式拍下畫面，等到剪接時再決定要使用哪一種，這麼做其實很花時間，效率不高，所以大部分的人應該會在分鏡的階段就討論好取鏡方式，實際拍攝時只拍一種。不過，故事特地設定成以三種方式拍攝，讓宮坂從經歷過那種拍攝方式的演員那兒學習這種做法，再讓宮坂跟矢野說話。這樣的過程對讀者來說，會好懂很多呢。

律動感（groove）的由來

溝口　話說回來，矢野那句「製作物品這件事本身就是樂趣了」令人印象深刻，那句話也和ポール老師的想法重疊了嗎？

ポール　是的。我本來就很喜歡玩電動，不過曾經有人跟我說「不要只享受別人製作的東西，必須要成為創作者」。我覺得這句話很有道理。所以我決定拚命地成為名為漫畫家的創作者，最後成功了。雖然很辛苦，但是也有身為創作者才懂的樂趣。所以我讓矢野說了那句話。

溝口　就「創作者」的意義上來說，編劇牧村這個女性角色也給人很深的印象。她是個個性很激烈的人呢。在討論劇本時，她對年輕導播橘所敘述的奇怪大綱提出疑問，橘就擺爛地說「思考那種事，是編劇的工作吧」，那時我本來以為牧村要趴在桌子上，沒想到她猛地站起來「砰！」地用力拍桌子說「我受不了了!!」（笑）。雖然她外表是個有點蓬蓬的短髮，穿著潮流系荷葉邊裙，走可愛風的時尚女孩子。

ポール　有要先有原作才能寫劇本的人，也有不是那樣的人。我覺得牧村是想從零開始寫的那種人。但是這年頭，很多都是從原作改編，所以能寫原創的人應該不多吧。要說為什麼有這一段，是因為我自己也有類似的經驗。在我沒工作的那段時期，某個知名動畫在募集新人漫畫家畫成漫畫版，所以我就去挑戰看看了。可是，那部原作動畫是唯美的純愛故事，完全不適合我的風格。因為被我畫的話，角色的個性會變得很惡劣（笑）。雖然我還是很辛苦地畫了，但是最後採用的是其他人的作品。那次的經驗，讓我知道「有原作的創作真的很辛苦呢，必須畫出讓原作粉絲能接受的漫畫才行」。然後，我那時覺得很不甘心，所以就把這件事寄託在牧村身上了。

溝口　不甘心是原動力呢。

ポール　是啊（笑）。所以單行本《東京心中6：春之心臟》裡，有牧村被宮坂的同事橘說了那種話後，非常辛苦地、一邊抓狂一邊寫劇本的劇情。這麼說來，同一集裡由佳生氣的那段劇情，是因為我也曾經對朋友非常生氣，所以很想把那種心情畫出來。

溝口　這個頭髮蓬蓬的女生說「可是，有了心愛的男友之後，工作一定也會變得更快樂!!／我也想把這種美好的心情！分享給由佳!!」之後，由佳的表情變得很可怕呢。

ポール　就是那裡（笑）。對不起，我真的都在說壞話（笑）。

溝口　不不不，就算說壞話是原動力，只要漫畫夠有趣就完全沒問題！再說，作者多多少少都會把自己的想法反映在作品裡，知道ポール老師和作品的距離比我想像的更近，不知為何我覺得很開心（笑）。剛才提到的場面——矢野對宮坂說「我想和你在一起」，聽了這句話的宮坂說「那就是兩情相悅」，確認這句話後，矢野說「是嗎」並溫柔地微笑著。氣氛變得很好，我本來以為接著就是H戲了，沒想到矢野從冰箱拿飲料出來喝，又大力地拍手，接著才很有氣勢地說「來吧」（笑）。這種發展是怎麼想出來的呢？雖然有這種律動感真是太棒了！我那時候一直在思考，不過現在我就理解為什麼了（笑），「原來如此，是因為發自ポール老師本身啊」。是說，雖然在

對交了男朋友曬恩愛的同事生氣的由佳／《東京心中6：春之心臟》（茜新社，2016）

進入性愛場面之前有這種有趣又不可思議的儀式，不過H場面本身描繪得很紮實呢。所謂的紮實，指的是看得出什麼東西是如何進入哪裡，以及把鏡頭拉遠畫出交纏在一起的全身，連液體之類也都有畫出來。

ポール 是呢，從畫二創的時候開始，我就決定了要紮實地畫出這些。話是這麼說，要是整篇都只有情色的話我自己會覺得沒意思，不過要是情色的部分畫得太敷衍，只有「好的，我們做過了」這樣的描寫，然後就切換到隔天早上，這樣的故事也不有趣。所以我努力地想畫出有完整劇情，也有心動感的故事。像是以宮坂的特寫來述說心情之類。

溝口 矢野從頭到尾都是命令的語氣也很讚呢。

ポール 這部分我也很努力（笑）。矢野不是矢野的話就傷腦筋了（笑）。

想一直實驗下去

溝口 您說您從一開始就決定把〈東京心中〉畫成長篇，但是一般來說，BL作品在主角們的戀情結果，終成伴侶之後，想繼續畫出有趣的故事是很難的事呢。〈東京心中〉的話，是因為對職場的工作內容有深刻的描寫，而且包含女性角色在內，每個配角的個性都很「立體」，所以才能靈活地與主角這一對的戀情產生連動感呢。

ポール　謝謝誇獎。

溝口　非ＢＬ的《某個阿呆的一生》，也感受得到剛才提到的，只有ポール老師才有的律動感，讓我看得很開心。不過今天光是談〈東京心中〉就已經把時間用完了，要是有機會的話，希望能再次與您對談。在此之前我要先深入研究一下「ポール老師的律動感是什麼」！

　最後，這是我對每個對談的作者都會問的問題。不是最近一～兩年內的預定，您有什麼此生中特別想完成的事嗎？方便的話請告訴我。

ポール　多虧了大家對於〈東京心中〉的肯定，現在有很多出版社找我畫職業漫畫或是比較有現實感的漫畫。不過因為我受少年漫畫、青年漫畫的影響很大，所以我想挑戰看看身體會做出各種動作，像是戰鬥漫畫或奇幻漫畫之類的漫畫……這種說法或許很老套，但是我還有很多想挑戰的東西!!不過，我最喜歡的果然還是長篇漫畫，也想堅持這一點，因此目前正在畫的〈東京心中〉與《某個阿呆的一生》，我會盡量繼續畫下去，這也是我的目標之一。雖然讀者不賞臉的話，就無法達成這目標了……〈東京心中〉由於已經愈來愈朝中年夫婦的感覺邁進了（笑），所以我正在實驗，不是令人心跳不已、有情人終成眷屬的故事，ＢＬ是不是也能成立呢？我希望今後也能一直進

《某個阿呆的一生①》（小學館，2015）

行這種實驗。

（二〇一六年八月十日　於東京・新橋。※原稿的時態是以同年十月為基準）

「對於可能抱有那種煩惱的讀者，我想對她們說『渴望情色，一點也不可恥哦』……」

5 與小說家 榎田尤利／ユウリ的對談

一九九五年，榎田老師的作品〈夏の塩（夏之鹽）〉（〈魚住くん（魚住君）〉系列第一話），投稿到由中島梓負責的《小說JUNE》的「小說道場」最後一回，因為作品被採納，而首次出現在該雜誌上。二〇〇〇年，首度發行單行本。在那之後，榎田老師以榎田尤利的名義發表ＢＬ小說，並從二〇〇三年起，以榎田ユウリ的名義發表輕小說。二〇一三年時甚至出版了總計一〇〇本的紀念書，成了高人氣的作者。我認識榎田老師，是我開始研究ＢＬ第一年的一九九九年左右，在榎田老師個人網站附設的超高速旋轉留言板（通稱「黑板」）上留言開始的。沒錯，榎田老師從只在《小說JUNE》不定期刊載作品的時代起，就已經有許多熱情的讀者會積極地在留言板留言。在那之後，榎田老師順利地在商業ＢＬ與輕小說界活躍至今。從廣義的ＢＬ史觀來說，榎田老師的ＢＬ作品帶著「以愛療癒受傷的孩子」的「JUNE」風格；再來，雖然可以明確看出是同一作者，但是卻用有所區別的筆名進軍非BL類別。採取這種模式的作者，榎田老師恐怕是第一人。榎田老師的BL作品，我全都是在出版的第一時間閱讀的，無論是以BL愛好者或是研究家的身分，都受到各式各樣的刺激。因此，我想與從投稿時代算起，到現在已經待在業界超過二十年的榎田老師，做稍微深入的「對談」。

溝口　其實，我對於在前作《BL進化論》（二〇一五）中，沒能針對BL中的情色做徹底考察的事感到很遺憾。當然，前作中敘述了一九六一年開始的廣義BL史、一九九〇年代BL的固定形式、經歷過「YAOI論戰」後，出現在二〇〇〇年代的「進化型BL」與其機制……像這樣，光是要論述「近年的BL中，已經誕生出進化型的作品。這些作品在恐同心態（homophobia）與厭女情結（misogyny）方面，描繪出比現實更進步的世界」，我就已經竭盡全力了，所以這也是沒辦法的事。

榎田　已經是那個厚度（三六〇頁），沒辦法再更多了吧。

溝口　是啊。雖然話題可能有點跳躍，不過身為女同性戀者，我主張不論在道德上或政治上，都應該保障同性戀者與異性戀者擁有同等的人權，同時我也認為正因為是少數群體，去實驗既存價值觀中不算在「好孩子」的部分，也是很重要的。我最近在閱讀一篇論文，論文中針對安迪・沃荷※1在一九六〇年代拍的實驗影片，以及德瑞克・賈曼※2在一九八〇年代到九〇年代初期的電影中，試圖以激烈的表現打破既有的刻板印象，都有新的評價。那時，英語圈會使用「queer（酷兒）」這個詞彙。為什麼不用「gay」而是「queer」呢？因為gay這個字，也包含了一些有錢的白人男同志，他們向社會主流宣揚自己是「好孩子」，同時大刺刺地歧視有色人種。也就是說，雖然自己是同性戀這種少數群體，但既是「好孩子」又是有錢人，所以希望別人將他們當作「光榮的多數派」對待。這種溫存於既存的歧視結構，希望只有自己被當作「贏家」、「特例」的態度，和「queer」的想法是互為對立的。

「queer」原本是對男同性戀者的強烈侮蔑用語，但是從一九九〇年代起，轉變成包含女同性戀在內的正向肯定詞彙，開始帶有「希望去動搖既存的歧視結構」的意思。現代日本社會的價值觀不認同女性是擁有性欲的主體，要求女性必須從「好女孩」變成「賢妻良母」，依舊根深柢固著這種父權制度。而我認為BL一直在對抗著這種價值觀。我以音譯過來的「酷兒」來梳理時代背景，這部分已經在《BL進化論》的補遺中論述過了，但是我一直想以更日本在地的詞彙，來對應英語的「queer」進行論述。然後，透過思考BL中的情色，繼續進行探索。因此，今天帶來的摘要最後，我已經先寫上了「情色」這個詞。

榎田 留到最後再談好嗎？情色是很重要的哦（笑）。

溝口 的確（笑）。那麼，就先從情色開始好了！

渴望情色，不需要有罪惡感

溝口　榎田老師您在短篇集《erotica》（二〇一二）的後記中，明確地肯定情色呢。「道德、常識、親情，這些都是對生存來說很重要的事；但是要作為對抗死神（thanatos）的手段，力量不夠。因為這些太乾淨太脆弱了。必須是更接近生命根源的衝動才行，也就是情慾（eros）」、「凌亂滑稽真摯，可悲又令人憐愛。人類的本質就在這裡」、「我寫的情色全都是男性與男性，所以即使與生殖沒有直接關係，但只要能為世間的女性們帶來一時的安寧，或是具有提供萌的機能，那就夠了」您寫說情色是有存在意義的，而且討論情色是很「健康」的事。

《erotica》（插圖・中村明日美子／Libre，2012）

※1　美國藝術家。以普普藝術的先鋒之姿，對藝術界造成極大的衝擊。拍過多達一五〇部實驗電影。一九二八～八七。

※2　英國電影導演。其表現手法也切入了男同志欲望的「政治不正確」面向，相當知名。晚年公開自己得到愛滋病的事實。一九四二～九四。

榎田　很多人說那個後記寫得很好。我也收過「連後記都相當感人」的讀者來信。

溝口　我也覺得寫得很棒。不過BL作者如此明確地寫出這件事，還是相當稀奇呢。

榎田　作為提供娛樂的一方，分析作品內容可能會使讀者掃興，所以大家都想避而不談吧……至於我的話，就像以前說過的，我覺得BL雖然不是純粹的情色內容，但是帶有色情（porno）的一面，而且有這樣的一面很好，沒有的話應該會暴動吧（笑）。同時，讀者的「雖然我看了很色的東西，但這不表示我自己想做那種事。也就是說，這不是我本身的欲求。因為我喜歡的是男男之間的情色，可是我自己是女性，所以我不是把自己投射到角色上在閱讀。不能說我是色女哦」這種想為自己做麻煩辯解的心情我也能明白。長年的社會壓抑，會讓人忍不住想那麼辯解……所以，對於可能抱有那種煩惱的讀者，我想對她們說「渴望情色，一點也不可恥哦」，才會寫下那樣的後記。

溝口　《erotica》總共收錄了六篇短篇小說。有戀物癖、3P或SM等等，也就是所謂「非正常」的各種變化型情色。最後的故事〈書生の恋（書生之戀）〉中，主角在整理曾祖父的文件時，發現一位名叫松岡的年輕人，與曾祖父之間有過似有若無、有如戀情般的交流。被徵召去參加第二次世界大戰的松岡說，我想活下去，我不想死，「好想活著與老師見面，好想碰觸老師，好想活著與您接吻」看到以潦草字跡寫下的這些文字，主角受到了衝擊。除了在對抗死亡的吶喊中傳達出反戰信息外，同時在活著的執著中也帶有情色的成分。與後記中「對抗死神的是情色」這句話相互呼應呢。

榎田　這個短篇集的最後一篇，是沒有性行為的故事。我想以不是色情（porno），而是與死亡

（thanatos）作為反義詞的情色（eros）來收尾。這是我從一開始就計畫好的。雖然各短篇的前後順序調換了很多次，但是〈書生之戀〉放在最後，這是一直沒有改變過的。

溝口　這個最後的〈書生之戀〉，是出成單行本時新寫的短篇呢。最後的最後，主角在燒毀文件的火堆旁抱著男朋友接吻，透過身體的溫度與唾液，感受自己活著的事實。這是對於故事中主角的生命與性獻上的祝福，同時也是給予ＢＬ愛好者的鼓勵呢。

榎田　關於情色，我們受到多少階段的壓抑呢？第一個階段的壓抑，是來自ＰＴＡ（家長教師聯合會）之類的存在，無論如何不能在檯面上討論有關性愛的事，必須把性愛隱藏起來才算是「好孩子」。另一個階段，由於沒有性行為就不能繁衍後代，所以不會一味地反對孩子接觸性愛，而是認為只要給予正確的異性戀教育就沒問題。但ＢＬ描述的是男性同性之間的性愛，從一開始就和生殖沒關係。而且這是個把女性擁有性欲這件事本身視為禁忌的社會，所以大家才會偷偷地看情色作品。雖然我很明白這種心情，可是，我想在後記告訴大家「不需要抱持著罪惡感」。我認為這個想法應該有傳達出去吧。

把萌點換個說法的話……

溝口　ＢＬ裡，對於喜歡的角色或配對，常常會說「萌」這個詞，不過「萌」其實是ＢＬ愛好者們透過虛構的角色互相進行快感與愛的交歡，也就是在腦內進行「性交」。而連專業作家也參與這場「性交」的，就是BL社群。我在前作《BL進化論》裡已經論述過這部分了。

榎田　那恐怕是同人誌文化的關係吧。許多專業的作者依然會繼續進行同人活動，而且與其說是提供者（作者）與享受者（讀者），不如說是擁有同樣萌點的同伴，這樣的意識比較強。心理上的距離感也會覺得非常近。我自己沒有參與過同人活動，但即使只有旁觀也能感受到，在知道對方和自己喜歡相同配對的那一瞬間，說出「我懂！」並在兩秒內就互相理解的氣勢（笑）。連國籍與語言的屏障都能跨躍呢。

溝口　沒錯。而且我認為不只是單純「喜歡相同配對的同伴」，而是「擁有相同的腦內快感線路的同伴」。

榎田　的確是這樣。所以對於喜歡「A×B」（A是「攻」B是「受」）的人來說，很難接受逆配對的「B×A」呢。因為不是只要有A和B的話怎樣都好，哪邊是「攻」哪邊是「受」也非常重要。

溝口　這些平常我們說成「萌點」的部分，其實很接近「性取向（sexual orientation）」。當然，在二次創作界，應該也有對於「喜歡的配對一致」這句話有所自覺的人，不過這在商業作品中也是一樣的。話是這麼說，每天都透過作品，與作者或是閱讀同樣作品的讀者朋友們「在腦內進行性交」，意識到這件事的說不定只有我吧（笑）。

我在前作中提到，「女性在腦內與同性性交」這件事，也可以說是「虛擬女同志（virtual

lesbian）」，但是被前後兩任女性編輯說這比喻太難懂了，於是修改了好幾次。女性讀者將自身寄託在男性角色中，所以存在著「虛擬男同志（virtual gay）」次元，這部分大家都懂。不過，擁有能夠實際進行女同性戀行為的身體，這樣的女性們又是虛擬的女同志，這是什麼意思？編輯們這麼問。所謂的「虛擬女同志」，類似美國異性戀男高中生在網路上藉由寫文章這個行為進行的「網愛（net sex）」。「網愛」可以說是「虛擬的異性性交（virtual heterosexual）」，而「虛擬女同志」就和這個意思一樣，我追加了這樣的說明……的確，所謂的「虛擬男同志」是「女性寄託在虛擬男性角色裡」，至於「虛擬女同志」是「女性們不是以肉身，而是透過名為BL的虛擬空間在腦內交換快感」，兩者「虛擬（virtual）」的意義在次元上是不一樣的，所以必須做更詳細的說明才行，後來我也察覺到了這點。但是同時，編輯們之所以對「虛擬女同志」這個詞彙感到排斥，是因為不希望因自己是女性，就被說成是女同志，我覺得她們一定也有這方面的抗拒。

榎田　對於「虛擬女同志」、「女同志」這樣的說法，我之前也覺得有點難懂呢（笑）。

溝口　欸——（慘叫）。

榎田　也就是不需要真實男性的世界對吧？因為提供者也是女性。雖然我知道您是這個意思……但如果是女性寫的男女色情作品的話，又是如何呢？假如女性讀者看了女性所提供的異性戀情色，在腦內「性交」的話，這樣也是「虛擬女同志」嗎？

溝口　不算。要說為什麼的話，第一，就算是女性作者寫給女性讀者看的作品，假如是男女的故事，就會有真實男性不以為意地闖進來看。相對的，ＢＬ基本上並非大多數異性戀男性平時會看的作品。當然，也有所謂的腐男存在，由於近年來不帶著恐同心態的進化型作品不斷增加，我在各式各樣的場合聽說閱讀ＢＬ的年輕男同志增加了相當多，我想這也是理所當然的事。但是基本上，ＢＬ這個類別很少有異性戀的男性讀者。雖然這點在今後或許也會出現改變。不過，正因為ＢＬ是真實的異性戀男性不存在的空間，所以我才將它稱為「虛擬女同志」空間。還有一點，實際上ＢＬ愛好者們多半都是異性戀女性，雖然是透過男性角色，不過也仍然在ＢＬ當中模擬體驗了同性戀愛，參與了同性戀愛的實驗。這種「想成為同性戀者」的能量，也算在我稱為「虛擬女同志」的範疇之中。

關於表明自己「喜歡ＢＬ」的這件事

榎田　女校也能稱為女同性戀的空間嗎？要是這麼說的話，就會有「能」與「完全不一樣」的兩種意見，類似這樣的感覺嗎……因為都是女孩子，所以可以互相理解，感情也很好，但是因為也很清楚對方討厭的地方，所以也有憎恨。這種「愛恨關係」雖然有種女同性戀的感覺，不過女校中也有許多女孩子對女性之間的關係完全沒興趣，早早在外頭交了男朋友，與班上同學只維持著清淡如水的交情呢。

溝口　那種「毫無關心」的女孩子是對ＢＬ沒有興趣的「一般人」。因為愛（恨）關係而連結在一起的，則是ＢＬ愛好者群體。在這個比喻之中，我會這樣解釋。我對這個群體推動ＢＬ進化一事有高度評價，並且，為了強調這是在女性之間的愛，我才使用了「女同志」這個詞彙，將其稱之為「虛擬女同志」。

榎田　原來如此。我明白您的理論了。不過ＢＬ讀者之中，應該很多人會對於特地使用「萌點」這種有點模糊的說法，卻被說成「性欲的線路」或是「虛擬女同志」這件事感到牴觸吧……說起來，有很多腐女本來就抱持著「希望別人不要管我」的想法。因為她們本來就是將ＢＬ當作一個「避難場所」，讓自己和同好的夥伴們一起低調享受樂趣。但是近年來，世人開始注意到ＢＬ這個類別，所以偶爾會聽到現在很難隱瞞興趣的感嘆聲呢。

溝口　我懂那種心情。不過最近，想以ＢＬ作為報告或畢業論文主題的學生增加許多。我在許多大學都聽說這件事，所以即使會讓老師發現自己喜歡ＢＬ，但還是想研究自己喜歡的東西，這樣的學生應該多了不少。話說回來，現在還有無論如何都要隱瞞自己喜歡ＢＬ的人嗎？

榎田　唔──我覺得最近這幾年增加的，是雖不至於要把愛看ＢＬ的事帶到墳墓裡，但也不會主動表明自己喜歡ＢＬ的人。即使和二十年前相比，喜歡ＢＬ這件事本身的禁忌感已經變淡了，但是另一方面，世界上知道有ＢＬ這種東西存在的人也增加了。被不熟ＢＬ的人問各種奇怪的問題會覺得很煩、很不愉快，所以很多人的態度是除了ＢＬ的同好，不跟其他人提起ＢＬ的事。還有就是，跟父母一起生活的學生，不想被爸媽知道自己在看H的書，所以會特意隱瞞，也有這種情況。不過另一方面，最近因為母親是BL愛好者，所以女兒也成為腐女的人也愈來愈多了。整體來說，比起以前現在隱瞞的人變少了，話是這麼說，在初次見面的自我介紹時被問「興趣是什麼？」，會回答「BL！最近萌的是鬍子受！」的人應該幾乎不存在吧。沒辦法與「登山女孩」相提並論（笑）。還有，對男友或老公表明自己在看BL的人也增加了。「要是我的BL本變多，占到太多空間就不好意思啦」，聽到這句話後老公回答「沒關係啦」而讓女性覺得很感激，也有類似這樣的事吧。但假如老公說「我想更加理解妳喜歡的東西，所以我也來看BL吧」的話，這些女性應該會說「不用了，你待在那邊就好」吧（笑）。

讀者的購買行動支持著商業BL這個類別

溝口　關於隱瞞周圍的人閱讀BL這一點，我從BL的編輯那聽說，在電子書出現之後，好像新讀者也增加了。榎田老師實際的感覺如何呢？

榎田　就算是紙本，原本BL小說就不像BL漫畫賣得那麼好，所以就算出成電子書，大賣的應該也還是漫畫吧。不過，關於小說的部分，基於時代趨勢，我覺得電子書的比例應該會逐漸增加吧。雖然就作者的立場而言，對電子書有好幾個不安的點就是了。首先，與放在書店的顯眼處，就會知道出了新刊的紙本不同，電子書的話，讀者不積極去找就不會發現新刊出了。排行榜上名列前茅的書，或是出版社花錢買廣告欄位的書，本來就是賣得好的書。但假如是賣得沒那麼好的書，為了不被埋沒，作者該怎麼做才好呢？

溝口　原來如此，不是暢銷書，而是賣得普通的廣大外圍作者的話，在電子書的世界反而難以生存呢。

榎田　沒錯。如果是以前，就算不是暢銷作者，中間層的作者還是能以專業作家的身分活下去，但是今後將會愈加難以生存……實際上，在商業ＢＬ業界，特別是小說這塊，由於比漫畫難賣，所以新人已經很難出頭了。以前的話，就算是新人，也能出新書版※4的書，但是現在很難了。說起來，新書尺寸的書系本身就少了很多，幾乎都變成文庫尺寸……最近似乎連「買一本祝賀」的風氣也沒有了。

溝口　「買一本祝賀」？

榎田　只要是新人出的書，不管怎樣先全部買下，看過之後再判斷合不合自己口味。以前似乎有很多這樣的強者。

溝口　好厲害！

※4　日本的一種書籍尺寸，新書版的單行本尺寸為１７３×１０５㎜，價格大多在九〇〇日圓左右。

榎田 所以在以前，出版社也會對新人ＢＬ小說家說「先出三本，假如三本都不賣，就沒有之後了」。不過如果是現在，肯定是第一本不賣的話就沒有之後了。

溝口 這樣身處外圍的作者會慢慢消失吧，這攸關整個商業ＢＬ業界的存亡，所以我真的很擔心。因此，不希望ＢＬ消失的人，請在個人經濟許可的範圍之內，盡量購買新書而不是買二手書。我在上ＢＬ論的課程時，會要求學生讀幾本跟課題相關的書，並規定他們在報告中附上購買這些新書或電子書的收據影本，不論買的是紙本或是電子書。在二手書店買書的話，出版社和作者一毛錢也賺不到。很多人不知道這件事，讓我很驚訝。

想讓自己以外的人閱讀

溝口 我想請問關於榎田老師的出道作〈魚住君〉系列的事。第一話〈夏之鹽〉是一九九五年投稿《小說JUNE》雜誌上的「小說道場」，獲得刊登的作品。但既然是投稿作品，就代表不是受誰委託，說得不好聽一點，就是「自己隨意寫成的故事」。請問魚住這個角色，是怎麼誕生的呢？

榎田 唔——我也不太記得了呢……因為出成單行本是二〇〇〇年的事，第一次投稿是一九九五年的事，但是寫出這個角色是在更之前的事。

溝口 當時投稿《小說JUNE》的人，很多是該雜誌的熱情讀者，所以想說自己也試著寫「JUNE小說」投稿看看。

榎田　我的話，是從高中就開始寫像小說的作品。我在很早期就買了文書處理機……那是個螢幕還只能顯示三行字的時代（笑）。雖然開始上班後，我還是有一邊工作，一邊斷斷續續地寫小說，但不是很專注地在寫。〈夏之鹽〉的話，確實是早就已經寫好的作品，我還記得因為想把它投稿到《小說JUNE》，所以稍微做了一點修改。

溝口　在我的印象裡，〈魚住君〉系列雖然是正統派的「JUNE」小說，但是又帶著新鮮感。應該說，以廣義BL史的脈絡來思考的話，一九七〇～八〇年代的「二四年組」少女漫畫家們所創作的「美少年漫畫」、「少年愛作品」，都是以經歷過痛苦的過去、帶著心靈創傷的美少年為主角。至於雜誌《JUNE》周圍的，所謂的「JUNE系」作品也繼承了這個部分。「以愛療癒受傷的孩子」是「JUNE的風格」——栗原知代※5老師是如此定義的，連中島梓（作家，寫評論時以栗本薰為筆名）老師

《夏之鹽　魚住君系列①》（插圖・岩本ナオ／角川文庫，2014）

※5　翻譯家。以翻譯、介紹海外男同志文學而聞名。在《小說JUNE》中負責書評欄與投稿欄。與柿沼瑛子共著BL研究初期的重要文獻《耽美小說・ゲイ文学ブックガイド（耽美小說・男同志文學指南）》（白夜書房，一九九三）。一九六〇～。

在「小說道場」也是一有機會就會寫類似的話。至於魚住君，他是有著沉重的過去，因此帶有心靈創傷的美形角色，在這一點上確實是「JUNE系」的風格，但他不是少年，而是將來會成為優秀免疫研究員的二十五歲研究生，而且大學時代一直在撲倒女生。

榎田　不不，不是一直在撲倒女生，而是一直被撲倒（笑）。也就是所謂的「順其自然系」吧。他本人沒什麼活著的力氣。因為過去太痛苦了，要是一直直視過去就會活不下去，所以老是半瞇著眼發呆，藉由阻絕自己的感受來勉強維持生命活動。他就是這樣的人。至於為什麼不是少年而是二十五歲，是因為我想用跟自己相近的年齡去書寫。

溝口　之後就把它投稿到《小說JUNE》了嗎？

榎田　當然一部分的原因是我喜歡《小說JUNE》的緣故，不過最主要是因為我想讓自己以外的人閱讀自己的小說。我當時想，要是投稿到《小說JUNE》的話，就有可能讓中島梓老師閱讀我的作品了。還有一個實際的問題是，其他可以投稿的地方，不論是文學獎或是BL出版社，都必須要有（四〇〇字稿紙）一〇〇張以上，相當分量的原稿，但是〈夏之鹽〉沒有那麼多字。

在不斷寫作的過程中，發現了對於歧視的問題意識

溝口　在文庫本裡就是四〇頁的分量呢。原來如此。您趕上了中島老師直接在「小說道場」講評的

最後時期呢。那麼，您在投稿《小說JUNE》時，並不是因為想要成為小說家囉？

榎田 因為我不覺得當得上啊（笑）。而且那時候也沒有從《小說JUNE》出單行本的管道。

溝口 順帶一提，我以研究家兼愛好者的身分開始研究BL是一九九八年秋天的事。當時〈魚住君〉才剛剛重新開始連載呢。

榎田 是的。中間有兩年左右的空白。重新連載後又過了一陣子，總算在二〇〇〇年時出了第一本單行本。真的是很緩慢的速度。在出了單行本那年，我總算辭掉了工作。

溝口 同一年，您在大洋圖書出版了所謂的BL小說呢。

榎田 既然辭了工作，以小說為業，就該好好做這份工作。從那時候起，我感覺自己切換了開關。會清楚地意識到讀者的想法寫作。

溝口 如今不只是在BL界，您在輕小說界也成為了人氣作家呢。而且還在二〇一三年出版了總計一〇〇本的紀念書，真是太厲害了。

榎田 人氣作家（笑）。謝謝。我比較幸運的是，雖然說在二〇〇〇年的時間點，「BL泡沫經濟」已經結束了，但是市場萎縮的程度並沒有現在這麼嚴重，而且我的書也不是一開始就賣得很好。不論是魚住君或其他BL作品，一開始都賣得不怎麼樣。二〇〇三年開始寫輕小說之後，那邊的成績也絕對算不上好。儘管如此，我還是沒有放棄，一直不斷地寫，最後才終於賣得好一點。能經歷那段修行的期間，現在想想，真是太幸運了。

溝口　我在看輕小說〈妖琦庵〉系列的第一集（《妖琦庵夜話 その探偵、人にあらず（妖琦庵夜話：非人偵探）》）（二〇〇九）時，看到「妖人」的設定：外表看不出和普通人有什麼不同，但是由於基因部分有點不一樣，因此成為少數群體，並毫無理由地受到偏見與歧視，讓我想到了同性戀歧視。我本來在想，是將歧視與被歧視當成主題，所以才會想出「妖人」這種設定嗎？但是同時，因為故事中有許多美男以及可愛的男孩子，所以也有可能是先做人設，後來才意識到歧視的問題吧。就像某天起床，突然看得見「伊織」和「豆君」的身影了！這樣。

榎田　不是不是（笑）。完全是先從主題開始的。不過，如果以歧視・被歧視為開頭的話，會很難繼續寫下去，所以基本上還是以「妖怪推理」為基礎。說到歧視問題，不只是〈妖琦庵〉系列，我的全部作品，包含BL作品在內，都有被歧視的弱者，以及保護他們的人這樣的規劃。不過，與其說是從一開始就意識到這個部分，應該說是在寫到某個數量後，才開始有自覺的。

溝口　〈魚住君〉系列中，從第一話就有薩利姆這個雖然有英國國籍，但是外表像印度人的英印混血兒，所以我一直認為您是位意識到人種問題的作家。原來如此，您不是從一開始就意識到這部分

《妖琦庵夜話：非人偵探》（插圖・中村明日美子／角川ホラー文庫，2013）

的啊。

BL與輕小說的差別，以及通路

溝口 順便一問，目前榎田老師的BL與非BL的作品，哪邊的讀者比較多呢？

榎田 現在似乎是非BL的讀者比較多。當然，也有兩邊都有看的讀者。非BL作品可以鋪貨在全國絕大部分的書店，流通量比BL作品大很多。不過最近「逆輸入」的讀者也變多了，就是從輕小說知道榎田ユウリ這個作者，而開始看起榎田尤利的BL作品的人。

溝口 榎田老師的輕小說讀者中，哪種類型的人比較多呢？

榎田 不知道。

溝口 咦？

榎田 不知道哦（笑）。因為一開始時，幾乎沒有讀者寫信或mail給我。《妖琦庵夜話》也是，在二〇〇九年再版時，「到底是誰在看這本書？」我甚至覺得很不可思議。雖然進入社群網站的時代，已經可以在推特看到關於輕小說或一般藝文書的感想，不過發售後會立刻收到「我在發售當天就買來看了！我覺得這本書這樣那樣！」這種熱情感想的信或mail，應該是BL才有的現象吧。

溝口 說的也是呢。說到「逆輸入」，〈魚住君〉系列雖然是BL小說，但是第三次書籍化時，是以榎田ユウリ的名義在角川文庫出版呢。

榎田 關於這個啊，我其實很煩惱。雖然煩惱，不過應該說，我希望有人把它當成一般的藝文書買下來，然後不小心迷上這部作品（笑）。啊，不過，還是要找個地方標上BL才行，所以在腰帶上加了「刺激內心柔軟的部分，傳說中的BL名作」的小字。雖然必須讓人知道這是BL作品，但是在封面大大寫著BL的話，有些人會不好意思拿去櫃檯結帳。是為了讓那些人容易購買才這麼做的。「看了內容之後才發現有BL要素，真是討厭」我本來已經做好收到這類負面回應的覺悟，但是沒有真的收到。真是感謝大家。

溝口 這點還挺意外的。因為後半部相當地BL，而且還有久留米是「攻」，魚住是「受」的性愛描寫。以前經常有人問我「我想看BL，哪本書適合新手入門呢？」下次要是有人問這個問題，我會推薦對方看〈魚住君〉系列的。

榎田 請務必推薦（笑）！

作者的意圖與讀者的願望「幸福地結婚了」——〈交涉人〉系列

溝口 在BL這個娛樂類別的作品中，我認為榎田老師的另一個代表作，是從《交涉人は黙らない（極道交涉人）》（二〇〇七）開始的〈交涉人〉系列。這個系列的主題是如何誕生的呢？

榎田　是因為編輯問我說「要不要寫寫看律師呢？」。

溝口　的確，二〇〇七年時BL類別好像出了不少律師和檢察官的故事。

榎田　其他人已經寫過的主題，我再參戰形勢會對我不利。這是我的市場雷達（笑）。而且我不清楚法律業界的事，寫起來很危險。還有，就算想找律師採訪，應該也很困難吧，因為有守密義務。話是這麼說，我自己也想寫知性的、口才很好的、很會講道理的角色。以這個路線來思考的話，那我就自己創造一種職業吧。雖然法律上的問題會找律師解決，但如果不是那種問題，而是更貼近身邊的事情，什麼都可以商量的對象的話……最後就變成交涉人了。一開始「受」的交涉人芽吹，是個更愛講道理的人，不過後來變成在工作時頭腦轉很快、很會交涉，卻又非常有情有義的角色。在我自己無法控制的地方，角色自己變化了起來。假如出現這種角色，這部作品大致上就成功了。

溝口　作者自己無法控制的角色才好，是這樣嗎？

榎田　是的。如果是我自己拚命讓角色動就還不行。

溝口　我很喜歡芽吹這個角色。要問為什麼的話，我想是因為雖然他很會談判，但是卻很弱。就算被揍了，也因為太弱而無法揍回去。可是他不會逃，很有正義感又講義氣，會努力想辦法。從「因為是男人所以非打回去不可」這種所謂「像男人」的部分解放，但是本質仍然很堅強的部分，我認為是只有BL的「受」才有的特質。不過相對的，「攻」的兵頭是黑道的二當家，就是BL的固定套路……。

榎田　是固定套路呢（笑）。這系列非常受讀者歡迎，我想是因為「攻」非常喜歡「受」的緣故。「攻」為「受」痴狂，因為太喜歡「受」而變得很奇怪、很蠻橫，很多人非常喜歡這樣的「攻」。但是在這部之前，我的作品中沒有像兵頭這種喜歡「受」喜歡到感情全開的角色。

溝口　原來如此（笑）。我是有點難搞的讀者，不過〈交涉人〉系列裡除了「攻」超喜歡「受」的描寫之外，「攻」的小弟又嚴格又幽默；在「受」的事務所上班的高齡女性又嚴肅又酷；沉默的謎般美青年「阿清」也很棒。小說世界中的每個配角們個性都飽滿豐富，靈活地推動故事的發展，事件的結尾也非常有說服力，因此讓我看得很開心。

《極道交涉人》（插圖・奈良千春／大洋圖書，2007）

榎田　這系列或許可以說是我想寫的東西與大家喜歡的要素「幸福地結婚了」……不過寫到一半時，有點惹怒了讀者呢。就是兵頭和其他男人那樣的時候。

溝口　啊，對了！為什麼我忘了呢（笑）。雖然知道是為了解決事件，故事才會那樣發展，不過就BL來說是「絕對不能做的事」呢，也就是所謂「踩了地雷」。而且還是已經系列化的人氣作品，所以身為讀者也不能在中途棄追。真是罪惡啊。

榎田　是的，我也收到讀者來信說「這是我非常喜歡的系列，現在也會複習，但只有那集太難過了，沒辦法重看」。真是對不起那些讀者。正因為她們愛著作品、愛著角色，所以才會把感情代入其中去閱讀……不過我那時候也只能那麼寫，所以並不後悔寫了那一段。

「受」可以花心，但是「攻」不行？

溝口　因為是榎田老師本人也無法控制的力量在驅動創作呢……話說回來，感覺在ＢＬ裡，「受」的花心是可以被接受的呢。

榎田　是啊。雖然不推崇，但是可以被諒解。

溝口　說起來，ＢＬ經常設定成「受」的角色在全世界的男人眼中都很有魅力，所以有時也會被強暴呢。其中也有就算不到強暴的程度，但被推倒後就順其自然發展，並被讀者原諒的例子。當然，被推倒後覺得很噁心並中斷行為，這樣的表現在ＢＬ裡才是「正統派」。不過，因為「攻」是主動去抱別的男人的角色，所以花心的話會被視為背叛「受」，是非常嚴重的事。

榎田　是的。會有夢被打碎的感覺。比如去迪士尼樂園玩時，沒人想看到米老鼠大大拉開布偶裝，讓人看見裡面演員的場面。我想應該很接近這種感覺吧。

溝口　因為愛與性完全一致的「終極情侶神話」是ＢＬ奇幻的根本吧。所以即使榎田老師的作品中有許多帶著現實感的設定，比如有平民區和米糠醃菜等等，也有正統的騙局（Confidence Game）※6劇情，但由於ＢＬ仍然是「夢之國度」……話是這麼說，明明「踩了ＢＬ的地雷」，出版總計一〇〇本的紀念書時，讀者投票還是有許多人要求〈交涉人〉系列出新作，這個系列仍然很有人氣呢，真厲害。

榎田　〈魚住君〉系列與〈交涉人〉系列，是我現今在ＢＬ這塊的兩大人氣作品呢。

溝口　〈交涉人〉系列裡，有謎般的美青年阿清與智紀這樣的配角配對，這也是最近ＢＬ的流行之一「享受複數配對的樂趣」呢。

榎田　大的配對和小的配對（笑）。不過，這不是因為ＢＬ界的流行，只是故事進行下去後，配角就自己動起來了，不在我的預定之內。說起來，我在寫〈交涉人〉時本來只打算出一集，沒有考慮過系列化的事。不只是ＢＬ作品，其他作品也是，原本為了完成某些故事中的功能而登場的配角，在故事進行時漸漸生動了起來，最後故事就變得愈來愈大了。

《大型犬與吉娃娃：極道交涉人EX.》（插圖・奈良千春／大洋圖書，2010）

溝口　然後就培養成了總共八集的人氣系列。而且內容都沒有變少，劇情也沒有一成不變，真是了不起。

想挑戰能令孩子們興奮不已的宏偉故事

溝口　那麼最後，不是明年或後年的預定，請問您有什麼此生中特別想完成的目標嗎？有的話請告訴我。

榎田　唔……我想挑戰看看寫出給年輕人看的、從世界觀開始構築的宏偉奇幻故事。雖然我還不確定是科幻還是歷史類。最近我對小孩子也很有興趣。在知道有些孩子正置身在非常嚴苛的狀況中之後，我開始強烈地想幫他們製造逃避的場所。應該說是正面意義的避難場所，像是讓他們可以得到自我肯定感的場所……就算家庭問題不是很嚴重的孩子，也會把自己封閉在社群網站裡，或是覺得很不自由。痛宰喪屍的殺戮遊戲之類，有那樣的遊戲也不錯，但是我想寫出不只是那樣的故事。現代的孩子，從出生起就有電視、電腦、智慧型手機，三歲時就能去迪士尼樂園玩……就某方面來說，有著太多的刺激跟資訊量。對真實世界的興奮感很早就消失了，不過若是在想像的世界裡，則

※6　Confidence Game，描寫策略以及騙人・被騙的關係，具有緊張感的故事。

有無止盡的興奮感……我想幫這個忙，這就是我的夢想。

溝口　所謂的小孩子，是小學生嗎？

榎田　不，再大一點的。我想挑戰能令青春期的孩子興奮不已的宏偉故事。

溝口　在這段期間，不寫BL嗎？

榎田　不，還是會寫（笑）。BL是另一個胃，所以到頭來肯定還是會想寫的。不過必須和自己的體力商量過才行。我有很多想做的事，但是假如變成了老太婆，不論體力或感性都會變得很嚴苛吧，所以必須趁早開始才行。

（二〇一五年十一月　於東京・自由之丘）

由「二四年組」所開拓的原創世界觀的重要性

興起於一九九〇年代，如今也蓬勃發展的商業BL這個類別，大致上來說，是由少女漫畫與「二次創作（動漫衍生創作）」兩大源流匯合而成。本專欄將會把興盛於一九七〇～八〇年代，少女漫畫這個類別中的「美少年漫畫」與「少年愛作品」所描繪的原創世界觀做個整理。

所謂的非‧異性戀規範的價值觀

少女漫畫史上有一群少女漫畫家，由於她們大多出生於昭和二十四年（一九四九年）前後，因此被稱為「二四年組」。她們創造了描繪少年之間的友情與愛恨情仇的作品，換句話說，就是她們「發明」出以美少年角色作為少女的代理人，並時不時地與男性編輯對抗，努力把這些故事以商業作品的形式發表於世間。關於這些作品的重要性，我已經在《BL進化論：男子愛可以改變世界！日本首席BL專家的社會觀察與歷史研究》（二〇一五，以下以前作稱之）中論述過了。當時的日本社會，普遍對同性戀者帶著嚴重的偏見與歧視，然而我自己則是多虧了這些少女漫畫，例如《摩利與新吾》（木原敏江／一九七九～八四），由於故事中摩利對新吾的同性感情與我自己對女性的同性感情是相同的，所以能讓我產生「這絕不是壞事」的想法。也因此，我能不把恐同心態內化，而是坦然地接受自己是女同志的事實。關於這個部分，我也在前作中提過了。至於本專欄，我想更進一步針對「二四年組」漫畫家們所提示的，與當時日本主流社會相異的價值觀，包含各作者之間的微妙差異在內，做一個概略的介紹。對於哪些漫畫家屬於「二四年組」，雖然眾說紛紜，但在此僅以萩尾望都、竹宮惠子、大島弓子、木原敏江為例[※1]。

當然，「二四年組」的作品不像近年來的「進化型BL」作品那樣，描寫男主角們以男同志的身分生活，並面對當中的糾葛和自我接納，以此向社會大眾具體提示如何克服恐同心態。「二四年組」作品中的美少年們或是在成長為大人之前死去，或是最後與女性在一起，成為父權的一部分，或是維持著少年的模樣，成為吸血鬼（在萩尾望都的作品中稱為「バンパネラ」）。但是，這些故事描繪出來的片段，至今依然還活在讀者的心中。

去年二〇一六年，萩尾望都睽違四十年，再次開始連載《波族傳奇》（一九七四～）。同一年，竹宮惠子出版了以回顧《風與木之詩》（一九七七～八四）發表前後為主的自傳《少年の名はジルベール（少年的名字是吉爾伯特）》。刊載前者（〈春の夢（春之夢）〉Vol.1）的《月刊flowers》七月號不但因此增刷，甚至破例出了電子書的版本；後者也再版了好幾次。這些事不只在長期閱讀「美少年漫畫」的朋友之間成為話題，而且也受到一般媒體及新聞媒體的報導，甚至還採訪了作者。從這些迴響可以明顯看出，這些漫畫家們不但曾經對少女造成影響，對於今日的日本社會，也仍然有著巨大的影響力。

如此一來，將包含萩尾、竹宮在內的「二四年組」漫畫家們作品中的價值觀整理出來，對《BL進化論》來說，就具有相當大的意義。這就是本專欄的目的。

所謂的意義，一言以蔽之，就是變成了非・異性戀規範。說得更明白一點，就是跳脫在父權制度下被強烈洗腦的異性戀規範。例如「像男人」的男人與「像女人」的女人結合、期待男性從父權制度中的兒子晉升為家長、期待女性從父權制度中的女兒嫁為人妻，養育與丈夫生下的孩子，並成為「賢妻良母」[※2]。

以下將「二四年組」的作品分為七個世界觀，並加以分析。

一〈接受主角是同性戀者的事實，向前邁步，得到解放的世界〉

打開字典，會看到同性戀被定義為「異常性欲」；在圖書館搜尋「同性戀」時，只會找到與精神病有關的書籍。這些都反映出當時的「常識」，在「二四年組」作品中的主角們，也都因察覺自己喜歡同性的欲望，而煩惱不已。不過，這些角色一旦承認了自己的性取向，做出覺悟時，表現出來的解放感則令人印象深刻，甚至可以說到了至高無上的境界。例如《摩利與新吾》中，摩利對新吾告白的場面（第五集一八〇～一八一頁，白泉社文庫，一九九六）。從小就認識的兩人，先是摩利發現自己對新吾的感情中有占有欲與包含了性欲的愛情，於是想找機會向新吾告白，卻因為第三者的緣故，事與願違地曝了光。新吾在驚慌中逃走，過了好幾個月的流浪生活，才終於回到宿舍。新吾回來不久後，邀請友人與恩師一同參加新年慶祝會。在這個時間點，摩利覺得光是能與新吾恢復好友關係，就已經要額手稱慶了，沒想到新吾居然答應要當他的戀人。那先是驚訝，接著歡喜的心情，藉著瞪大的雙眼、表情的連續特寫、兩腿微開一直呆站著的模樣，以流過整個頁面如微風般的效果線表現出來。對摩利來說，就算新吾拒絕他，他也不會與其他任何人交往，這件事他早就表明過了。在這頁裡，除了表現出喜歡的人答應與自己成為情侶時的開心之外，更傳達出深深的安定感，那是自己在戀愛欲求這部分也得到肯定後的感覺。此外，右頁的新吾下定決心時的表情，也給人深刻的印象。

《風與木之詩》（圖1）裡，賽吉對吉爾伯特告白，不是發生在宿舍的房間，而是在某個假日，前往舊校舍路上的大自然中。被告白的吉爾伯特回答「這是罪」。吉爾伯特說的「罪」，不單是指作品背景的十九世紀法國基督教社會中的「罪」，同時也反映出了作者與讀者當時所在的日本把同性戀當成了「異常性欲」。但是在告白完的左頁，畫面中離開樹木翱翔於天空的鳥兒，很明顯地傳達出了正向的解放感。

二〈對同性抱有戀愛感情的主角，比異性戀角色更美貌、更有才能的世界〉

剛才提到的摩利，在接受新吾的告白後，回到新年慶祝會場。會場中的人全都異口同聲地稱讚摩利的美貌（《摩利與新吾》第五集一九八～一九九頁）。比女性更美，這種說法很容易給人「明明是男人，卻像女人」、「娘娘腔」的感覺。但是作者把摩利的臉畫得比女性角色更長，讓他個子比女性更高，因而迴避了這個問題。

（圖2）因為與賽吉在一起，精神狀態穩定下來的吉爾伯特第一次開始認真學習，成績斐然，漫畫中有這樣的描寫。前一頁畫面中飛舞的紙片，表示經過了好一段日子。這段明確告訴讀者，雖然住在蘭克波學園的宿舍裡，但是從來沒有認真學習過的吉爾伯特，其實是很能念書的優秀孩子。

三〈透過人為建構的方式定義何為「異端」的世界〉

（圖3）《波族傳奇》中，第一個該提的果然是艾多加的養父・吸血鬼波特尼爾男爵所說的那段話。「可怕的是……信仰／包含我們在內，不接受任何異端的心／這是邪惡的東西！相信這是謊言，盲目相信它不存在，這種精神非常可怕」。這些話指的，當然是人類排斥吸血鬼的情況。不過，這也說明了不論在哪個時代、哪個社會，「常識」都不可能是絕對的真理。儘管讀者都是非吸血鬼的普通人，但由於心情都是站在艾多加這邊的，所以這些話不只為同性戀者，也為所有受到歧視、壓抑的少數群體帶來力量。特別是「盲目信仰」這句話，非常強而有力。

四〈「異端」的存在比「普通人」更優秀、更美的世界〉

（圖4）《波族傳奇》中，梅莉貝露被不小心闖入吸血鬼村莊的人類男性誤認為小鹿而擊傷。為了讓梅莉貝露恢復，艾多加向人類男性吸取能量。之後，艾多加罕見又明確地告訴對方，吸血鬼比人類優秀的事實。頁面的上半部配置著艾多加的妹妹梅莉貝露，以及與故事當下無關的詩句，這是當時的少女漫畫中常見的表現手法。其中以「極上之美」這樣的字句表現出吸血鬼的優越性。

圖1　竹宮惠子《風與木之詩⑭》
（小學館，1981）©竹宮惠子／小學館

圖2　竹宮惠子《風與木之詩⑭》
（小學館，1981）©竹宮惠子／小學館

圖3　萩尾望都《波族傳奇①》（小學館文庫，1998）
©萩尾望都／小學館

五〈同性情侶之間，不以社會性別分類而是以對等關係連結的世界〉

《摩利與新吾》中，摩利與新吾兩人，雖然五官與頭髮長度截然不同，但是體格相當。在這方面，作品中有許多描寫（《摩利與新吾》第一集二一六頁等等。白泉社文庫，一九九五）。

（圖5）在《波族傳奇》的〈小鳥の巣（小鳥之巢）〉中，艾多加與亞朗成為一九五〇年代德國全宿制男校的學生。在社交舞課上翩翩共舞，震撼了同學和老師。根據手的位置，看得出捲髮的艾多加跳的是男性角色，亞朗跳的是女性角色，但是兩個人的身高與體格都差不多。（至於一九九〇年代後的商業BL，將兩個男性主角分成「攻」（男角，身高較高，插入的一方）與「受」（女角，比「攻」矮，被插入的一方）是基本常態。但是在最近的「進化型」中，也有幾乎沒有體格差異的作品。例如〈同級生〉系列（中村明日美子／二〇〇八～一四）或《いとしの猫っ毛（可愛的貓毛情人）》（雲田はるこ／二〇一一～）。

圖4　萩尾望都《波族傳奇①》（小學館文庫，1998）©萩尾望都／小學館

六〈描繪出長期共同生活的同性伴侶之間親密生活感的世界〉

（圖6）《波族傳奇》的〈一週間（一星期）〉。原本說好一週後就會回來的艾多加，比預定晚了一天回家。回到家時，亞朗露出開心的表情。從飛揚的頭髮可以看出，他應該是用跑的來到門口。下一格兩人眼神交

圖5　萩尾望都《波族傳奇③》（小學館文庫，1998）
©萩尾望都／小學館

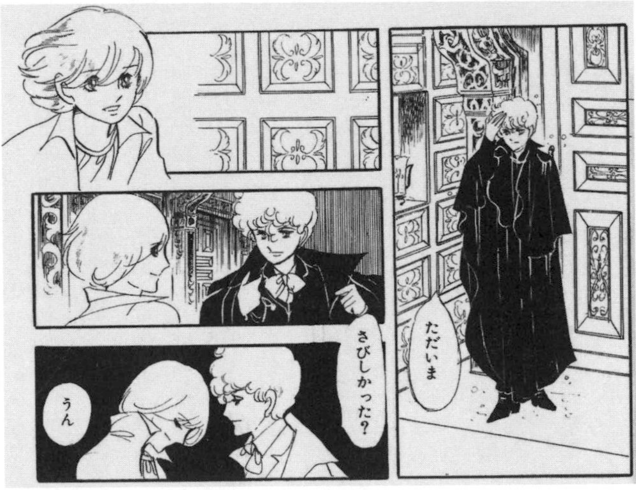

圖6　萩尾望都《波族傳奇①》（小學館文庫，1998）
©萩尾望都／小學館

會，接著說「很寂寞嗎？」「嗯」。再下一格，兩人已經開始討論明天要退租這間屋子的現實話題了。這是「比預定晚歸，所以回到家時，等待的一方很開心」的場面，但是，亞朗並沒有說「為什麼比預定晚回來？我很擔心你」。光是眼神交會，「很寂寞嗎？」艾多加就能明白亞朗的感受。兩人之間的那種「一切盡在不言中」的交流，與其說像兄弟，還不如說是長年生活在一起的伴侶才會有的感覺。當然，男女伴侶也可以有這樣的描寫，但是以這種感覺描寫同性伴侶，是很稀奇的事（我自己是同性戀者，對這幕的感受當然很深，但是和異性戀者的朋友談到「艾多加和亞朗很有老夫老妻感覺的那個場面」時，有好幾次對方都會立刻回答「你是說〈一星期〉的那一段吧！」）。

（圖7）《波族傳奇》的〈エディス（艾蒂絲）〉。艾多加為了幫助自己親戚的後代、名為艾蒂絲的少女，穿著她的衣服引出敵人，再把敵人淹死。但是他自己也因此被水弄濕。在回到家把衣服擰乾時，人在床上的亞朗察覺，起身問他怎麼了。就現實層面來思考的話，應該在玄關或浴室擰衣服才合理，但是讓艾多加站在寢室的窗簾前擰衣服，就能自然地醞釀出「能夠隨意進出寢室」的、伴侶之間的親密感。亞朗雖然從床上起身，但是沒有緊張地跑到艾多加身邊。可以解釋成這是因為他長年與艾多加在一起，知道就算有什麼異常事態，也不需要太擔心之故。此外，雖然艾多加穿著裙子，但是卻在站著的情況下大膽地抓起裙襬，將其擰乾，這種「不像女孩子」的動作也很重要。首先，這個場面毫無疑問地暗示兩人是同性

圖7　萩尾望都《波族傳奇③》（小學館文庫，1998）©萩尾望都／小學館

伴侶。再來，在廣義的BL史中，美少年雖然適合穿女裝，但是穿上女裝時，他的男性特質會變得更明顯。即使是近年的BL，除了一部分的「男之娘」之外，這也是固定的表現方式。

七〈比起有血緣關係的親人，沒有血緣的家人反而更親密的世界〉

《風與木之詩》的吉爾伯特無法逃出叔叔奧古斯特‧博的魔掌，在長大成人之前死去了。不過，所有讀者都知道，奧古斯特其實是吉爾伯特的親生父親。所以《風與木之詩》也可以說是血脈相連的父親毀滅孩子的故事。相對的，以沒有血緣關係的家庭來說，《波族傳奇》的〈ペニー・レイン（Penny Rain）〉最後，艾多加為了救亞朗，殺死旅行中的貴族夫婦，吸取他們的能量。另一篇故事〈リデル♥森の中（在森林中的莉蒂露）〉裡，艾多加與亞朗一起養育夫妻留下的兩歲小女孩，並在小女孩十歲時把她還給親生祖母。養育人類小女孩八年的吸血鬼少年們。「我還記得哦，其中一人的名字叫艾多加，另一個人叫亞朗／他們都稱呼我為莉蒂露娃娃」，〈在森林中的莉蒂露〉從年邁的莉蒂露本人的獨白開始。「我小時候，曾住在小鳥的巢裡／在某個遙遠的森林中——／——被兩隻小鳥撫養——」莉蒂露的獨白，使得這個故事聽起來像童話一般，身為讀者的少女們，應該很羨慕那位小女孩，覺得被艾多加和亞朗在森林中養育，是非常美好的事吧（圖8）。「我們來養育她吧」「爸爸？媽媽？那是什麼？是艾多加和亞朗的意思嗎？」艾多加對亞朗說的話，以及莉蒂露所問的問題，使這個故事在內容上保有了「同性伴侶共同養育孩子」的層次。

同樣是沒有血緣關係的家庭，令人印象更深刻的是短篇作品《七月七日に》（大島弓子／一九七六。收錄於《さようなら女達》，白泉社文庫，一九九六）。十六歲的少年單戀一名男性，在男性死後，穿上女裝，以養母的身分養育男性留下的女兒，兩人共同生活了十年。光看劇情大意，就覺得是很荒誕的故事，但其實它卻深具現實感，能深深打動人心。為什麼呢？因為，女兒從四歲到十三歲，與養母兩人之間「相親相愛」的日常生活描寫，給人很真實的感覺。這個部分當然是由故事中的各種細節累積而成的。舉例來說，十三歲的女兒「つづみ」知道自己與「母親」沒有血緣關係，卻仍然非常喜歡養母，想獨占她，甚至感謝親生父親死亡，自己才能像這樣和養母一起生活。這種內心獨白非常具有衝擊性。還有就是母親（其實是名為奧羽淺蔥的青年）回憶自己抱著年幼的つづみ的場面。「愛哭的孩子　為什麼總是哭得這麼令人心疼呢？」在這樣的內心獨白旁邊，有著「別哭別哭　我們來玩捉迷藏吧　媽媽來當鬼」這些安撫小孩的話語，讓人具體想像出奧羽以母親身分養育孩子的那些日子。

圖8　萩尾望都《波族傳奇①》（小學館文庫，1998）©萩尾望都／小學館

本作的時代設定是第二次世界大戰末期，故事最後，奧羽收到原生家庭來信，拜託他回家接下從軍的召集令，於是他離開了つづみ的家。「眉眼鼻嘴的感覺很像媽媽的青年」つづみ見到青年奧羽離開的身影時，在心裡這麼想，之後，兩人的眼神交會。つづみ知道真相，是因為奧羽把祖母寄來的信留在つづみ家的緣故。可見假如沒有那封信，奧羽大概會一直撫養つづみ，直到她成年為止。就算奧羽一開始是基於對つづみ的父親的愛，抱著一頭熱那麼做的，但是十六歲的少年，撫養了他人的孩子將近十年，這是多麼驚人的奉獻啊。這是愛啊。

除此之外，故事中也有奧羽那（因為身為同性戀者而）得不到回報的愛情，最後被住在附近、大奧羽一歲的青年小袿健太郎接受的描寫。設定中，即使扮成女性也不會讓人起疑的奧羽，被住在附近的青年小袿求婚。

兩人在和室裡談論這件事時，小袿單方面地親吻奧羽，將其推倒，並因此發現奧羽其實是男人。儘管如此，小袿說「我有被你討厭的自覺」。他說，看著你的模樣，我就忍不住愛上你。如果解釋這件事會讓你感到痛苦，不用說明也沒關係。對於小袿的那番話，奧羽回答「我喜歡你／喜歡你的這個部分　這是我沒有的部分　也是姬吉沒有的部分　我必須學習你的愛才行」（姬吉是つづみ的父親）。在那之後，小袿出發從軍的前一晚，儘管表現得極為隱晦，但仍然暗示出兩人有了肉體關係。つづみ看到養母清晨從小袿的房間走出來時的內心獨白，以及用一個橫格描繪蓋著被子睡覺的小袿跟「砰」關上拉門的聲音，暗示了一切。原本以為對方是女性而求婚，沒想到對方其實是男性，儘管如此，仍然說，你不需要勉強自己多做解釋。這種溫柔打動了奧羽，使他接受了小袿的求愛。被奧羽接受的小袿極為歡喜，與奧羽共度了一夜。「原本以為愛上的是異性，沒想到卻是同性」就算發現了這件事，小袿也不將其視為問題，而是與對方交換了彼此的溫柔。大概不曾和任何人有過性關係，從十六歲開始就養育單戀對象的孩子十年的同性戀青年，與知道這件事後仍然喜歡他的二十七歲青年，發生了唯一一次的關係。故事是以三十多年後，回憶起「養母」的つづみ的內心獨白作結。在本作最後一格所描繪的從樹稍灑落的夏日陽光，與裹住森林中的艾多加、亞朗及年幼的莉蒂露的陽光，給人一種重疊在一起的感覺。

身為「進化型ＢＬ」始祖的二四年組

作者以肯定的方式，描繪了有自覺的同性戀角色、共同生活了上百年的同性吸血鬼伴侶，並以各種方式描繪他們拚命養育與自己沒有血緣關係的孩子的模樣。這些誕生於一九七〇～八〇年代的少女漫畫作品，形成一種文化圈，對讀者帶來了又深又廣的影響——不是某個單一作品造成了某種直接的影響，而是因為有這樣的土壤，才能在日後孕育出「進化型ＢＬ」作品。本書中，我與Ｃ・Ｓ・帕卡特對談時，Ｃ・Ｓ・帕卡特說，英語圈沒有少女漫畫的傳統，也沒有原創的ＢＬ作品，只有類似日本二次創作的Slash Fiction。她在學了日語，接觸了BL與各式各樣的日文作品後，開始想創作英文版的原創BL小說（在英語圈的類別名為「M／M」）。本專欄中提到的作品，似乎都沒有被翻譯成英文版。我是因為讀了「二四年組」的作品，才接受了自己身為同性戀者的事實，又因為在美國的研究所學習酷兒理論，因此開始研究起廣義的BL。我再次認識到，以英語傳播包含這些BL始祖的作品在內的BL研究，是我的責任與義務。我以這樣的宣示，作為本專欄的結尾。

※1本書中提到的「二四年組」，其重要的作為是「發明」出以兩名少年為主角，而不是以少女為主角的故事。本專欄雖然是以她們作品中的男性同性戀表象為主軸進行分析，但她們當然也有發表以女性為主角的故事。另一方面，在「二四年組」這個用語的背景中，由於男性評論家們認為「二四年組」的作品探討的主題比一般的少女漫畫更深入、更具有「文學性」，即使是非少女的讀者也能享受這些作品，因此給予高度的評價。不過，就結果來說，可能會讓人覺得是在輕視一般的少女漫畫。要思考這一點的話，以下的文章應該能成為有用的出發點。ヤマダトモコ〈まんが用語〈24年組〉は誰を指すのか?〉《月刊コミックボックス》Vol.108，ふゅーじょんぷろだくと，一九九八年八月號，五八～六三頁（本篇文章的增補版與原始文章檔案一起公布於作者的網站上）（最後閱覽日為二〇一七年六月十一日）http://www.toshonoie.net/shojo/05_list/yamatomo_works/text1998-201605.html

我自己在研究評論文獻中第一次看到「二四年組」的詞彙，是在美國的研究所研究BL時，看到了Frederik L. Schodt向英語圈介紹日本漫畫文化的以下這本書。Frederik L. Schodt, *Dreamland Japan: Writings on Modern Manga* (Berkeley: Stone Bridge Press, 1996): 120.

※2在日本社會中，異性戀規範在這層意義上，與父權制度強烈地重疊在一起。最嚴格遵守這個規矩的家族，不用說，當然就是天皇家。嫁進天皇家的女性，沒有選擇不成為母親的權利（大正天皇的親生母親是明治天皇的側室，這是眾所周知的事實。但是在現代，天皇與皇太

子都沒有側室，因此，皇太子妃的生育狀況，就像動物園的大熊貓一樣備受注目）。這也就是說，皇室的女性在性與生殖方面，不被允許擁有自主權，也就是所謂的「生育權（reproductive rights）」。至於出生於皇室的女性，結婚後就不再屬於天皇家，而是屬於夫家（平民家），因此也不再具有皇族的身分。

泰國前任國王拉瑪九世（蒲美蓬）與詩麗吉王后的女兒，即現任國王的妹妹詩琳通公主，可以在擁有王位繼承權的情況下，活躍於各種社會事業。但是大多數的日本國民應該連想都沒想過，日本的天皇之女或孫女可以過著像詩琳通公主那樣的生活。而且說到底，因為這些公主們是女性，所以根本沒有皇位繼承權。此外，也從來沒有人思考過，天皇家的兒子或女兒是男同志或女同志的可能性。

不是依據皇室典範，而是依據日本憲法與修定後的民法生活的我們這些普通日本國民，還有稍微多一點的選擇權。男女都可以選擇一輩子不結婚，男性在結婚後，可以選擇共用妻子的姓氏。雖然女同志與男同志跟同性伴侶生活時，不能與伴侶結婚，但是把「選擇性監護契約」或「遺囑」以公正證書的形式連結起來的話，在法律上就能以伴侶的身分主張權利了。此外，雖然有收養關係的同性伴侶，在身為養父母的一方死亡後要繼承時，可能會被其他的繼承人提出收養無效的告訴，但從很久以前開始，就有同性伴侶會利用「普通的收養關係」使兩人成為親子，藉此得到繼承權，或在伴侶必須進行緊急醫療時，得到簽手術同意書的權利。

話是這麼說，但是父權制度作為現今日本社會的根幹，就算沒有天皇家那麼嚴格，仍然是非常牢固的。舉例來說，過去曾有某個適用於性別認同障礙特例法，將法律上的性別從女性變更成男性的人。那人和女性結婚後，妻子利用AID（artificial insemination by donor，使用捐贈者的精子進行的人工授精）生下的小孩，在報戶口時，地方行政機關不承認這個孩子是丈夫的孩子，曾經有過這樣的案例。話說回來，假如是一般的夫妻，儘管丈夫有男性不孕症，生下的小孩還是能順利報戶口。這是因為地方行政機關的承辦者無法知道那是不是利用AID生下的小孩。但假如丈夫是跨性別者，承辦人可以從戶籍上知道丈夫原本是女性的事，所以無法受理申請。這件事，最後以最高法院判決變性者男性與其妻子利用AID生下的孩子之間有父子關係作結。但大阪家事法院表示，其實在民法上，利用AID生下的孩子是無法承認與丈夫有父子關係的。也就是說，一直以來身為家父長的男性，在不幸無法生育時，都會利用AID將生下的孩子偷偷當作嫡長子，以確保父權制度能存續下去。而這件事，被「不孕的原因」是因為原本是女性身體的變性者男性曝露了出來。大家也因此知道為了維持父權制度，沒有血緣關係的父子，與有血緣關係的父子，早已用同樣的方式對待了。

順帶一提，考慮到將來的「少子

化」問題，假如A家的女兒和B家的女兒是一對同性戀人，就法律上來說，與其當作「兩名單身女性同居在一起」，不如將同志婚姻合法化，讓她們能夠結婚。假如她們希望有小孩，就能像剛才提到的變性者男性的妻子那樣，利用AID生子。我認為這是合理解決少子化問題的方法之一。假如有人反對，他不一定是基於恐同心態，認為同性伴侶不該擁有法律上的權利。更有可能是對於A家的女兒和B家的女兒會變成「A$\bar{B}$家」這樣的家族※，或者是對於兩位女性同時身兼母親與家父長立場的事感到排斥吧。就這層意義來說，皇室的規範與一般人之間「唯有異性戀男性才是正統的父親」這樣的「神話」是綁在一起的。比起恐同心態，父權制度的神話更有可能是同性婚姻合法化的最大阻礙。

　關於結婚與伴侶關係，包含利用AID生子的父子關係在內，全都可以參考以下這本書。杉浦郁子、野宮亞紀、大江千束編著《パートナーシップ・生活と制度　結婚、事実婚、同性婚　增補改訂版》綠風出版，二〇一六年。

※註：這邊的「A$\bar{B}$家」指的是與一般男（A）女（B）家族的「AB家」不同，比「AB家」略低一等的意思。

「假如不把自己負面的想法轉化成畫漫畫的動力，我一定會被壓垮的。」

6

與漫畫家 スカーレット・ベリ子的對談

二〇〇八年，在《WINGS》以少女漫畫首次亮相。二〇一一年，在《Cheri+》上刊登第一部BL作品。同時期，由スカーレット・ベリ子老師擔任作畫，以《ラブシーンデッサン集（漫畫家構圖設計BL愛愛姿勢集）》為首的〈マンガ家と作るポーズ集〉系列在BL業界內外造成話題。發布於電子書店PAPYLESS、電子租書店Renta!的《みのりの手（稔醫生的手）》、《四代目・大和辰之（四代目・大和辰之）》在二〇一四年、二〇一五年連續得到BL漫畫部門第一名。兩部作品在二〇一五年出版單行本後，也同樣受到紙本派BL愛好者的狂熱支持，一躍成為人氣BL作者。之後也在二〇一六年發表以高中生為主角的《ジャッカス！（JACKASS!）》，二〇一七年夏季發表以《辰之》的配角櫓木為主角，描述他過去的《ジェラシー（Jealousy）》，精力充沛地活躍於業界。

我是從二〇一五年十二月出版的排行榜情報誌得知スカーレット・ベリ子這位作者，並馬上購讀了《辰之》。翻開書後的第一個跨頁，辰之躺在沙發上的那格，透視圖法的構圖與辰之精瘦但又有肌肉的身體，立刻就抓住了我的心，使我一口氣看完了這部作品。儘管這是一部非常正統的BL漫畫，但是也有許多脫離正統套路的部分。不對，有脫離嗎？我心想。對於這位在出版單行本之前，有過不同經歷的BL作者，我想提問各種問題。以少女漫畫初次亮相，七年後才終於出版首部單行本，而且類別從少女漫畫變成BL漫畫，這是很稀奇的事。不只如此，在出版單行本之前，還出版了BL業界的第一本姿勢集，畫了大量有如手翻動畫書一般的男性同性性愛動作圖片，這樣的漫畫家，應該只有

《四代目・大和辰之》（新書館，2015）©スカーレット・ベリ子／新書館

スカーレット・ベリ子老師而已吧。除此之外，在當時，以電子書形式發表的BL作品，都是以能在短時間內看完，並得到療癒的情色作品為主流。儘管如此，在BL電子平臺大受歡迎的《稔醫生的手》、《辰之》，不論故事本身或角色塑形的複雜度，即使在出成紙本書之後重新閱讀，也相當出色。但是，這樣的看法是否恰當呢？基於上述疑問，我邀請各方面都使我非常感興趣的スカーレット・ベリ子老師與我「對談」。順帶一提，同席的スカーレット・ベリ子老師的責編K先生，既是BL業界壓倒性少數的男性編輯，同時也是將本書登場的澳洲作家C・S・帕卡特老師等，歐美「M／M」小說翻譯出版的Monochrome・Romance文庫的責編。

溝口　首先，我想請問您的筆名由來。「スカーレット（scarlet）」是指緋紅色嗎？

スカーレット・ベリ子（以下簡稱「スカベリ」）　比起緋紅色，更接近朱紅色吧。似乎是起源自繩文時代最古老的色彩之一。是太陽的顏色，我最喜歡的顏色。

溝口　那麼「ベリ子」的由來是什麼呢？

スカベリ　很久以前用的筆名與莓果有關，所以朋友都叫我「ベリ（berry）」（笑）。

溝口　啊，是「strawberry」的「berry」啊！然後再加上「子」。

スカベリ　是的。「スカーレット・ベリ子」感覺很像昭和時代在鄉下小酒吧裡，絮絮叨叨說醉話的不紅歌手呢（笑）。我覺得自己很適合這種「因為喜歡才這麼做」的感覺。不過這麼說不是在消遣自己哦（笑）。

溝口　原來如此（笑）。那麼簡稱時該如何稱呼您才好呢？

スカベリ　「ベリ子」或「スカベリ」都可以（笑）。

溝口　我明白了。總覺得清爽了許多呢（笑）。

突然出現的新人？

溝口　那麼就開始吧！因為我是紙本派，所以直到二〇一五年十二月，在《這本BL不得了！2016年度版》中的漫畫排行榜上，看到《四代目・大和辰之》名列第五名，才趕快找了單行本來看，故事非常有趣呢！還有，我在翻閱《這本BL～》的其他部分時，發現「備受期待的新人」單元第一名介紹的是《稔醫生的手》。「咦？明明是備受期待的新人，卻已經登上第五名了？」讓我有點混亂（笑）。以初次出版的單行本進入排行榜的作品，有ヨネダコウ老師的《無法觸碰的愛》（二〇〇八）這樣的前例；至於トウテムポール老師的〈東京心中〉系列，則是在初次出版商業漫畫的那年，一口氣出了四本單行本。但是《四代目・大和辰之》和《稔醫生的手》兩本書的書名並沒有關聯性……於是我又另外買了《稔醫生的手》，看了版權頁，我才終於弄懂「原來如此。發表在電子平臺上時是《稔醫生的手》先連載，之後才是《辰之》。漫畫單行本則是兩本同時出版。

而《辰之》上了排行榜，沒上排行榜的《稔醫生的手》則放在『新人』的單元介紹」。

スカベリ　雖然喜歡電子平臺的讀者已經看過我的作品了，但是對紙本派的讀者來說，我看起來就像是「突然出現的人」呢。

溝口　是的。還有，同一時期我從朋友那聽說了〈漫畫家構圖設計ＢＬ愛愛姿勢集〉系列（二〇一一～）的事，並買了其中一本來看，真的很厲害呢。一點一點地以不同角度畫出同樣的姿勢，讓人有種在看手翻動畫書的感覺。

スカベリ　是的。將那些男性之間接吻或交纏的動作，以每三十度就畫一張，所以一本裡的圖片應該超過五〇〇張吧。

溝口　您上過美術大學，或是接受過正規的繪畫訓練嗎？

スカベリ　都沒有。只是基於興趣在畫圖。

溝口　這麼說來，您是從小就立志要當漫畫家嗎？

スカベリ　也沒有。我是直到投稿之前才出現想當漫畫家的想法。在此之前，我都是把想成為插畫家當作藉口，偶爾接點打工。但是出版界認識的人對我說，要成為光靠插畫就能吃飯的插畫家是很

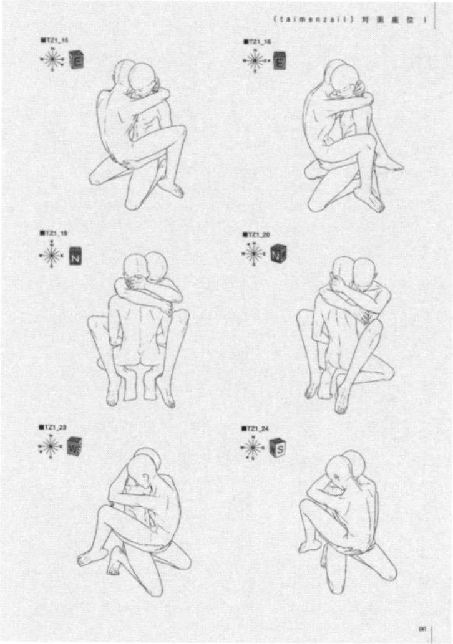

《漫畫家構圖設計BL愛愛姿勢集》
（新書館，2011）
©スカーレット・ベリ子／新書館

困難的，去畫漫畫會比較好。當時還沒有智慧型手機，也沒有社群網路遊戲，插畫家的工作種類比現在更少。所以一開始，與其說是「想成為」漫畫家，不如說是「必須成為」漫畫家吧。可是要投稿漫畫，我又完全不懂漫畫的畫法，所以畫出了相當奇怪的漫畫（笑）。

溝口　而且初次亮相是以少女漫畫在《WINGS》上刊登呢。

スカベリ　我想那應該是二〇〇八年的事，我投稿了「漫畫大賞」，得了個小獎。

責編　ベリ子老師的投稿作品，背景畫得非常紮實，但是人物被埋沒在其中（笑）。

スカベリ（笑）。我很喜歡畫背景，所以把日式房屋的瓦片畫得很紮實。就漫畫而言那作品很無聊，但似乎是因為責編喜歡「怪東西」（笑），覺得很有趣就把那作品撿起來了。投稿作品刊登出來後，我被責編帶著，一開始畫的是非BL的分鏡草稿，但是全都不能畫成完稿，大約有一年半的時間沒有工作。後來我得到了在Girl's Love（GL）合同誌上刊載短篇漫畫的機會，因為《Cheri+》二〇一一年才剛創刊，所以我一面畫姿勢集，一面在《Cheri+》發表短篇漫畫，但是完全沒有人氣（笑）。不過幸好有姿勢集的版稅收入，所以能安心地做漫畫修行。

責編　在畫姿勢集時，ベリ子老師的圖愈來愈進步了哦，就像練了一千次擊球守備一樣（笑）。

スカベリ（笑）。然後就是二〇一三年時在電子平臺發表了《稔醫生的手》，才漸漸有了名氣。啊，不過在《稔醫生的手》發表的不久前，我還有在《Cheri+》畫過一陣子《女王と仕立て屋（女王與裁縫師）》（二〇一六），畫到第三話時中斷，才開始畫《稔醫生的手》。

溝口　《稔醫生的手》一開始是在電子平臺上連載的呢，您有特別意識到電子書與紙本書的不同之處嗎？

スカベリ　我覺得電子書的特色是特別重視情色的部分。話是這麼說，但是我想，應該沒人會討厭有故事性的作品吧，假如能畫出情色分量很重，並且有一定劇情的作品，應該就能夠得到不錯的評價，我當時是這麼想的。

「攻」與「受」相反!?

溝口　電子平臺的讀者群應該年輕人比較多吧？能像紙本那樣聽到讀者的心聲嗎？

スカベリ　「Renta!」曾幫我辦過一次讀者留言的企劃，從留言來看，感覺不出來各年齡層的差距。不過，因為電子書能在不被其他人知道的情況下閱讀，所以能實際感受到對於情色的要求特別高呢（笑）。

溝口　長年閱讀紙本BL的讀者們，在遇到喜歡的作品時，許多人會寫很多信把自己的感想告訴作者。那個企劃應該就是為了讓電子平臺的讀者傳達自己的感想吧。

スカベリ　電子平臺本來就沒有傳達感想的地方，所以無法知道讀者的評價，也看不清楚讀者的「臉」，就這點來說有點辛苦。就連責編也經常搞反我畫的「受」和「攻」（笑），所以我很擔心讀者會不會感到更加混亂。

溝口　的確。不過我覺得反過來很有趣呢。例如《四代目・大和辰之》裡，相對有男人味的辰之是「受」，而雖然身高比較高但是相對女性化，或者說給人感覺較溫柔的幼稚園老師望則是「攻」。關於這一對，您是故意設定得與正統派ＢＬ相反的嗎？還是自然而然想到的呢？

スカベリ　不是故意的，對我來說，這才是這個配對的正確公式。既然其中之一是希望有人能接受自己的男人，那麼，接受那男人的男人，就必須非常有包容力才行。不論弱小或長得可愛，只要是男人都會有想插入的性衝動。「既然如此就讓你插吧」我喜歡的就是這種外表和內心都非常有包容力的「屁眼很大※」的男性。

溝口　「屁眼很大」的男性（笑）。很有說服力的比喻方式呢。一般來說，會以「肚量」或「心胸」之類的說法來

※譯註：日本俗語，引伸為肚量大之意。

辰之（左，「受」）與望（右，「攻」）／《四代目・大和辰之》（新書館，2015）©スカーレット・ベリ子／新書館

形容包容力，不過就幾乎必須以肛門性交的ＢＬ來說，這說法很雙關呢（笑）。特別是在《辰之》的故事中，望在小時候曾受過父親的性虐待，說得粗略點，算是廣義ＢＬ史中類似吉爾伯特那樣的角色。在《風と木の詩（風與木之詩）》（竹宮惠子／一九七七～八四）中，吉爾伯特在長大成人之前就死了，但是望長大成人，還很認真地在當幼稚園老師。話雖如此，他還是有心靈創傷。所以才會讓「有男人味」的辰之當「受」。這樣我就能理解了。

スカベリ　就是這樣，肯定過去被當成女人對待的望是「男人」，並接受他「男人」的部分。這麼做不但能療癒望，也成為辰之做出覺悟的契機。其中一方藉由抱人來療癒，另一方藉由被抱來療癒。雖然乍看之下，《辰之》裡的「攻」與「受」是反過來的，但這麼做有我自己的原因，而且似乎很多讀者們都能理解這點。假如《稔醫生的手》和《辰之》不是同時出版，而是《稔醫生的手》先出漫畫的話，「為什麼攻受反了？」說不定有人會這麼問呢。

溝口　《稔醫生的手》裡，「受」的原足球選手壯太，也比原本是足球隊經理，現在是按摩師的「攻」稔更有男人味呢。話說回來，《稔醫生的手》前兩話的內容，是黑道的第二代跟演藝人員來稔的整體院按摩時被做了色情的事……但是第三話壯太登場後，就變成整本全是兩人（稔與壯太）世界，也有回憶學生時代的描寫，既多愁善感又青春的ＢＬ故事了。這讓我覺得有點奇妙，請問這是一開始就決定好的嗎？

スカベリ　是的，如果維持第一、二話的形式畫下去，劇情會變得一成不變，而且最後也會變得無

法收尾，所以在大綱階段，就決定好故事要這麼走了。雖然這麼說，不過現在想想，在壯太出場之前，多讓幾個人被稔醫生「按摩」也很不錯呢（笑）。

嘗試過許多錯誤的漫畫家修行時代

溝口　您一開始是投稿少女漫畫，可以告訴我您看過的漫畫中，特別有印象的作品嗎？

スカベリ　中學時看的漫畫裡，最有印象的是CLAMP老師的《東京BABYLON（東京巴比倫）》（一九九一～九四）和《魔法騎士レイアース（魔法騎士雷阿斯）》（一九九四～九五）。描寫反派角色的感情與想法，對當時的我來說像是發現新大陸一樣。換個角度看事物，想法也會跟著改變。自己的正義對其他人來說，說不定是邪惡的。讓我學到不只是主角的世界，與主角作對的另一個世界也很有深度和廣度。

溝口　你以前有在看商業BL作品嗎？

壯太（左，「受」）與稔（右，「攻」）
《稔醫生的手》（新書館，2015）©スカーレット・ベリ子／新書館

スカベリ　沒有，不好意思……我沒有自己主動看過。而且我本來就不太看漫畫了。我想，應該是會怕吧（笑）。不過剛出道時，責編以中村明日美子老師的作品為例，說「真正的職業漫畫家所畫的正統派作品就是這麼厲害哦」要我好好參考學習，叫我去看《同級生》（二〇〇八），於是我就去看了。

溝口　哦哦。對了，〈同級生〉系列是在二〇〇八年開始出單行本的呢。

スカベリ　那是在發表《稔醫生的手》的電子漫畫之前，還在《Cheri+》畫短篇時的事。責編跟我說「不要討厭正統派作品」「厲害的人畫起王道作品也可以這麼好看」，所以要我參考學習……但是現在想想，叫新人看那個當參考，真是太殘忍了（笑）。

溝口　為什麼呢？

スカベリ　因為新人時期會的技巧太少，想從A走到B的話，只看得到一條路。但是中村明日美子老師的話，從A走到B時，可以看到這裡或那裡有好幾條路，所以才能選最寬大的那一條。那是非常高度的技術，所以就算叫我參考，對還是新人的我來說，就像要我用手去摸雲一樣，根本不知道怎麼樣才能做到（笑）。雖然責編應該是要我參考明日美子老師所選擇的戰術之類，不過對當時的我來說，連責編的話中之意也無法領會。直到最近，我才總算理解責編當時的意圖（笑）。

溝口　原來如此。您剛剛說過在投稿的當時，還不懂漫畫的畫法呢。

スカベリ　是啊。責編是從頭開始教我的（笑）。

溝口　具體來說是怎麼教導呢？

スカベリ　雖然說是「教」，不過正確來說，是把我照自己的感覺畫出來的作品給責編看，如果走偏時責編會說「不要往那邊走」，反覆地修正路線，類似這種感覺吧。

溝口　不是說「這邊請修改成這樣」嗎？

スカベリ　嗯。比如說，一般而言漫畫的原稿用紙必須畫在內框裡，但是一開始時，我完全無視這點，隨心所欲地畫到框外，於是被責編說「這樣閱讀起來很累，不知道該把視線放在哪裡」，要我思考如何讓讀者的視線聚焦，我才明白把畫面集中在內框是很重要的事。不要說從頭開始了，應該說是從零開始。除此之外，比如在教如何誘導讀者的視線時，會告訴我「例如這個老師的漫畫把對白框放在這裡，這樣讀者的視線就會像這樣移動了對吧？」。責編沒有說「請這樣畫」，而是一直跟我談論功力很強的老師、角色的心情或是每天說些無關緊要的話。總之就是不斷地跟我進行適當的閒聊，讓我在閒聊中，自己選擇覺得必要的部分。

責編　只要閒聊就能在過程中發現重點、不斷進步，因此很輕鬆呢（笑）。

スカベリ　因為如果責編跟我說「請這樣畫」，作品就會染上責編的色彩，變成責編的作品了。責編也知道這點，所以很有耐心地引導我畫出想畫的東西。我很感謝他這麼多年來都沒有拋棄我……（笑）。

溝口　（笑）……話說，您和責編聊天時感覺起來非常熟，請問平常一週大約會講幾次電話呢？

スカベリ　與其說一週幾次，應該說每天吧。打電話的次數不多，但是整天都會在LINE上一直閒聊（笑）。感覺就像親戚的叔叔伯伯似的（笑）。

線索提示的奧妙

溝口　話題回到《四代目・大和辰之》上。在四十五頁敘述望的心靈創傷時，孩提時代被父親逼著穿女裝並剛剛受過性虐待的望，坐在床上朝這邊看過來的樣子，非常有衝擊性。雖然很可愛但是表情很陰暗。接著在同一頁的左下角，望被孩童時代「穿著小件刺繡夾克耍帥」的辰之鼓勵，稍微露出了笑容。這是兩個人的第一次相遇。之後長大成人的望，明明還是早春卻穿著衣服走進海中的那幕，令人感到很緊張。望一邊淋浴一邊說「真想去海邊」，幾頁之後就穿著衣服走進海中。然後，原本以為只是踩進水裡，在隔壁的格子卻看到他愈走愈深，最後沒頂。在單行本裡那大約還在第八〇頁左右而已，「應該不

《四代目・大和辰之》（新書館，2015）©スカーレット・ベリ子／新書館

會死在這裡吧!?」讓我捏了一把冷汗。

スカベリ　對我來說，那裡代表望無意識地進行自我傷害。我找過一些割腕自殘的資料，發現以那種方式傷害自己的人，並不是因為想死才割腕，而是因為想活下去所以才那麼做。他們藉著傷害身體來緩和心靈上的痛苦。望走進海裡，也是同樣的狀況。望遇見喝醉的辰之那天，希望辰之能承受自己的「生」而單方面地發洩欲望，做了和自己父親一模一樣的事，所以自我厭惡到想死，但是又因為跟辰之說好了「要活下去」，兩難的情況使他痛苦不已。因此他才會走到幾乎無法呼吸的深度，以緩和心靈的痛苦，感受自己還活著的事實。雖然漫畫中沒有清楚地交代望的想法，但我是以這種念頭在畫的。也有讀者來信說，看到望得救了感覺自己也得救了，所以我想，我應該有傳達給想傳達的人吧。

溝口　為什麼要走進海裡？我覺得這點不以內心獨白說明，是相當優異的表現手法。像是將孩提時代受虐的事情以倒敘的方式呈現也是，是由望在故事現在的時間點，實際說給辰之聽。父親被黑道帶走，使望鬆了口氣，「這樣一來，我就不必再被迫化妝或穿女裝，被噁心的東西插了」這句話與辰之驚訝的特寫表情在

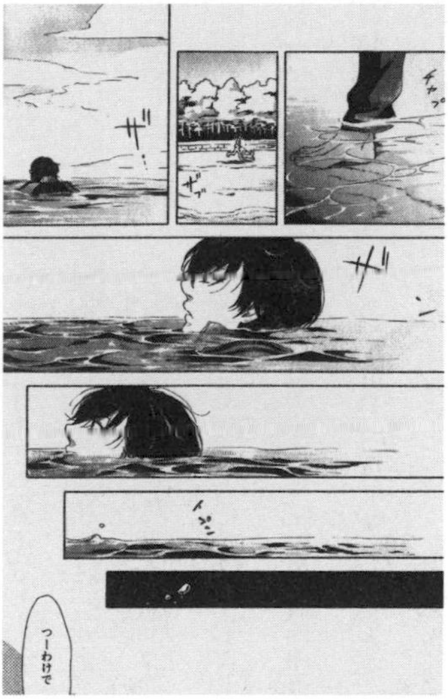

《四代目・大和辰之》（新書館，2015）
©スカーレット・ベリ子／新書館

同一格，接下來則是剛才提過坐在床上的那格。對讀者來說，不是藉由望在內心獨白的方式直接知道，而是和當下聽望說話的辰之一起了解他。也可以說，必須以旁觀的第三者身分目擊兩人的一切才能知道。揭示望的名字與職場時，也是用同樣的表現手法。辰之在看到望留下來的名片時，由於沒有特寫名片的部分，所以讀者必須到辰之前往幼稚園，說出「小鹿望」這個全名時才第一次知道望的名字。幼稚園也有小朋友，所以讀者是和小朋友一起「聽到」望的名字。在幼稚園帶小孩，表現的是日常工作和生活感的部分。但是前一晚，望卻把喝醉的辰之「帶回家」，以近乎強暴的形式與辰之激烈做愛。把有真實感的日常生活，與這種極為ＢＬ式的情節串連在一起，在沒有獨白、不直接做說明的描繪方式下，使兩者同時成立。我覺得這是ベリ子老師作品的一大魅力。

スカベリ　對望來說，走入海裡是理所當然的日常行為，所以我覺得不需要一一說明理由。在聽到辰之說「要活下去」後，望本來打算在自己心裡把過去的事消化掉，過著普通地生活，但是又再次遇見辰之，逐漸產生了希望辰之能接納自己的欲望。如果將望無法不意識到父親陰影的狀況，換句話說，將生活內側的動搖全部都化為語言，未免也太不解風情了。我認為工作是生活的一部分，戀愛、做愛也是生活的一部分。不放掉任何一邊，把兩個面向都畫出來的話，就能自然地表現出角色身處的狀況了。

故意增加嫵媚感的身體描寫

溝口　スカベリ老師的作品中，性愛場面也非常有看頭，會紮實畫出用各種體位做的各種行為（笑）。您在作畫時有沒有參考G片（Gay Video）呢？

スカベリ　看G片是我的興趣（笑）。因為G片中很多男性的肌肉都很好看。不過，由於G片的客群是男性，所以參考G片畫女性讀者為主的BL時，必須要加上能觸動女性讀者心弦的男性嫵媚感才行。

溝口　「增加嫵媚感」具體來說是什麼呢？

スカベリ　有各式各樣（笑）。一定會加上去的就是身體輪廓的嫵媚感。從下巴、喉嚨、喉節到鎖骨的凹陷處。還有，把手抬起來時肌肉的柔軟感跟伸展感。把手往上伸展時，伸展那一側的肌肉曲線起伏非常重要，一定要畫。

左：《四代目・大和辰之》（新書館，2015），右：《女王與裁縫師》（新書館，2016）©スカーレット・ベリ子／新書館

溝口　啊，例如這個（《四代目・大和辰之》一二九頁左上）和這個（《女王與裁縫師》九六頁右上）對吧？

スカベリ　對對。（一面指著圖片）這邊是肺，這邊是骨盆，兩者之間會有點凹下去。還有，側腹會有點腹斜肌，延伸到腿的部分。

溝口　出現腹斜肌這種名詞，真是太專業了。是因為畫過姿勢集的關係嗎？

スカベリ　是啊。雖然我本來就很喜歡畫身體，但是開始注意肌肉的位置，是在畫了姿勢集之後。畢竟是讓人當作參考資料的圖，所以我自己必須先把身體與肌肉弄清楚才行。

溝口　雖然有一點腹斜肌，但是不至於滿身肌肉，這種柔軟又修長的身體真的很棒呢。關於人體的構造、肌肉名稱這些，您是看醫學方面的書學習的嗎？

スカベリ　嗯。國外有很多醫學用的APP，可以看到骨骼、肌肉、內臟、神經等等的剖面圖或是分解圖、結構圖等等。（展示手機中的APP）這算是解剖學的圖呢。由於全身的肌肉都會連動，所以腳動起來時，上半身也會跟著動。我很喜歡思考這些事。

溝口　《稔醫生的手》的封底，梅原高舉右腳壁咚的圖，就是這種感覺呢。

スカベリ　是啊。像這樣把腳抬高時，骨盆會有點傾斜往後，背部會有點弓起，屁股會往前。

溝口　因為是漫畫，所以腳會比實際的人體更長，但是其他部分都是以正確的人體比例作畫呢。

スカベリ　基於插畫的誇張表現，所以手腳都會比較長，也比實際上大。但是，就算手腳比實際長更多，還是表現得出角色的感覺。這不是畫得很寫實的意思，而是因為那樣的比例，更接近人們在腦中想像的人體比例。所以為了讓想像與真實合而為一，必須學習真實的人體才行。

溝口　說的也是。話說回來，《稔醫生的手》的最後，「受」的壯太說出了「我想和你緊貼在一起……」這種非常可愛的話，讓稔忍不住從背後緊貼著壯太插入，就像兩根湯匙緊密貼合一般，也就是所謂「湯匙式」的一種，讓我在心裡「哇啊啊！」地尖叫不已。少女情懷般的可愛感與親密的緊貼度、激烈度全都合為一體（笑）。感覺在BL裡不太常看到這個體位呢。

スカベリ　啊，是這樣嗎？這是我最喜歡的體位，叫「趴臥背後式（寝バック）」（笑）。

溝口　趴臥……的確，當「受」的人幾乎趴在床上呢。和BL漫畫裡常常看到「受」把臉貼在床上，跪著抬高臀部的背後式不一樣。話說回來，您在二〇一三年上半年發表的《女王與裁縫師》，性愛場面相對含蓄，但是自從同年年末發表《稔醫生的手》之後，開始出現把鏡頭稍微拉遠、全身交纏在一起的構圖，而且體液也變多了。是因為在電子平臺上連載，所以才加強了情色的部分嗎？

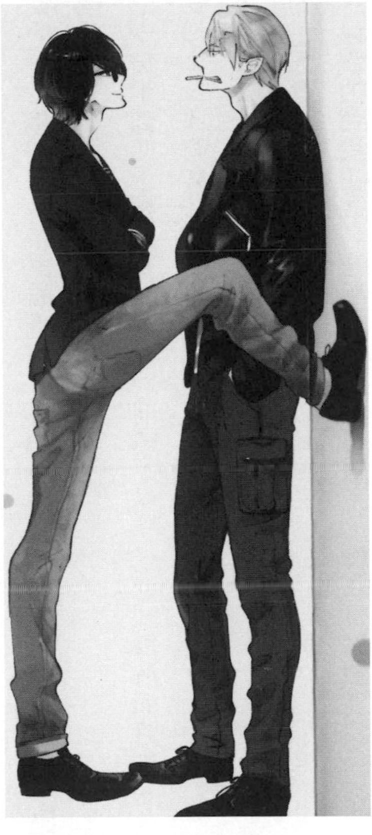

《稔醫生的手》（新書館，2015）
©スカーレット・ベリ子／新書館

スカベリ　一部分的原因，當然是基於電子書平臺的性質，所以以情色為主。不過主要原因是我會依據作品與角色，來決定適不適合濃烈的情色描寫。至於體液較多，是我的興趣使然（笑）。《裁縫師》中的兩人，基於角色的個性與雙方的距離感，如果把情色場面處理得太濃烈，角色本身反而會走鐘，所以不適合。後來發表的《JACKASS!》雖然也有情色場面，但是如果兩人第一次做愛時就很激烈的話，正行之後的反省與情感轉折就會變得莫名其妙了（笑）。為了畫出激烈的情色甚至扭曲角色的個性，我覺得這樣有點不太對。

喜歡古老的東西，是因為經過了許多人的手

溝口　您剛才說，電子書時期的讀者年齡層，和出成紙本書後的年齡層沒有太大的差異。不過，在我個人的印象中，我一直覺得スカベリ老師的讀者不是都滿年輕的嗎？

責編　在我的認知裡，是以三十後半到四十幾歲為主。不過前陣子ベリ子老師舉辦網路簽名會的轉播活動時，確實也有看到一些二十多歲的女性讀者。

溝口　也就是說讀者的年齡層很廣呢。是說網路簽名會是什麼呢？

スカベリ　將我在書上簽名的手部影片上傳直播，我就可以看到讀者透過社群網站的留言，也能當場回答讀者的問題。雖然影片只會拍到我在簽名的手，不過會有聲音，所以可以聽到我回答問題的

聲音。

溝口　啊，所以，雖然讀者可以自己透過手機或電腦看，但也會舉辦可以到會場和其他讀者聚在一起看直播的活動呢。好像挺好玩的呢。

スカベリ　一般的簽名會，雖然能直接見到作者，但是頂多只能交談一、兩句話；網路簽名會的話，雖然不能直接見面，但是採取的是可以長時間交流的形式。

溝口　這點子很有趣呢。話說回來，《女王與裁縫師》裡，庭園和古董餐具都畫得很棒，所以我在想，您是不是很喜歡這些東西呢？

スカベリ　是，我本來就很喜歡歐洲庭園和磚牆之類的東西。

溝口　這麼說來，之後有機會看到以歐洲為背景的作品嗎？比如日本人的主角去留學之類。

スカベリ　唔——不知道耶。只要是古老的東西，不管是不是歐洲我都很喜歡。我最喜歡的還是日本，在畫短篇的新人時代，我一直都在畫江戶時代的故事（笑）。雖然我也喜歡明治、大正、昭和初期，不過最喜歡的還是江戶。不管是生活方式或風俗習慣都喜歡。還有花魁也是，我可以說是花魁狂吧（笑）。雖然這和BL沒關係。我之所以喜歡古老的東西，是因為那些東西長年累月被人使用，可以說器物本身就是歷史吧。

溝口　原來如此，不過為什麼是裁縫師和設計師的故事呢？

スカベリ　當我心想「下次要畫什麼故事？」想不出題材時，責編問我擅長什麼，我回答「我會做

自己的衣服」，然後責編就說「那就畫裁縫師吧」。「雖然我會做女性的衣服，但我完全不懂裁縫師的事啊」當時我這麼想（笑）。但我還是找資料畫了出來。至於設計師，好像是那時覺得會做空間設計的人還不錯。

溝口　一開始的頁面，「攻」的設計師來到裁縫師的店裡時開的是法拉利，所以我心想，啊，這一定是超有錢的「Super攻」。但是看到他留在設計事務所加班時，我又想「怎麼會這樣？」（笑）。後來看到他的老家很有錢，那是姊姊送給他的就職禮物，讓我有點意外。

スカベリ　這應該是加了一般所謂的ＢＬ元素的緣故吧（笑）。比如高級車或包下整艘豪華郵輪之類的。不過我對ＢＬ不熟，這方面知識又不太清楚，所以就變成那樣了。

溝口　話說回來，您曾經從其他類別的作品中得到過靈感嗎？

スカベリ　我常看歐美影集。畫成漫畫的話會被吐嘈「這種事哪有可能啊？」的無聊劇情或奇特劇情，讓真人來演的話看起來就好像有可能。為什麼會有這樣的差異呢？我會一面思考這種事，一面看影片。例如「啊，這個場面畫成漫畫的話感覺會很刻意，該怎麼處理才能看起來很自然呢？」或是「剛才的停頓，該以幾格來表現才好呢？」之類。

溝口　因為看的時候會當作漫畫表現的參考呢。這麼說也有道理，集數多的連續劇，說不定比電影更適合作為連載漫畫的表現參考呢，因為電影會濃縮得更精簡。順便問一下，您參考的是哪方面的影集呢……？

スカベリ　這部分請讓我保密（笑）。

「以褲襪為招牌」的《JACKASS!》

溝口　關於《JACKASS!》這個故事，有很多主要角色呢！

スカベリ　是啊，因為這次我想把主角周圍的環境也全都畫進故事裡，等到回過神時，就變成這樣了（笑）。

溝口　主角原啓介、青梅竹馬克巳、姊姊亞希子，以及和啓介個性完全相反，但是和啓介感情很好的帥哥篠田正行。本來以為主要角色就這幾個人，沒想到還有克巳的男朋友保健醫生荒卷、羨慕（也可能是喜歡？）克巳的三好、荒卷的熟人設計師保坂。總共七名主角，而且每個角色的個性都很鮮明，令人很驚豔。克巳說自己把啓介當成重要的家人，這段很感人，不過還算是預料得到的發展。但是之後，三好跑去對情敵荒卷大叫「就是因為他想要的不是我，所以我才來這裡找你啊！」「不要讓我說出這些話啊」「你是成年人吧！」「去找他吧」這段，完全出乎我的意料，讓我很感動……雖然角色很多，各自的劇情也很多，但是卻能完整地收進一本漫畫裡。您在大綱階段就已經做出這麼縝密的規畫了嗎？

スカベリ　故事和場面本身，其實我覺得沒有那麼複雜，每個角色的故事本身都非常單純。比如啓

介的部分，以一句話來說明就是「穿著褲襪的事被喜歡褲襪的好友發現，兩人發展成戀愛關係，最後上床迎來圓滿結局」這樣而已。雖然感覺起來很蠢（笑）。其他的角色也只有先決定了起點與終點，剩下的部分就隨角色自己行動了。只要先決定好最後該回到哪裡，不管選哪條路走，都意外地會回到終點。假如把劇情跟角色關係設定得太詳細，角色就無法從設定中動起來，也很容易會局限角色的行動。要說的話，我在畫的時候想的只有「要如何以這些角色玩故事、要讓他們煩惱多少事情」而已（笑）。

溝口　原來如此，真是厲害。對了，雖然問的順序反了，不過您一開始是怎麼想出褲襪控的男高中生這樣的主角呢？

《JACKASS!》（新書館，2016）©スカーレット・ベリ子／新書館

スカベリ　首先，由於是電子書的連載，所以我覺得必須有顯眼又好懂的要素才行。像是在這之前的「按摩師」或「黑道」，都有個告訴別人這是什麼店的「招牌」。從一開始，我就想起了當初和按摩師一起列入候補的褲襪（笑）。當時我想「不管怎樣，都想不出褲襪的梗啦！」所以把這點子作廢了。但是在畫過《稔醫生的手》、《四代目》、《女王》這些故事之後，我多少抓得住自己創作故事的方法了，於是我心想「既然如此，就試試看把褲襪作為招牌吧」（笑）。雖然店外的招牌是褲襪，不過進了店裡仔細一看，會發現其實擺滿了各種商品，就是這種感覺吧。之所以把故事背景設定在高中，是因為畫《辰之》時消耗了太多體力（笑），所以想要畫點清爽的故事。

溝口　的確，不只有褲襪，還有揪心、清爽、內心糾葛、不中用的成年人、親情等等，各式各樣的內容呢（笑）。順帶一問，我本來還在想書名的「ジャッカス」是什麼意思，原來是「jackass」。是「傻瓜」、「笨蛋」的俚語呢。而且是帶著相當程度貶意的詞彙。我住在美國時，沒有直接說過或聽過有人使用這個詞彙。說起來，這個詞根本不是普遍使用的外來語，為什麼要把這個字當作書名呢？

スカベリ　我一直認為只是「臭小子」的意思而已。大約在二〇〇〇年時，美國有一個真人實境節目[※1]，讓一群人以孩子般的好奇心挑戰各種危險或亂七八糟的事情，我是拿了那個節目的名字來

※1　《Jackass（無厘取鬧）》。是由美國有線電視頻道MTV製作，於二〇〇〇～〇二年之間播放的過激真人實境節目。

用。最好不要找那個節目來看哦，因為真的很亂七八糟（笑）。不過，我覺得書裡面的角色全都可以用這個詞來形容，因為沒有一個是好小孩（笑）。

以負面想法作為動機

溝口　原來如此。話說回來，畫有很多角色的故事時，想讓讀者能輕鬆分辨角色，畫功當然是最重要的前提，除此之外，您還有其他特別注意的部分嗎？

スカベリ　我會對應每個角色的個性來畫表情。說得詳細一點，就是角色沒有表情時眼睛、眉毛、鼻子、嘴巴的位置，以及生氣時眉尾跟眼角向上提的方式、說話時嘴巴的形狀、側臉時鼻子的高低、下巴的長度與角度等等。不過回頭重看後，還是會覺得開頭的部分沒有掌握好角色，需要多多修練才行呢。

溝口　我很喜歡二二〇頁的手機畫面哦。克巳與荒卷重逢後，傳照片告訴篠田與啓介自己終於和荒卷做了的事。照片裡荒卷趴在床上，腰上貼著藥布，克巳則是非常得意地叼著香菸，訊息的標題是「吃到了☆」（笑）。

《JACKASS!》（新書館，2016）

スカベリ　我的漫畫一個格子裡會有太多的資訊呢。其實該削減一些資訊量會比較好閱讀，不過總是忍不住想玩一下，所以就變成那個樣子了（笑）。

溝口　說到一格裡的資訊量，您的漫畫即使格子不大，也會確實畫出透視帶出遠近感呢。比如《JACKASS!》第一頁，從斜下方拍晾起來的衣服與後方夏季藍天的鏡頭……雖然「鏡頭」是攝影用語……還有第三格，靠裡面的陽臺上有個三層櫃，上面放著盆栽與噴霧器，房間裡的角落有像是垃圾桶的東西，不但有遠近感而且很有生活感，角色的形象也因此變得更具體呢。

スカベリ　我喜歡思考角色的房間裡有什麼東西。如果是一絲不苟的角色，就會把盒子放在櫃子上好好管理，而且可能會有很多便利的打掃道具（笑）。就算格子小，只要畫出遠近感的話，看起來就不會很狹窄，而且也能夠讓讀者把目光放在那一頁裡最想強調的格子上。

溝口　原來如此。還有，最近的ＢＬ漫畫，幾乎會把畫面畫到紙的邊緣，但是《JACKASS!》很多頁都有確實畫出框線，留下框線到頁面邊緣的空白，給人很規矩的印象。

《JACKASS!》（新書館，2016）
©スカーレット・ベリ子／新書館

スカベリ　是啊，我很喜歡畫格子哦。在小小的格子裡畫滿東西，讓我覺得很快樂。有時還會偷塞點梗在裡面，想說不知道讀者會不會發現（笑）。

溝口　《JACKASS!》是接在不論電子書或紙本書都很受歡迎的《四代目・大和辰之》之後發表的作品，而且不是相關作，是全新的連載。在發表當時會不會覺得很有壓力呢？

スカベリ　在開始一件新的事情時，我都會感受到壓力。不過即使前一部作品的評價很好，也不代表讀者就會喜歡新作品——從不紅的時期開始，我就經常把這件事記在心上，所以不會對銷售數字感到緊張。

溝口　很純粹的想法呢。

スカベリ　其實我是競爭心、嫉妒、焦慮感全都有的類型哦。想法很負面。能收到讀者聲援的信，當然會覺得很高興，但那是讀者認同我過去的作品、喜歡我過去的作品的證據，不能保證他們之後也會喜歡我的作品，我會這麼想。所以為了讓讀者也能喜歡下一個作品，我會努力去畫。

溝口　好強的意志力……。

スカベリ　假如不把自己負面的想法轉化成畫漫畫的動力，我一定會被壓垮的。所以這次的新連載也和我的想法一樣，是《Jealousy》※2。

溝口　（笑）。最後，不是最近一、兩年內的預定，請問您有沒有什麼這一生中，特別想完成的事呢？方便的話請告訴我。

スカベリ　我想認識許多人。不一定要實際上認識，我認為畫漫畫也會認識許多人。不論是一般而言的好人或是壞人，我想認識更多不同的人，將這些人放入我的心中。

（二〇一六年七月三十日　於東京・澀谷）

※2　《四代目・大和辰之》的前傳。已於二〇一七年八月由新書館出版單行本。

「就如同《紅鞋子》一般，當腦中冒出畫面時，非把它畫出來不可。」

7 與漫畫家 石原理的對談

在商業BL黎明期的一九九二年，以〈38度線〉初次在商業BL亮相的石原理老師，在二〇一七年九月的如今，也依然在人氣雜誌《Cheri+》上連載《バーボンとハニートースト（波本酒與蜂蜜吐司）》，毫無疑問是代表了BL的歷史與現在的漫畫家之一。話是這麼說，但石原老師卻又是相當異色的存在。首先是作品的故事背景，出道作是以分隔南北韓的國界線「38度線」為背景的戰爭故事，在那之後的絕大多數作品也都維持硬派的風格。雖然依作品調性，有些作品也會偏向幽默或灑脫的風格。第二點，作品中幾乎沒有以「男性間（B／Boy's）的戀愛（L／Love）」為主軸的故事。但是不可思議的，卻讓人強烈地覺得他是在BL業界一路走來的老牌作者。並非像是「非BL的其他類別」，而是「在BL之中自成一格」的感覺。此外，大略上來說，一開始BL這個類別，是由少女漫畫（包含描繪美少年的「二四年組」的作品在內），以及將運動類型的少年漫畫等當作原作的二次創作，這兩大源流匯合而成。但是石原老師的作品，畫風雖然類似不在背景畫花、不把眼睛畫得很大、眼睛裡面沒有星星閃爍的少女漫畫，但是又有許多動作場面，而且也幾乎沒有內心獨白。就「文法」來看，相當不像少女漫畫。話是這麼說，但又與少年漫畫不同……那麼石原老師的源流來自何處呢？我想明白這件事，所以邀請她與我「對談」。

溝口 我是石原作品的大粉絲，但是在前作《BL進化論》（二〇一五）中，只有在分析九〇年代的BL固定形式時，引用《あふれそうなプール（滿溢之池）》（一九九七～二〇〇一）木津與入谷的圖來作為「攻」與「受」體格差距很小的例子；以及在談論BL類別中有各式各樣的世界觀時，舉了有紐約街童與黑道的《犬の王（犬之王）》（二〇〇七～）作為例子，只有在這兩個部分提到您的作品而已。還有就是，直到很後來，我才發現石原老師的風格，嚴格來說和以男性間的戀愛為主軸的BL很不同呢。

石原 是的。因為我對戀愛沒興趣，所以沒有畫過那樣的故事。就這層意義來說，明明沒有LOVE，卻被算在BL裡，真是對不起。

溝口 不不不，男性的搭檔或是競爭對手之間，那種稱為友情太親密但是又和戀愛不同的關係，也是只有BL裡才有的呢！話說回來，從一九九〇年代的中期到後期，在商業BL中「我才不是同性戀」、「以強暴作為愛情表現」或「用強暴來證明『受』的魅力」等劇情變成了固定形式。雖然如此，石原老師的作品卻和這類固定形式無關，一直貫徹自我風格，不跟著當時的流行走。我可以這麼解釋嗎？

石原　這樣啊。因為編輯們都很重視我的世界觀，告訴我「請畫妳想畫的東西」讓我自由地創作。所以雖然沒畫過以BL為主軸的故事，不過還是從容地（笑）讓我在BL類別畫畫。

挑戰校園故事與少女漫畫

溝口　不過，在我開始研究BL的一九九八年時，《滿溢之池》非常紅，紅到讓我覺得應該是當時BL業界最熱門的作品吧。

石原　的確，和之前的作品相比，《滿溢之池》的讀者相當多呢。

溝口　「我的身體深處有個池子，就算是現在。也彷彿要溢出似地湧動著波瀾——」超出整頁邊緣的主角身影與獨白，給人深刻的印象……因為我是從《滿溢之池》開始接觸您的作品，所以直到後來才知道，在您的作品當中這種表現手法其實很少見呢。

《滿溢之池①》（BiBLOS，1997）
©Satoru Ishihara

石原　是啊。沒有獨白，或者是偶爾想到才加入獨白，但是卻不按照規矩，沒有讓獨白集中在某個角色上，這才是我的常態（笑）。關於那個作品，是因為資深漫畫家的朋友說「直到出道第二年為止，編輯都會溫柔地保護作者，但是過了那個時間點還沒有突出表現的話，就很不妙哦」，讓我產生了挑戰校園故事的念頭（笑）。還有，因為別的朋友說「少女漫畫的話，構圖時要讓角色超出整頁的邊緣」，所以我也試著挑戰看看（笑）。

溝口　居然還有這樣的插曲。話是這麼說，不過與其他一九九〇年代的校園故事相比，整體的氛圍還是很硬派呢。您是怎麼想到這個故事的呢？

石原　焦躁、著急的感覺，應該就是「池水滿溢」的感覺吧，我是這麼想到的。其實我本來想把書名取為「空蕩的池子」或「乾涸的池子」……不對，是「無水之池」，不過後來發現已經有這個名字的電影了。我心想「那就在池子裡加水好了」，於是變成了「滿溢之池」這個書名。之後，這個詞就變成關鍵字，故事也一下子浮現在我腦中。

溝口　我現在很感謝拍出電影《水のないプール（無水之池）》（一九八二）的已故導演若松孝二。就某方面來說，「滿溢之池」這個著名的書名，是多虧他的電影才誕生的呢。

石原　是啊（笑）。再來，既然把書名取為「滿溢之池」，就必須向讀者解釋它的含意，所以才加入了那些獨白。

溝口　故事一下子浮現出來，是指浮現出故事大綱，還是在腦中浮現出畫面呢？

石原 是在腦中浮現出畫面，而且不只一個畫面，而是像看著攝影機拍出的影片那種感覺。所以我很不擅長分鏡（笑）。因為分鏡時，要思考該如何把腦中看到的畫面，比如說「轉身抬起手肘」這個場面，要如何定格、分割成兩格呢？我每次都很煩惱該怎麼做比較好。

溝口 可以在腦中「看到」拍好的影片、「聽到」對白，再將這些以圖像與文字重現在漫畫這種平面媒體上。這就是所謂的天才吧。三浦紫苑老師和您對談時也這麼說過（連載於《小說WINGS》的〈愛がうまれてくるところ〉。二〇一二年夏季號）。正因為有這樣的天分，才能從一九九二年到二〇一七年，都一直在第一線活躍呢。

嚴重的低潮，之後……

石原 不，並沒有一直哦。我曾經陷入非常嚴重的低潮期。坐在桌子前，什麼想法都沒有，連我自己都很驚訝，心想「原來人的腦子能空蕩成這樣啊」。那時整個人變成無的狀態，什麼都沒有到讓人懷疑「這就是悟道嗎？」的程度。現在想想，與其說是低潮，不如說是一種憂鬱狀態吧。

溝口 咦？那是大概哪一年的事呢？

石原 最嚴重的時期是二〇〇〇年起的三年左右。之後我休筆了大約兩年，總算勉強恢復過來……在《滿溢之池》出版後，有許多出版社都來向我邀稿。我當時還只是剛起步的新人，無法拒絕邀稿，而且我也很高興有人向我邀稿，所以接下了所有的邀約。雖然和《紅鞋子》※1的童話不同，但是當故事從天而降後，在我以漫畫的形式把它們表現出來前我都停不下來。當時的我一直不停地重複這件事。開始朝下坡跑時，不是會因為慣性作用而停不下來嗎？就像與自己的意志無關，腳自己會不斷奔跑那樣的感覺。而且因為沒有踩煞車，只會不斷加速。所以最後才會燃燒殆盡吧。

溝口　當時的工作量有多大呢？我記得您全部都是單獨作畫對吧？

石原　是的，基本上全部都是自己一個人畫的。當時每個月交兩份三十二頁的稿子，算是常態。

溝口　一個人每個月畫六十四頁原稿，非常厲害呢。另外我問一個不知是否適當的問題，您的憂鬱狀態是漸進式的嗎？還是突然陷入的呢？

石原　列車因為跑的速度太快而脫軌，或是停不下來而撞上東西，應該類似那種感覺吧。那時候，我預定在BiBLOS（當時）的雜誌上刊載名為《できそこない》的科幻作品（《MAGAZINE ZERO》Vol.27・二〇〇〇年冬季號），故事內容是講失敗作的仿生機器人參與主角的研究，但主角開發的病毒，最後延長了失敗作機器人的生命。我在畫完了刊頭用的幾張彩稿後，其他部分的頁數就連草稿都畫不出來，而且還在截稿日的三天前發了高燒。但是那期的雜誌是我的特輯，那份稿子是要放在刊頭的，因此我認為絕對不能拖稿。真的很痛苦時就捲著毯子休息一下，然後再爬起來畫稿，像這

※1　安徒生童話。被紅鞋子吸引的少女，因為鞋子奇妙的力量而不停地跳舞，最後砍下雙腿的故事。

樣不斷重複。由於編輯答應讓我減少頁數，最後我總算在三天後交出稿子。雖然那份稿子不到不能看的程度，但是本來想做的事全都沒有做到，比如明明是科幻作品，頭罩上卻沒有貼網點之類。接著，憂鬱狀態就突然冒出來了。從隔天起，我變得連電話都沒辦法接……雖然大家還是稱讚《できそこない》這部作品很好看就是了。

溝口 沒辦法接電話，所以擔心您的編輯就去您家裡之類的嗎？

石原 不，這才是憂鬱症的可怕之處。雖然沒辦法接電話，但是又會想說可能是工作的電話，所以還是勉強自己接了。就像這樣慢慢把自己逼到走投無路。

溝口 那麼，責編們並不知道您狀況很差的事嗎？

石原 因為連我自己都搞不清楚自己的情況，自然無法好好說明。我只說了「分鏡畫得不太順利」而已，還是繼續工作，所以我想，編輯們大概也只是隱約察覺到哪裡不太對勁吧。不過大家都沒有生氣，默默地等我恢復，真的讓我覺得非常感謝。

溝口 沒想到您曾經發生過這麼嚴重的事。能恢復真是太好了。

「你們是命中註定的兩人，所以老是會撞在一起」

溝口 現在連載中的《波本酒與蜂蜜吐司》是從二〇一一年開始連載，在二〇一四年出版第一集。

雖然我平常是單行本派，不過這次特地買了兩本刊載您作品的《Cheri+》。「封面有種年輕取向的感覺呢，而且現在還能從季刊變成雙月刊也很厲害。是說石原老師的作品也很年輕，感覺和這雜誌很合呢」我當初這麼想。

石原　啊，是這樣嗎？太好了（笑）。

溝口　這個故事是怎麼來的呢？

石原　我之前很想畫偵探的故事。原黑道的偵探故事。說到偵探類的故事已經有很多種作品了。有淡漠地解決事件的作品，也有華麗灑脫的作品，還有以動作戲為主的作品等等。在這麼多風格中，我已經搞不清楚哪種是自己做得到的，腦中一片混亂。就連現在也是（笑）。

溝口　設定上兩名主角曾經是情侶關係呢。

石原　是的。設定成「兩人曾經在戀愛意義上互相喜歡」的話，就算現在進行式只畫他們的搭檔關係，讀者在閱讀時的感受應該也會不一樣吧。雖然這算是小小的偷吃步。

溝口　確實會因此覺得「萌」呢（笑）。另外，兄弟愛和師徒愛的要素也很萌。還有，雖然故事中現在的時間點沒有床戲，但是在洗三溫暖時打電話，或是只圍著一條毛巾逃走，毛巾還要掉不掉的，有很多膚色的服務鏡頭讓人印象深刻呢。

石原　膚色的服務鏡頭（笑）。其實我只是想畫沒穿衣服的動作場面而已哦。

溝口　雖然兩人接的是不同委託人的案子，但總是會在案件現場碰頭、撞事件，這樣的劇情也很有趣呢。

石原　你們已經是命中註定的兩人，所以老是會撞在一起（笑）。現在終於進展到同居階段了。

溝口　對呀。某一方住的公寓因為火災，整間屋子被水弄濕，只好住到另一個人家裡。雖然不到固定形式的程度，不過有段時期的ＢＬ，幾乎每個禮拜都可以看到因為這樣而同居的劇情呢（笑）。

石原　用火把人烤出住處，原來有這麼簡單的方法啊（笑）。我都沒有想到。

在賽車車隊工作的時代

溝口　有關石原老師「原本是在電機製造公司上班，後來加入了賽車車隊，最後才成為漫畫家」的經歷眾所周知。這樣的經歷很稀奇呢，您原本是重機的賽車手嗎？

《波本酒與蜂蜜吐司①》（新書館，2014）©石原理／新書館

石原　不，我並沒有出場比賽。當時的我對重機非常有興趣，才剛拿到駕照開始騎而已。還會邊看說明書邊自己整頓車子，並且想知道更多關於重機的事。就在那時，我弟弟送了某位知名騎士的寫真集給我，書上寫到那位騎士成立了車隊。我就心想，如果能加入車隊，不就能更懂重機了嗎（笑）。於是我打電話過去問「你們缺不缺工讀生？」接電話的人說「現在不缺人，但是三個月後會有國際賽事，車隊會變得很忙，如果妳願意留下連絡方式，到時候我們也許會再聯絡妳」。之後過了三個月，對方真的打電話過來，因為要舉辦女騎士的賽車比賽，所以找我幫忙做企劃和選秀的工作。

溝口　不是上場比賽，而是在後方工作呢。

石原　是的。不過我也有和通過選秀的女騎士們一起參加騎車練習就是了……說個題外話，那位成立車隊的知名騎士，練習時雖然會給其他的女生建議，但是從來不給我建議。大約兩年後，我要離開車隊前問他「為什麼都不給我建議呢？」結果對方說「因為妳的騎法和我很像，所以我想，不能讓妳出場比賽」。

溝口　欸欸——好厲害！

石原　雖然現在已經一笑置之了，不過假如當年練車時對方這麼說，我一定會離開車隊，去其他地方參加比賽。所以現在想想，還好對方沒有說。

溝口　為什麼兩年就離開車隊了呢？

石原　雖然車隊的工作很有趣，不過當時我也開始畫同人誌，覺得畫同人和在車隊工作一樣有趣。所以白天去車隊工作，晚上回家後畫漫畫，然後在睡眠不足的情況下去車隊工作，一直重複這種情況，最後終於不得不只選一邊。後來我決定選擇漫畫，就向車隊說明情況，並說「我想走漫畫之路，請讓我辭職」。

少女漫畫中沒有自己的容身之處——用同人誌畫喜歡的東西

溝口　您在當時還沒有決定要當漫畫家正式畫商業作品吧？

石原　是的，只有出同人誌而已。

溝口　是原創的同人誌嗎？

石原　是的，而且是影印本。以影印機複印、對折、加上封面釘起來。後來買本子的人愈來愈多，還有過製作四〇〇本影印本的經驗（笑）。

溝口　沒有畫過二創同人誌嗎？

石原　我只有被朋友拉去畫過《AKIRA（阿基拉）》（大友克洋／一九八四~九三）的同人，不過我畫的是類似原作中的小插曲那樣的故事，完全不是一般所謂的二創主流——金田和鐵雄這樣那樣的作品（笑）……啊，不對，我還有畫過一次《サムライトルーパー（鎧傳）》※2的同人誌。

溝口　哦哦，鎧傳！

石原　某天，畫《鎧傳》同人誌的幾個人拉我一起畫同人誌。他們把我抓去關起來，一直逼我看《鎧傳》的錄影帶（笑）。我看到一半時說「啊，我想到故事了」，對方（以高亢又可愛的聲音）說「那麼石原，我們就來出印刷本吧～」，我畫了稿子給對方後，對方幫忙把稿子印成同人誌。那時是我第一次印一〇〇〇本的同人誌，最後全都完售了。後來朋友的姊姊還跟我說「咦？那是《鎧傳》的夢幻本哦。原來是妳畫的？」（笑）。

溝口　太厲害了，夢幻本（笑）！從這些經歷聽來，您是很果斷的人呢。辭去電機製造公司的工作，加入車隊打工，然後又在不知能不能成為漫畫家的情況下辭去車隊的工作。

石原　就是這樣（笑）……其實我在開始畫同人誌之前，曾經把稿子拿到《プチフラワー（Petit Flower）》編輯部兩次。第二次的作品在比賽中拿到佳作，那次比賽的評審剛好輪到萩尾望都老師，能得到她的認同讓我很開心。但是聽編輯的說法，我覺得那裡不是我的容身之處，所以就不再把稿子拿去編輯部了。在我覺得無處可去時，冒出了「假如我把自己喜歡的東西努力畫成同人誌，應該會被誰注意到吧」這種奇怪的信心。

※2　《鎧伝サムライトルーパー（鎧傳）》是一九八八～八九年在名古屋電視台、朝日電視台播放，由日昇動畫製作的電視動畫。內容是美少年們穿著鎧甲戰鬥的科幻青春群像劇，吸引了相當多的女性粉絲。

溝口　您投稿到編輯部是在加入車隊之前嗎？

石原　是的。該說迂迴曲折嗎？總之我繞了一圈後，以同人誌的方式開始畫漫畫。

編輯很少干涉創作

溝口　您以專業漫畫家的身分初次刊登的作品，是一九九二年在《b-boy》三號上刊載的《38度線》。當時真的是ＢＬ的黎明期呢。

石原　是啊，當時出版社的名字是青磁BiBLOS，原本只出版合同誌，我的作品就是刊載在合同誌上。在那之後沒多久，牧小姐問說「我們要辦新雜誌，有沒有興趣在我們這裡畫呢？」並提出了「總共連載六話，每話三十二頁，故事單話完結」這種相當困難的要求。我問說「可以畫科幻類的故事嗎？」牧小姐回答「只要是石原妳喜歡的就行」，所以我就答應畫了。那應該是我第一次的雜誌連載。

溝口　您說的牧小姐，是現在Libre的社長太田歲子小姐吧？她是商業ＢＬ類別的開拓元老之一呢。順便一問，您目前在Libre的責編是誰呢？

石原　是牧（太田）小姐。

溝口　咦？社長本人嗎？

石原 是的。因為我無論如何都希望由她當我的責編。不過我想，除了我之外，她應該也同時是其他好幾個作者的責編吧。

溝口 原來如此。話說回來，我看了這麼久的BL，有時候會出現「這本暢銷作，和這位作者過去的風格差很多，一定是和編輯一起合作完成的吧」這樣的想法，不過石原老師的作品沒有給人那種感覺呢。

石原 是啊。因為編輯很少干涉我的稿子。

溝口 對編輯來說，作者分成介入作品、加以培育比較好的類型，以及讓他自由發揮比較好的類型，他們會敏銳地看出作者的類型呢。

石原 也許吧。在我的感覺裡，我遇到的都是好編輯。

正因為是自己原本就有的東西，所以才能得到靈感

溝口 得知您曾陷入嚴重的低潮，讓我很震撼，但同時又對完全沒發現這件事的自己感到傻眼。儘管我是從一九九八年後半開始看商業BL作品的，而且因為是單行本派，所以不清楚雜誌連載的狀況。但假如是從您出道起就一直即時追您作品的讀者，一定是一邊擔心一邊默默地等待您吧。有沒有從您出道開始就一直「支撐」您的讀者呢？

石原 有的。有很多長年支持我的讀者，我非常感謝他們。連我自己都忘了的早期作品也都有看，角色的名字也記得比我清楚。他們是很珍貴的寶物。

溝口 您的早期作品《カリスマ》（一九九四），是以紐約為背景，充滿黑道與街童的冷硬派世界觀。我當時心想「居然有這樣的ＢＬ！就像看電影一樣！」（當然當時用來表示類別的詞不是「ＢＬ」，而是稱為「ＹＡＯＩ」或「Boy's Love」）。您剛才說「故事從天而降」，可以請問一下，是不是受到什麼刺激或影響，或是從其他類別的作品得到了靈感呢？

石原 我的靈感來源全是電影。不過，我想應該所有作者都是這樣的，在初次遇見能帶給自己靈感的事物時，是因為那是自己一直在尋求，但是至今一直沒有遇到的東西，所以才會被觸發靈感。也就是說，雖然我非常喜歡看電影，深受電影的影響，但是和電影產生共鳴的，是自己原本就有的東西。不是因為看了電影，所以想畫類似的作品，而是電影這種創作物本身觸發了我的靈感，類似這種感覺。

因接觸了虐童問題而出現的《カリスマ》

溝口 原來如此，那麼具體來說，什麼時候會出現故事靈光一現的情形呢？

石原 比如打開字典時、看紀實小說時，或者是看科學資訊時，靈光一現通常是在這種時候。會在這種日常生活的瞬間冒出作品的具體樣貌。

溝口　說到這個，我想問個問題。《カリスマ》中有一對很特殊的兄弟。哥哥墨菲智能不足，又蒼白瘦小；弟弟亞查則非常聰明，而且運動能力又好。他們在續集《犬之王》中也有登場，所以我認為對石原老師來說，他們應該是很重要的兄弟角色。雖然這種問法很奇怪，不過這對兄弟是從哪裡來的呢？

石原　這部分是因為我接觸了虐待兒童的問題。雖然當時的日本還不太探討這個，不過「被虐待的孩子長大後，會自己成為施虐者」之類的事態，在美國已經被視為問題了。雖然現在已經有「依附障礙」這樣的專有名詞，可是在當年還沒有這樣的概念。我想，我應該是看了該如何教養受虐孩子的書，而受到啟發的吧。那時候我對美國的社會情勢和犯罪問題相當感興趣，看了很多紀實資料，其中有提到虐待問題的書。雖然我本身並沒有被父母虐待過，但我應該是把自己孩提時代在家中感受到的情緒，以及自己對社會的憤怒等感情混合起來，才畫出了《カリスマ》……接著我想，假如沒有想保護的事物，就無法堅持努力下去，所以創造出了墨菲這個智能不足的哥哥角色。雖然智能不足，但

墨菲（左，哥哥）和亞查（右，弟弟）／《カリスマ①》（宙出版，2007）
©Satoru Ishihara

是很純粹，所以會想保護他、不希望他被弄髒。我想，這對於亞查來說應該是必要的心靈支柱吧。

溝口 聽說一開始是發表在同人誌上呢。

石原 是的。我和兩個朋友一起出了「PC18」的同人誌——這是Parental Control※3的意思。在畫這本書時，我一面心想，這對兄弟的故事很危險呢，一面把故事畫出來。也就是說雖然是「18禁」的故事，但不是性方面，而是倫理道德方面很危險的意思。

溝口 您還記得自己對美國的社會情勢感興趣的原因嗎？

石原 一開始也是因為電影。我在看過《午夜牛郎》（約翰・史勒辛格執導／一九六九）和《越戰獵鹿人》（麥可・西米諾執導／一九七八）等電影後，受到很大的文化衝擊，所以開始找起各種資料。

溝口 原來如此。話說回來，柯奇之所以設定成日裔美國人，是考慮到讀者的想法嗎？

石原 不，是為了我自己（笑）。因為我自己是日本人，假如角色全都是外國人，就不容易把感情代入角色之中，所以我想設定一個日本人名字的角色。但是純日本人的話，出現在故事裡會太突兀，感覺很不合理，所以就設定成日裔第二代了。

少年犯罪課的刑警・柯奇／《カリスマ①》（宙出版，2007）©Satoru Ishihara

畫出令讀者感到幸福的作品

溝口 我並非想造成您的壓力，但是《犬之王》漫畫的第一集是二〇〇七年出版，第二集是二〇〇九年出版，之後就沒有出續集了，請問您有繼續畫下去的預定嗎……？

石原 這部作品也是我還沒走出低潮時開始連載的，所以其實從一開始就畫得很不順利。其他等我畫完的作品也一樣，有各式各樣的問題，讓我很煩惱該怎麼辦。不過，之前也有讀者在推特問過我《犬之王》的問題。我回答他，我一定會畫完《犬之王》，可以的話會在商業雜誌上刊載，假如不行，我也會以同人誌的形式畫完它，請耐心等待。這一方面也是說給我自己聽。

溝口 我也會耐心等待的。對了，您剛才說「其他等我畫完的作品」，所以其他作品也有畫完的預定囉？比如《ひまわり（向日葵）》（二〇〇九～）、《逆視眼》（二〇〇九～）、《怜々蒐集譚》（二〇〇八～）[※4]。

※3 限制兒童從網路或DVD、電玩中接觸可能在教育上會有不良影響的內容。可由家長或監護人主動設定這種限制，或是指具有這種功能的機制。

※4 收錄於《怜々蒐集譚》中的〈其は怜々の雪に舞い〉，於二〇一九年由Zu々（ずぅ）プロデュース改編為舞臺劇。

石原 是的。我一直有趁著連載《波本酒與蜂蜜吐司》的空檔，在網路版《クロフネZERO》發表《怜々蒐集譚》的後續，其他作品也斷斷續續地持續畫著。《向日葵》的話，因為開始正式畫起小孩子後覺得很有趣，所以我想增加許多單親爸爸與育兒男的戲份。雖然不知道這些作品會不會以單行本的形式問世，而且拖拖拉拉地畫太久，也會造成讀者的困擾。不過，要是又衝過頭說不定會發生和之前一樣的症狀，所以我決定還是不要把自己逼得太緊。

溝口 是啊，身為讀者，不論發表的速度多慢，能看到作品才是最好的，所以請千萬不要勉強自己。話說回來，既然您本身就是「紅鞋子」體質，應該很難過著每天工作一定的時數、週末就休息這種有規律的生活吧。

石原 沒辦法（笑）。雖然有迷你睡眠或微睡眠之類，利用短時間的睡眠恢復疲勞的方法，但是在截稿日前，我都是每次休息十五分鐘，一直不停地作畫。不過最近四年，在開始新連載前我都會讓自己有六個月左右的準備時間。說到這個，雖然事到如今才說這種話很奇怪，不過最近我開始有一種想為讀者畫圖的想法。一直以來，我都認為只要喜歡我的世界觀的人願意看我的作品就好，或者

《怜々蒐集譚》（Libre，2008）

該說「因為我只會畫這個，所以只要願意看我的作品的人說『這很好看』，我就很幸福了」。當然，我現在也依然這麼想，而且也沒有迎合讀者需求的意思。但是我開始出現屬於自己的動機，也就是希望能畫出令讀者感到幸福的作品。

希望自己能創作一輩子

溝口　前幾天重新開始連載《波族傳奇》（一九七四～）的萩尾望都老師，在《週刊文春》的訪談（二〇一六年六月二十三日號）中提到，艾多加與亞朗是跟自己最接近的角色，所以不需多加思考就能畫出他們，類似這樣的一段話。「哦哦哦！果然是這樣！」我看到那裡覺得非常開心，所以也想請問一下石原老師，像這樣最接近自己的角色是誰呢？

石原　最熟悉的角色是《カリスマ》和《犬之王》的亞查，不過畫起來最輕鬆的是《カプセル・ヨードチンキ（我的膠囊情人）》（一九九五～九八）裡的所有角色。

《我的膠囊情人》（Libre，2011）

溝口　摩茲、明、英司、烏鴉的四人組，以及克郎與椎名嗎？每個角色一出場就很鮮明，無論就團體或單獨來說，都很討喜。是說，雖然是以網路為題材的科幻作品，不過前陣子重看時，完全沒有老作品的感覺，真的很厲害呢。

石原　我想是因為我故意不用當年的最新技術。所以可以當成「復古未來」的作品來看（笑）。

溝口　就結果來說，變成了「賞味期限」很長的近未來科幻作品呢，我覺得很了不起……訪談的最後，我想請問您有沒有什麼生涯中非完成不可的事呢？不是指今後一、兩年內想做的事。

石原　唔……我喜歡創作，喜歡製作有形的物體。而就像玩重機一樣，如果不去嘗試看看自己有興趣的事物，就沒辦法停手，我就是這種個性。所以，雖然無法具體地說想做什麼，但是我希望自己能創作一輩子。目前創作漫畫是我的工作。假如能一直畫下去當然很好，但如果未來無法繼續畫下去時，我也想以其他的形式繼續創作。因為只要腦中冒出了畫面，我就非得把它輸出才行。

（二〇一六年六月二十六日　於東京）

「就算無法成為漫畫的主角，在那些人的生活中一定也會有閃閃發亮的瞬間。我想鄭重地把那些人幸福的瞬間或重要的想法處理好。」

8 與漫畫家 羽生山へび子的對談

二〇一〇年，以《僕の先輩（我的學長）》初次亮相的羽生山へび子老師。故事是從個頭嬌小、長得很可愛的學弟，向長相凶惡的不良少年學長告白的場面開始。充滿昭和感的神社、便當店、公寓、公園、住宅區、工廠、河岸……以獨特的疾馳感穿梭在這些場景之中，最後又有「令人怦然心動」的感覺，這種獨特的感覺相當新鮮有趣。之後也發表了以飛機頭不良少年（「攻」）與酒吧的「美人」老闆（三十歲左右，「受」）為主角的《夜明けのブルース（黎明時的藍調）》（二〇一二）等等。在所有男性角色都理所當然地與男性談戀愛的BL世界中，可以說是BL界的「不良少年分部」，讓人相當愉快。當我這麼想時，接下來的《晴れときどき、わかば荘　あらあら》（二〇一三）與續篇《晴れときどき、わかば荘　まあまあ》（二〇一五）又有了令人吃驚的全新展開。「わかば荘

（若葉莊）」是公寓的名字，由穿和服的中年女裝「媽媽」經營，而若葉莊的房客們會在公寓附近、同樣是由媽媽經營的小料理店「わかば（若葉）」吃飯。第一集《あらあら》描述的是高中生、車行員工、地方賽馬選手等年輕房客各自的戀愛故事。第二集《まあまあ》的前半段，描述的也是年近三十的高中老師鮎川要（「受」）與身上有刺青的隔壁房客澤村亮（「攻」）之間熾熱的戀愛與性愛的故事，但是後半段風格一變，回溯到三十年前，詳細描述「媽媽」春野若葉還是年輕上班族時的故事。「若葉」的主廚阿健當年是受虐兒，遇到媽媽後把他當成「大姊姊」仰慕。後來兩人雖然因故分離，但十年後又再次重逢成為忘年情侶，之後便一起經營若葉莊與小料理店若葉直到現在。故事當前時間點的若葉媽媽，雖然總是穿著女性和服，但是頭髮很短也不化妝，算是半調子的女裝。但是透過回憶篇，可以知道他曾經「全副女裝」地在小酒吧打工。而如今，由於若葉已經和曾經把自己當作「男的大姊姊」的阿健在一起了，所以可以理解「這種半調子的女裝對若葉來說是最自然的狀態吧」。不是描繪一般印象中的「男大姊」角色，而是更加立體地敘述跨性別者的半生，這樣劃時代的作品，也可以說是新種的「進化型」作品。此外，年幼的阿健是因為得到若葉的幫助，才有了活下去的希望；而正因為長大的阿健希望與「男的大姊姊」若葉成為戀人／伴侶，若葉才能找到最舒適的生存方式。這部作品中也有著這種「終極情侶神話」。能創造出這種故事的羽生山老師，究竟是什麼樣的人物呢？我非常想與她聊聊，所以請她在這本「對談篇」中登場。

溝口　羽生山老師的畫風給人一種懷念的感覺，但您初次出版商業作品是二〇一〇年，是相當近期的事。難道您曾經長期參加同人活動嗎？

羽生山　不，我沒有參加過同人活動。雖然高中時曾在朋友出的同人誌中插花過小說就是了。

溝口　既然如此，您是從什麼時候開始畫漫畫的呢？

羽生山　畫圖是從小就開始畫了，但是要到二〇〇〇年後，才開始發表作品。當時我買了電腦，開始架網站發表某個類別的二創作品。起初只有發表小說，後來把圖也上傳到網站上後，大家對圖的反應比小說更好。

溝口　哦哦，所以就開始在網站上連載劇情漫畫了嗎？

羽生山　不，完全沒有。只是把單張的圖排列在一起，讓它看起來像是有劇情而已。

以一週的時間構思並完稿——首部商業作品《我的學長》

溝口　那麼您是從什麼時候開始畫漫畫的呢？

羽生山　二〇〇七年，大洋圖書向我邀稿，然後我就急急忙忙地買了ComicStudio（漫畫原稿製作軟體）（笑）。

溝口　咦咦！所以畫的第一篇劇情漫畫就是首部商業作品《我的學長》嗎？

羽生山　是的。

溝口　不過您應該看過很多商業與二創的ＢＬ漫畫吧？

羽生山　不，完全沒有……因為身邊的人都沒有看漫畫的習慣。

溝口　這樣的話，畫起劇情漫畫應該會很辛苦吧……。

羽生山　是的，非常辛苦（笑）。因為什麼都不懂啊。我是用電腦來打大綱，雖然會在這個階段連對白一起寫好，可是光是大綱就重寫了十遍以上。之後在打分鏡草稿時，全部重畫了兩次，至於小分格的重畫次數，則是多到數不清。

溝口　首部商業作品的製作完全等於漫畫修行呢。

羽生山　「什麼是重點格？」之類，真的是讓編輯從頭開始一個一個教起呢……我想起來了，第二次分鏡作廢時，離截稿日只剩一個禮拜了，但是我不想放棄，所以隔天從頭畫了一篇完全不同的漫畫，那就是《我的學長》的第一話。

溝口　第一話……那就有十六頁呢！太厲害了！除了「重點格」之外，您還記得編輯教

《我的學長》第一回扉頁（大洋圖書，2010）
©羽生山へび子／大洋圖書

過您什麼嗎？

羽生山 不能只畫臉部特寫，還有像是不能只畫側臉，要讓視線稍微斜斜地偏向讀者，或是要有動感等等。還有心動的瞬間……因為某種原因而怦然心動的瞬間，不能在故事中太快出現，這個我也記得。雖然可能會因故事而異，不過《我的學長》裡，三郎在開頭就心動了，還是太早了點呢。

由《SCREEN》覺醒

溝口 話說回來，您還記得自己一開始對ＢＬ覺醒的時間點嗎？

羽生山 小學的時候，我父母有在買名為《SCREEN》的電影雜誌，在那本雜誌的內頁下方，有一塊真的非常小的版面在介紹男同志電影。上面刊登了兩個男人很有情色感的劇照。在那之後，我每期都會找那類的照片（笑）。

溝口 您還記得那是《墨利斯的情人》（詹姆士・艾佛利執導／一九八七）之前或之後的電影嗎？

羽生山 比《墨利斯的情人》稍微早一點。《SCREEN》介紹的那部電影，後來也在半夜的電視上播了。我心想「啊，就是這部」並看了起來，是讓・雨果・安格拉德主演的《受傷的男人》（巴提斯・謝侯執導／一九八三）。安格拉德演的角色是男同志，不過他一開始只是普通的青年，後來漸漸迷上了另一個男人……是這樣的故事。影片裡還有兩個男人口交的場面。不過《SCREEN》上刊登的不是那個場面，是兩個男人的裸體，而且圖片非常小就是了。沒記錯的話，《受傷的男人》的副標題似乎是「薔薇之戀」。

溝口　說到一九八〇年代，就廣義的BL史來說，少女漫畫界由於「二四年組」的「美少年漫畫（少年愛）」潮流，發表了相當多的男男作品，而且那個時代耽美專門雜誌《JUNE》也非常紅，您有看過這些作品或雜誌嗎？

羽生山　沒有。雖然大概知道有那樣的書，但是沒有特地找來看過。

溝口　那麼，您是因電影而覺醒，在高中時稍微寫過二創小說，二〇〇〇年後開始在網路上發表二創作品，對吧？您有受過哪些漫畫家的影響嗎？

羽生山　我以前很少看漫畫，不過曾經臨摹過《ドカベン（大飯桶）》（一九七二～八一）的作者水島新司老師的圖。還有，《我的學長》的原點是網路連載，而我之所以開始在網路連載，是因為五十嵐大介老師的關係。他的圖畫得非常好，但是卻能不用尺規作畫，非常自由。「原來漫畫不需要非這樣畫不可嗎？」這顛覆了我原本的觀念。所以我心想「假如我好好練習的話，說不定也能變成那樣吧」「我也想畫」「說不定能畫出來」，我是懷著這種憧憬開始畫漫畫的。

溝口　您剛才說，您以前一直有在寫小說對吧。您曾經讓誰看過自己的小說嗎？

羽生山　完全沒有。我都是默默地寫，沒讓任何人看，寫寫停停的，只是為了自我滿足，就像是自我安慰一般（笑）。唯一寫到完結的那次，我把作品拿去投稿某個文學獎，但是連落選通知都沒收到（笑）。

異色的女裝角色誕生之前

溝口　從首部商業作品《我的學長》以來，說到羽生山老師就會讓人聯想到不良少年。不過這次，我無論如何都想與您對談的是「若葉媽媽」這個角色。在《晴れときどき、わかば荘　あらあら》和續集《晴れときどき、わかば荘　まあまあ》中出現的「春野若葉」。「女裝的中年阿伯」若葉媽媽，同時是小料理店「若葉」與公寓「若葉莊」的老闆。在第一集《あらあら》中，若葉媽媽是在一旁看顧著公寓的年輕房客們談戀愛的角色，但是《まあまあ》的後半段，描述的則是若葉媽媽自己的前半生。

羽生山　是的。

溝口　後半段畫的是若葉媽媽與故事當前一起生活的「阿健」，在他五歲左右時相遇的事，雖然後來被迫分開，但十年後阿健到處尋找若葉媽媽，最後兩人終於重逢。阿健現

左邊是「若葉」媽媽／《晴れときどき、わかば荘　まあまあ》巻首彩頁（大洋圖書，2015）
©羽生山へび子／大洋圖書

在三十六歲，而若葉媽媽可能比阿健大上兩輪。若葉媽媽一直很苦惱自己不該綁住還年輕的阿健，但是阿健卻要他更依賴自己一點，做出自己會陪他走一輩子的宣言。這段讓我很感動，同時又想「這是『男大姊』或『人妖』角色第一次成為主角的ＢＬ作品！不對，就算在非ＢＬ類別中，這故事也很罕見不是嗎？」。

羽生山　謝謝稱讚。其實我在開始畫第一集《あらあら》之前，就已經把到《まあまあ》結尾的大綱全想好了。而且說起來，在寫《若葉莊》的劇情之前，我就已經擬過從若葉媽媽的回憶開始，到阿健來接他為止的故事大綱了。

溝口　後半段是從故事當前時間點的若葉媽媽倒下來開始，翻到下一頁時還以為若葉媽媽被送到醫院了，沒想到出現了年輕時穿西裝打領帶的若葉媽媽，受傷的手掌上包著可愛的領巾，在醫院的候診室等待叫號。從這裡開始就進入回想了呢。聽到您說這是最早創作的部分，我就能理解為什麼這一頁這麼有衝擊性了。不過，為什麼這部分的大綱會最先擬出來呢？

羽生山　其實這是某青年雜誌向我邀稿時，我提出的數個大綱中的其中一個。

溝口　原來如此，所以就ＢＬ作品來說，是很特別的故

上班族時代的若葉／《晴れときどき、わかば荘まあまあ》（大洋圖書，2015）
©羽生山へび子／大洋圖書

事呢。

羽生山　不過那個青年雜誌的編輯卻說「這是ＢＬ」就打了回票。雖然我說「我不是把它當ＢＬ在畫」，但對方卻回說「如果這個角色改成女孩子就可以」。

溝口　咦——把若葉媽媽改成女性的話，故事就完全不一樣了吧。而且那就不是若葉媽媽了啊（笑）。

羽生山　是啊（笑）。老實說我有點不爽呢（笑）。

溝口　不過，就結果來說，多虧了那位編輯以「這是ＢＬ」把這故事打了回票，商業ＢＬ界才能出現這樣前所未有的ＢＬ作品。說不定該感謝對方呢。

羽生山　我也覺得就結果來說，能在ＢＬ雜誌上畫這故事真是太好了。但是就連載來說，只有若葉媽媽的回憶會有點不足，所以我想，乾脆讓各式各樣的人物住進若葉媽媽經營的老舊公寓裡，應該會很熱鬧吧。若葉莊就是基於這種想法誕生的。

每天在意各種事情，因此心情低落

溝口　原來如此。不過年輕角色們也都很有個性呢，您是在連載開始前就把他們的個性全部決定好了嗎？

羽生山　其實《あらあら》的「103號室　長崎惠一」的設定一直無法確定下來。本來想設定成兩個上班族，但是覺得這樣沒什麼衝擊性。也想過大學生和鋼琴教師的組合，但是由我來畫，又覺得應該會變成搞笑劇吧？直到最後關頭，才終於決定是更認真一點的設定。從小就認識的兩人，原本是同學但是分開了很久，可能有意識或沒意識到彼此互相喜歡，類似這樣。但是像這種故事，應該早就有人畫過了吧？我又開始很在意這點，所以花了很多時間。

溝口　您是很容易在意各種事情的類型嗎？

羽生山　是非常非常容易在意。我每天都在意著各種事情而心情低落，我都懷疑自己是不是有什麼毛病（笑）。

溝口　總覺得我在做「對談篇」的訪談時，每次都在推薦大家上健身房，不過運動真的對身體很好哦

惠一（右）與阿清（左）／《晴れときどき、わかば荘　あらあら》（大洋圖書，2013）©羽生山へび子／大洋圖書

（笑）。運動時腦部會自動分泌出名為腦內啡的化學物質，所以能強制讓心情變好。之前對談過的小說家岩本薰老師，似乎有請私人教練做健身指導，她說教練們都很開朗，就算碰上現實的問題也能被療癒。我想「該不會運動員們都這樣吧……」，不過會這麼想，或許是因為我是文組的關係。

羽生山　啊，我好像可以想像，我也來查查看我家附近的健身房吧。

溝口　請務必試試（笑）！雖然我沒有請私人教練，不過我可以保證，運動一定能夠讓心情變好（笑）。把話題拉回長崎惠一身上，關於修車工作的部分，描寫得很具體呢。比如為了拴緊螺絲開了七小時的車之類。

羽生山　是的，這是我聽來的實際例子。鄉下地方真的是這樣哦。不過被男性顧客「性騷擾」的部分當然是虛構的。

溝口　七小時居然是真的，實在太辛苦了。另外，長崎和幼年玩伴的阿清以方言聊天的地方，感覺也很新鮮，讓我一邊覺得「方言好萌」一邊在看（笑）。阿清看到媽媽桑（若葉媽媽）穿女裝的樣子時，露出驚訝的表情。我本來以為是負面意義的驚訝，沒想到他卻說「因為老家那邊沒有把女裝穿得這麼漂亮的人啊」。不是當面對若葉媽媽說客套話，而是對童年玩伴發表這種誠實的感想，讓我心裡充滿了「阿清真是個好孩子！」的感受，非常感動……話說回來，若葉莊屋齡高達五十年，看起來是個很有韻味的公寓呢。

羽生山　因為我很萌建築物，會妄想什麼樣的人住在裡面的話會很萌。若葉莊也是從實際見過的老舊公寓想到的點子。

溝口 原來如此。不只人物，連房間的角落，還有學校的校舍或從窗戶看到的樹木等等，也都有一種生命感，正是因為您對這些部分如此認真呢。我想請問一下，您有請助手幫忙嗎？還是全部都自己畫呢？

羽生山 全部都是我自己畫的。

溝口 難怪。

「請你穿上裙子」的辛苦

溝口 話說回來，若葉媽媽和您過去畫過的角色差很多，他的靈感是從哪裡來的呢？

羽生山 唔——因為他是穿女裝的人，所以和我完全不一樣……我自己很不喜歡穿裙子。可是在一般人的想法裡女生就是該穿裙子，所以會被問「妳為什麼不穿裙了呢？」。尤其我家在鄉下，只要自己和別人有點不同，就會被說「妳想害父母丟臉嗎？」。必須活得不丟人現眼才行——居然為了這種理由而無法自由地做自己，雖然我這麼想，但也是沒辦法的事。我把自己的這種痛苦，投射在若葉媽媽身上。

溝口 若葉媽媽雖然非常具有女性特質，但不是想成為女性的跨性別者，就是出於這個原因吧？

羽生山　不是完美的女性，這種感覺的人也很不方便不是嗎？雖然這麼想沒什麼原因，不過我想畫出讓這樣的人最後得到幸福的故事。

溝口　這麼說來，雖然若葉媽媽是從第二集《まあまあ》的後半段開始成為主角，不過他從第一集《あらあら》的開頭起就很有存在感呢。現在得知這個系列是以若葉媽媽為起點開始創作的，就有種恍然大悟的感覺。《あらあら》開頭的第五頁，心中有祕密的十七歲高中生晃太說「我住進由女裝大叔管理的公寓，是兩年前的事」。在回憶畫面中，見到若葉媽媽的晃太在心裡發出驚叫，而若葉媽媽則是反應平淡地說「放心吧，不必害怕，很快就會習慣了」。這種臺詞很少見呢。

羽生山　因為我覺得他真的會這樣說。

溝口　的確。我也常在上性別論的課程時對學生說一樣的話哦。話是這麼說，我在上到性別認同障礙或跨性別者的部分時，因為大多數學生只知道春菜愛和佐藤佳代之類的藝人，所以看到一般的MtF跨性別女性※1的照片和影片時，都會覺得很驚訝。而且個性愈認真的學生，愈會煩惱「對此感到驚訝的自己，是不是在歧視他人呢」。所以我都會告訴他們不是那樣的，對於不熟悉的事物感到驚訝是當然的反應，沒有任何問題。假如因為「討厭會感到驚訝的自己，所以從此不看」像這

《晴れときどき、わかば荘　あらあら》（大洋圖書，2013）©羽生山へび子／大洋圖書

樣故意封閉自己，反而是最糟糕的情況。只要不讓自己變成那樣，一定很快就能習慣了，不用擔心。因此，包含緊接著在下一格出現的晃太的獨白「確實轉眼之間就習慣了」，我覺得表現得非常好。

羽生山 謝謝稱讚。

溝口 話說回來，阿健在十年後找到若葉媽媽時，阿健應該是十五、十六歲左右吧。

羽生山 是的。我是以這種想法畫的。

溝口 這樣一來，阿健和若葉媽媽打算一起經營小料理店和公寓而去看房子時，房仲說阿健是「兒子」，阿健訂正說「是男朋友」的那個時間點，阿健已經是廚師了。那時距離兩人重逢經過了多少年呢？

羽生山 因為若葉媽媽是很守規矩，或者該說是不會亂來的那種人，所以我覺得就算與十五、十六歲的阿健重逢，直到阿健二十歲為止，他都會把阿健當成弟弟，房間也是分開的。

溝口 所以阿健是在這段期間進行了廚師修行呢。

羽生山 話是這麼說，不過從某個時間點起，阿健體內的「雄性」應該會開始狂暴，沒辦法繼續壓抑下去吧。無法再忍耐只能偷看若葉媽媽洗澡的日子，然後就……我是這麼想的（笑）。

※1 指生理性別是男性，性別認同是女性的人（但是「女性化」的程度有個體差異）。

溝口　原來如此（笑）。我也想看這些橋段。您目前還沒有畫過阿健和若葉媽媽的床戲呢。

羽生山　我也想畫兩人在重逢後，二十年之間甜甜蜜蜜的生活，不過目前一切還說不定就是了。

溝口　我突然想到，既然阿健是小料理店的廚師，阿健和若葉媽媽甜甜蜜蜜的過去篇，應該可以加上吃飯漫畫的要素吧？

責編　這麼說來，我認為羽生山老師的作品中，一定要有吃飯的場景呢。

溝口　對啊！還有，雖然這只是我個人的感覺，但是一般BL漫畫在描寫兩人甜甜蜜蜜的日常生活時，都需要出現「炮灰」角色來動搖兩人之間的關係，不過我覺得那種劇情不太適合《若葉莊》的世界呢。

羽生山　我會考慮看看（笑）。

溝口　我會滿懷期待地等著（笑）！

不寫人們實際上不會說的對白

溝口　話說回來，在故事當前的時間點，阿健對病倒的若葉媽媽說的那些話，我覺得非常棒呢。若葉媽媽在小時候溫柔地對待自己，緊緊牽著自己的手，讓自己活了下來。阿健回想著這些事，接著對若葉媽媽說「你今天，現在，幸福嗎？／如果不是的話，這次能不能讓我牽著你的手呢？／我啊

或許比你以為的　還要稍微／強大一點哦」。連節奏也很棒呢。

羽生山　該說是節奏嗎，不如說我不寫人們實際上不會說的對白。假如是阿健一定會這麼說吧。我是以這種想法寫出來的。

溝口　的確。在這頁的兩頁前，儘管若葉媽媽對阿健說「我很幸福哦，真的」，但阿健不相信這些話，卻又不想直接對若葉媽媽說「別說謊」，因此改以「你今天，現在，幸福嗎？」這樣的提問，聚焦在當下這個瞬間。而且「我小時候曾讓你牽著手，所以這次可以讓我牽著你嗎？」這種希望若葉媽媽能聽從自己的說話方式，確實很像阿健呢。這樣的阿健是在五歲時遇到若葉媽媽，再加上從十五歲重逢算起，兩人已經一路走過二十年了，所以這些話才會那麼感人呢……說到BL作品才看得到的經典臺詞，例如在這種場面時，「スパダリ（super darling）」通常會說「只要我還活著，就會一直和你在一起」或「跟著我吧，我一定會讓你幸福的」。雖然這也是一種BL獨有的浪漫，不過和這種正統派表現幾乎無緣的《若葉荘》，如今也成為了非常優秀的商業BL作品，真感謝BL類別的成熟發展。

《晴れときどき、わかば荘　まあまあ》
（大洋圖書，2015）©羽生山へび子／大洋圖書

羽生山　其實，不只是阿健，《我的學長》裡的「阿初」，我也沒有讓他說過「我喜歡你」這種直接的臺詞。

溝口　啊，是呢。阿健在十年後來接若葉媽媽時說「我一直在想，等我長大之後，一定要換我讓你幸福」，看見若葉媽媽露出困惑的表情後，阿健說的是「難道你已經結婚了嗎!?」「有戀人嗎？」，並沒有說我喜歡你或我愛你之類的話。不只ＢＬ，大部分的愛情故事都經常出現「喜歡」或「我愛你」之類的臺詞，但是日本人其實很少那麼說呢。

羽生山　雖然在《若葉莊》的居民中，我讓鮎川老師說出了「我喜歡你」這句臺詞，但其實我自己覺得非常難為情，我還記得自己和責編討論過這件事。不過最後，因為這兩人都是成年人了，所以想說浪漫點應該也可以吧。

溝口　原來如此。兩人隔著公寓的牆壁，看不見彼此，背上有著俱利迦羅龍王（刺青）的亮說「……我迷上你了」，聽到這句話的鮎川老師衝出自己房間來到走廊，再進到亮的房間，說「我喜歡你」「我非常喜歡你」。由於兩人早就上過床了，所以才在這裡故意用愛情故事中會有的臺詞，也傳達

鮎川（左）與亮（右）／《晴れときどき、わかば荘　まあまあ》（大洋圖書，2015）
©羽生山へび子／大洋圖書

出既害羞又義無反顧的情感。

羽生山 雖然是經驗豐富的兩個成年人了，不過是第一次認真談戀愛，我想畫這樣的故事。

溝口 是的。就算沒有特別說明的對白，讀者也能感受到他們的經驗豐富。另外，亮的刺青畫得很棒呢。

羽生山 因為我是想畫刺青才設定出這個角色的。在畫的時候非常快樂哦。其實我連他為什麼會成為黑道，又為什麼不當黑道都思考過了，但是沒有直接畫出來。

沒有彊界，「既是BL，又不是BL」

溝口 之後出的《きゃっつ 四畳半ぶらぶら節》（二〇一六）是罕見的擬人化貓咪故事，而且背景還是江戶時代。看後記，是您讓責編看了自己畫的貓咪塗鴉後，才決定連載這個故事。

羽生山 就是那樣。

溝口 當初的塗鴉中畫了什麼呢？

羽生山 和後來漫畫的單行本封面很接近，啊，不過彌源治可能更勤奮一點吧（笑）。

溝口 所以說，這個，頭完全是貓，身上的花紋也是貓，而且長著尾巴，只有身體像人類的「貓人類」，是一開始就決定好的設定。那麼，清二是魚販，背景是江戶時代也是從一開始就定案了。您為什麼突然想畫江戶時代呢？

羽生山　我從以前就很想畫畫看江戶時代的故事了。而且我也很喜歡連續劇《必殺仕事人》……話是這麼說，比起中村主水從事殺人工作的部分，我看日常生活中的搞笑劇情看得比較認真，所以我自己的作品，也想畫以江戶時代的日常生活為主題的故事。

溝口　單行本的腰帶上有「羽生山へび子畫的可愛江戶貓咪BL物語」的宣傳詞，我當時心想「還有這招啊」。我聽說傳統時代的BL很難畫，因為角色都是月代頭，必須把頭頂的頭髮剃掉，看起來就像禿了一樣。不過「貓咪BL」的話，因為是貓頭，所以沒有任何問題，而且喜歡獸耳的人也很多。這部作品一開始是在大洋圖書的「b's-garden」網站上連載，後來才集合成紙本單行本，之所以這樣做是因為這是實驗性質比較高的作品嗎？

責編　開始在網路連載的二〇一四年當時，由於其他出版社漸漸開始嘗試先在網路上免費公開作品，之後再出成紙本的模式，所以我們出版社也想試試看。另外最重要的是，我想讓羽生山老師自由自在地畫想畫的東西。

清二（左）與彌源治（右）／《きゃっつ　四畳半ぶらぶら節》（大洋圖書，2016）
©羽生山へび子／大洋圖書

溝口　很愛護作者呢（笑）！《きゃっつ》中，住在長屋裡的兩位男性一起養育撿到的小孩，雖然偶爾會出現一些小事件，不過基本上是描寫日常生活與人情世故的溫馨故事。除了出場次數不多的三味線師傅是女性之外，房東、私塾老師還有自稱是義賊的年輕人等等，主要的配角全是男性。清二和彌源治是單純的孽緣之交，與其說是屋主和食客，更像是已經到了倦怠期的「夫夫」，雖然就這個層面來說是有BL的感覺，但是沒上床所以不能說是嚴格意義上的BL。即使有彌源治誘惑清二的圖，但畢竟臉是貓（笑），所以沒什麼真實感。因此我想，這個作品應該能讓雖然想看男性之間打情罵俏，但是不太能接受一般BL作品的淺層讀者接受吧。

羽生山　既可以說是BL，也可以說不是BL，我想前往那種沒有彊界的境地，於是就變成這樣了。雖然這故事很無厘頭就是了。

溝口　原來如此。我一直在想為什麼是貓在江戶的BL，聽到您說想畫沒有疆界的作品我就能理解了。您也會想畫非BL的作品嗎？

羽生山　不……就算不是BL，我想自己還是想畫以男性為主角的故事。目前沒想過要畫以女性為主角的故事。

溝口　這麼說來，不只《きゃっつ》，您的其他作品中也幾乎沒有女性角色呢。啊，《まあまあ》中，酒行的女性想邀阿健參加聯誼，但她知道阿健和若葉媽媽的關係嗎？

羽生山　我想應該不知道。不過「若葉莊」的房客們應該多少有點察覺吧，阿健的車友們應該也知道。但是阿健和若葉媽媽都不是會主動說出來的人，所以其他人都沒發現。

溝口　的確，不太可能對酒行的人說「實不相瞞，其實我們是相差二十歲的同性『夫夫』，所以不能去聯誼」這種話呢（笑）。

正因為是奇幻作品，所以想盡可能照著實際情形去畫

溝口　話說回來，要畫江戶時代的作品，考據起來應該很辛苦吧？

羽生山　因為有很多對江戶時代很了解的人呢。所以，雖然不全是基於這個原因，不過我覺得不能亂畫，就找了很多資料。

溝口　可以舉例說明嗎？

羽生山　雖然很講究，但畫出來不太顯眼就是了（笑）。例如夜晚時，雖然有瓦燈※2作為照明，但是瓦燈的亮度很低，應該只能隱隱約約地照出物體的形狀。所以我想盡可能地畫出昏暗感，但是又不能畫成全黑，表現起來還滿困難的。另外，一般平民是用魚油照明，有錢的家庭則會使用品質更好的油或蠟燭照明，所以應該會更亮，這部分我也有特地表現出來。

溝口　啊，的確，清二的房間和房東的房間，燈光的大小和亮度都不一樣呢。還有，雖然我對和服的認識不深，不過像清二是挑扁擔叫賣的魚販，還有彌源治在當搬運工時把衣服下擺拉高的綁法，

以及各種和服的花紋等等，感覺都畫得很認真呢。

羽生山　我原本就很喜歡看和服，而且作畫時也參考了不少江戶時代的商人圖錄之類的書。比如賣什麼商品的人會穿什麼樣的衣服、西日本與東日本的服裝差異等等。當然，因為是江戶時代，所以誰也不知道資料書上的東西是否完全正確，但是參考那些書，和自己隨意作畫還是不一樣的。當然奇幻作品一定會有以幻想作畫的部分，不過正因如此，我才認為有些地方要盡可能地照著實際情形去畫。

溝口　原來如此。

羽生山　還有，雖然這只是我自己的感覺，

※2　以磚瓦用的泥土製作的陶製燈具。

帥哥排行榜／《きゃっつ　四畳半ぶらぶら節》（大洋圖書，2016）
©羽生山へび子／大洋圖書

不過想像江戶時代時，在感到寬容大方的同時，又會有種冷風從縫隙吹進來的感覺。即使的確有「江戶＝人情味」的地方，但是就連人情味，都可以感受到一種傲慢的氛圍呢。今天的人情只到今天，雖然很溫暖但某些地方又很狡猾。碰到麻煩的事時，因為深知感情用事的話下場會如何，所以反而會很冷淡。但明知如此卻仍然感情用事的人，則會讓人產生敬意。不會刺痛，而且有種堅強感。我希望能在漫畫中表現出更多那種氛圍。

溝口　我很想看，請務必要畫出來……順便問一下，「帥哥排行榜」應該是虛構的吧？

羽生山　是的（笑）。雖然以前似乎有各種排行榜，不過「帥哥排行榜」是為了讓故事更有趣而創造出來的（笑）。

從地方賽馬「直接進口」的騎士故事

溝口　關於「想盡可能地照著實際情形去畫」這件事，《晴れときどき、わかば荘　あらあら》中的〈102號室，幕之內大輔　藍色的影子〉這篇，講的是賽馬騎士的前輩與後輩的故事。辭去騎士的工作，多年來無所事事地過日子的大輔，用半年的時間鍛鍊，再次成為騎士。雖然故事中有說「在半年裡重新鍛鍊身體非常辛苦」，但這種事真的有可能嗎？

羽生山　其實我認識地方賽馬的相關人士，向對方問過這件事的可能性，對方說「不可能吧」「練到吐血的話，也許有可能吧」。

溝口　啊，果然有特地問過專家的看法呢。然後答案是勉強有可能。

羽生山　是的，雖然超級勉強（笑）。

溝口　話說回來，以騎士為主角的ＢＬ非常少見呢。和不良少年或黑道這類將青年劇畫或電影等其他娛樂類別的固定元素搬來ＢＬ的作品不同，感覺是把現實中的地方賽馬「直接進口」到作品中。

羽生山　其他類別的事我不太清楚，不過我確實很喜歡看賽馬（笑）。

溝口　您看賽馬多少年了呢？

羽生山　已經二十年了吧。

溝口　地方賽馬應該在很多地方都有吧，您喜歡哪裡的賽馬場呢？

羽生山　兵庫縣的園田。還有佐賀賽馬。

溝口　關西和九州的賽馬都有在看呢。那麼幕之內大輔的故事，是受到實際上存在的騎士們啟發的嗎？

羽生山　看到騎士們把彼此感情很好的照片放到網路上，讓我覺得「好可愛啊」

幕之內（上）與一条（下）／《晴れときどき、わかば荘　あらあら》
（大洋圖書，2013）
©羽生山へび子／大洋圖書

（笑）。不過我不是因為覺得他們這樣的「真人很萌」而創作。賽馬與血統有關，也有超越世代的競爭等各種浪漫的元素，所以我一直想在某天畫賽馬的故事。競爭意識和戀愛有點像呢。

溝口　是啊（笑）。原來如此，果然是「直接進口」啊……我現在很興奮呢（笑）。說不定是自鹿乃しうこ老師把「肉體勞動角色」帶入BL界以來第二次這麼興奮（《GATENなアイツ》／二〇〇一）。賽馬主題的BL，感覺起來的確很深奧呢。既是「職業類」又是「運動類」。而且對觀眾來說，還是一種賭博。

羽生山　而且馬主與騎士之間也有各式各樣的關係性。當然馬主與馬主之間也有競爭關係，就連種馬牧場都很有戲，比如馬兒之間或馬兒的上一代也是競爭對手之類。

溝口　現在的BL類別，已經成熟到能接受半人馬（えすとえむ《equus（equus－戀馬狂－）》、《はたらけ、ケンタウロス！》／兩本都是二〇一二）或獨角仙之間（SHOOWA《ニィーニの森（尼尼之森）》／二〇一四）的BL了，就算畫馬與馬的BL，應該也是OK的吧。

看到掉落在路邊的手套時……

溝口　話說回來，謝謝您看了拙作《BL進化論》（二〇一五）。雖然這樣說有點老王賣瓜，請問您有印象特別深刻的部分嗎？

羽生山　九〇年代的ＢＬ中經常出現「我才不是同性戀」的臺詞，讓我很驚訝。

溝口　有很多哦！（笑）……不過我希望羽生山老師能不在意固定形式，自由自在地創作。啊，我和責編說了一樣的話呢（笑）。仔細想想，您不是在一九九七～九八年出道，而是二〇一〇年真是太好了。要是在九〇年代後半出道的話，應該很難在不知道「剛認識就強暴」等等的固定表現手法下生存。此外，即使是當年喜歡看固定形式作品的讀者，最近幾年也因為看太多那樣的作品而覺得不滿足，所以才能接受若葉媽媽這種貼近現實的跨性別角色吧……順帶一問，您的讀者群大約落在哪個年齡層呢？

羽生山　感覺起來是三十歲以上的讀者比較多。

溝口　啊，果然成熟的讀者比較多呢……最後一個問題，請問您有什麼想花一生去完成的事情嗎？

羽生山　我想畫出讓自己滿足的作品。要問滿足於什麼的話，例如孩提時代看到夕陽時那種「哇──」的感覺，我一直想用漫畫表現出那種感覺，但是到目前為止還沒有成功。我想畫出能感受到那種心情的漫畫。還有，就像看到掉落在路邊的手套會感到無法言喻的寂寥，那種感情的由來嗎……無法成為漫畫主角的那些人，或許就故事來說也無法給予讀者強烈的衝擊，但在那些人的生活中一定也會有閃閃發亮的瞬間。我想鄭重地把那些人幸福的瞬間或重要的想法處理好。

（二〇一六年三月二十日　於東京・新宿）

「同性友愛（homosocial）」的概念整理

關於本書中隨處可見的「同性友愛」一詞，本專欄將整理其含意，並探討其與BL之間的關聯。

「同性友愛（homosocial）」是由「homo（同性）」與「social（社交性）」結合而成的詞彙，對大部分人而言，這個詞指的是「同性之間的社交關係」。這種看法當然是正確的。此外，近年來的BL界中，「這個故事雖然描繪了男性角色之間的親密關係，但是沒有肉體關係，所以不是BL而是同性友愛」似乎也有人如此使用這個詞。這種用法也不能說有錯，而且今後也可能與「兄弟情誼（bromance）」同樣成為某種類型作品的專用詞彙。但是本書中使用的「同性友愛」則是根據酷兒理論的代表者，英語文學研究家伊芙・可索夫斯基・賽菊蔻（Eve Kosofsky Sedgwick，一九五〇～二〇〇九）所提倡的酷兒理論，作為專業用語來使用。其主要的論點有三，為了說明第一個論點，在此引用《コロンビア大学　現代文学・文化批評用語辞典（The Columbia Dictionary of Modern Literary and Cultural Criticism）》（Joseph Childers & Gary Hentzi編，杉野健太郎、中村裕英、丸山修譯，松柏社，一九九八）的說明：

> 表示同性之間社會性連結的用語「同性友愛」，在伊芙・可索夫斯基・賽菊蔻談論「男性同性友愛式的欲望」時被大幅提及。關於「同性友愛式的欲望」，賽菊蔻將「男性情感連結（male bonding）」與男同性戀定位於同一條延長線上。但是她又說，我們的社會否定了兩者之間的連續性。也就是說，男性政治家、工作夥伴、運動選手、士兵之間的關係，換句話說，這些作為父權社會基礎的多種男性之間的同盟關係，率先

將「同性戀愛」排除在外。不只如此，男性同性之間愈是親密，就愈傾向於表現出對同性戀的厭惡與恐懼。也就是說，男性之間的同性社交性（homosociality）必須具有極端的同性戀恐懼症（homophobia）。（p.207）

在這裡，重要的是，所謂的「同性之間」，指的是父權制度下的男性們。在以男性為中心的社會中，擁有男性特權（male privilege）的他們，愈是加強彼此之間的連結，愈是能增進彼此的利益，他們會做出「我們男性之間雖然如此親密，但不是同性戀」的恐同主張，並且會鄙視同性戀者。男性（家長）之所以把男人看得比女人重要，不是因為「我喜歡男人（我是男同性戀）」，而是藉由「展現身為異性戀男性的男子氣概，以父權同志彼此的利益為優先」，把異性戀規範加入結構之中，鞏固父權制度。也就是說，作為性別理論用語的同性友愛，不是單純指稱不伴隨同性性行為的男性同性之間的關係，而是積極地歧視同性性行為，將其加以排除，以此把男性之間的連結正當化。

在同性友愛的關係中，還會利用異性戀對象的女性當作自己並非同性戀的證明。賽菊蔻說：

（……）我建議重新檢視「兩男爭奪一女」的三角關係。（……）這種三角形，說不定是為了掩飾兩名男性對彼此感到魅力的事實，因此將其偽裝成敵對關係（……）發展出這種主張。這種偽裝模式，會帶來兩大結果：一，否定同性友愛中可能帶有性的要素；二，把女性作為媒合兩名男性的仲介角色（同前）。

也就是說，在以同性友愛強化男性之間連結的世界裡，「男女彼此都身為性的主體相愛」這種意義上的異性戀從一開始就不存在。這是第二個論點。

第三個論點，女性之間的關係又是如何呢？當然，作為一般的詞彙，「同性之間的社交關係」也可以用在女性與女性之間。但是在賽菊蔻強力推出的理論用語中，同性友愛不能直接適用在女性身上。會這麼說是因為，第一點，幾乎所有的女性，在父權制度中都無法擁有作為家長的特權。再來，與男性之間的親密關係相比，社會對女性之間的親密關係有相當大的接受度。因此，「雖然我們很親密，但我們不是同性戀，不是女同志」也沒有必要像這樣歧視、排除女同志（還不如說，在異性戀規範的價值觀裡，已經把「具有男子氣概、主動性的男性，會對具被動性女性特質的女人產生欲望，並展開追求」的想法作為前提，所以很少考慮到女性會作為主體對女性抱有欲望，並且很容易把成人的女同志視為不存在）。

與BL最有關係的部分，是圍繞著同性友愛的第一個論點。話是這麼說，賽菊蔻想以同性友愛這個用語表現的是：在把異性戀規範內化的父權社會中，異性戀男性們會締結出難以用「友情」或「同伴意識」的概念徹底解釋的親密關係（同盟關係），他們會互相說話、勾肩搭背、握手、互相凝視——或是在健身房的更衣室握住彼此的性器官——即使從第三者的角度看來充滿同性情色的氛圍，但是他們本身卻不認為自己是同性戀者，世人一般也不把他們當成男同志。至於某些BL作品，則揭露了這種機制※1。在本書的分析中，這樣的BL作品有《雙生薄荷》（中村明日美子／二〇〇九）與《鳴鳥不飛》（ヨネダコウ／二〇一三～）。雖然兩個作品的內容完全不同，但共通點都是以黑社會作為故事舞台。在黑社會中男性之間極為強烈的連結，在這些作品中，都以男性之間的性行為將其視覺化。現實中的同性友愛需要極度的恐同，所以有人會主張「雖然看起來像是充滿了同性情色的氛圍，但我們不是同性戀」，而這些作品就在旁邊吐嘈「不不不，那已經是很明顯的同性戀了」。就這層意義來說，娛樂作品鮮活地表現出作為理論用語的同性友愛這個概念，令人感到相當痛快。中村和ヨネダ應該沒有看過賽菊蔻的論文，她們是藉著具有優秀觀察力與洞察力的創作者身分，與現代日本社會的父權社會對峙，並將在對峙中掌握到的、它所內含的異性戀規範等事物，放入充滿暴力與仁義的黑社會舞台，並建構出虛構作品，與此同時，不經意地與酷兒理論的代表人物的分析產生了共振。

＊

寫到這裡，讀者之中，說不定有人會認為「可是直到前近代，也就是江戶時代為止的日本，同性友愛與同性戀應該是共存的哦。也就是所謂的『男色』和『眾道』」。「井原西鶴的《男色大鑑》也可以視為BL看呢」等等。關於這部分，首先，不論什麼樣的作品，要無視書寫當時的脈絡，以現代BL愛好者的身分，把它當作BL閱讀，並樂在其中，是讀者的自由。但是在以酷兒理論為背景的本書中，我有幾點想說。

首先，與性相關的概念，會因不同的時代或是社會而異。因為是共通的行為，就把現代用語套用在背景與現代不同的時代或社會中，是不恰當的。前近代的「男色」，指的是男性和男性進行性行為，與男性和女性進行性行為的「女色」是成對的概念。兩者是單純的嗜好問題，甚至還出現「男色」好還是「女色」好這種爭論。西鶴的《好色一代男》中，主角世之介在一生中，與三七四二名女性，以及七二五名少年發生過性關係。這不是因為世之介是雙性戀。為什麼這麼說呢？因為當時並沒有同性戀、異性戀、雙性戀（bisexual）的概念。同樣的，把《男色大鑑》當成BL作品閱讀是讀者的自由，但是把《男色大鑑》稱為男同性戀或是男同志的故事集，就不正確了。

另外再舉一個例子。根據文化人類學者的調查報告，在新幾內亞的社會禮俗中認為，假如少年想成為獨當一面的男性，就必須讓年長男性把精液注入自己體內。因此在舉行成年禮之際，青年男性會以肛交或口交的方式把精液注入少年體內。雖然這些新幾內亞男性們做的事，與現代社會的男同性戀者是共通的，但是因此稱他們是同性戀、男同志，是很不恰當的說法。同樣的行為在不同的社會、不同的時代，不可能有同樣的意義。所謂的意義，是從語言的網眼中誕生的，網子的形狀不同，人們的認知也會不同[※2]。

在理解不該把江戶時代與或新幾內亞的男性稱為「男同志」或是「同性戀者」之後，有些BL愛好者可能會對那些不否定男性同性之間的性接觸的時代與社會懷抱著好感，這種想法當然無所謂。但是該注意的是，這類把「男色」或「成年禮」的男性間性接觸視為正當行為的社會，大多是階級制度分明，或是蔑視女性的社會。即使我們仍該感謝江戶時代觸發了本書中分析過的

羽生山へび子畫出以江戶時代為背景的貓BL《きゃっつ　四疊半ぶらぶら節》（二〇一六），以及最近的作品《百と卍（百與卍）》（紗久楽さわ，二〇一七）等江戶BL作品，讓BL愛好者們喜愛上BL虛構創作中的「男色」或「陰間」角色。

在前近代的日本「男色」中，「眾道」是專屬武士階級的男性間性行為。與「眾道」相似的，還有古希臘社會。在此引用賽菊蔻在《男同士の絆　イギリス文學とホモソーシャルな欲望（Between Men: English Literature and Male Homosocial Desire）》（一九八五。日文譯本為二〇〇一／上原早苗、龜澤美由紀譯，名古屋大學出版會）中援引肯尼斯・丹佛（Kenneth James Dover）的論述進行分析的部分，作為本專欄的結尾。

紗久楽さわ《百與卍》（祥傳社，2017）

> 丹佛引用在柏拉圖的《饗宴》中登場的鮑薩尼亞的臺詞，做出如下的結論——「幫助他（男童）得到智慧與美德的人，不論要求他如何奉獻自己，都是正確的」。如此一來，師徒的連結中便附加了性愛的要素。男童學到了雅典市民的習俗與美德，並透過這樣的連結，獲得了市民的特權。這種特權中，包含了支配所有男女奴隸，以及支配（包含與自身同樣階級的女性）所有女性勞動力的權力。（……）為了維持男性文化中最重要的本質，必須徹底貫徹階級與性別的支配系統——（……）因此把卑賤的勞動推給女性與奴隸去做。（pp. 5-6）

※1 而且，在男同志當中，有些人在「我才不是同性戀。是因為我是有男子氣概的男人，所以才會互相碰觸」這種高度同性友愛的空間，會因為那樣的恐同心態而感到厭惡，但是也有因為這種空間中充滿同性情色氛圍而喜歡這種情境的人。相當複雜。

※2 參考文獻　小田亮《一語の辞典　性》三省堂，一九九五。

「雖然存在著某種禁忌，但並不是針對男同志或女同志的禁忌——建構出這樣的世界是非常重要的。」

9 與作家C・S・帕卡特的對談

近年來，以美男子間的戀愛為主軸的「M／M」小說，在英語圈似乎也不斷增加。我是在二〇一三年，翻譯這類小說的「Monochrome・Romance」文庫（新書館）創刊時得知這件事。不過當時，我以為「M／M」小說是由男同志作家寫的同志羅曼史，Monochrome・Romance文庫則是從中挑選出BL愛好者容易接受的作品翻譯，但似乎不是如此。二〇一五～二〇一六年之間，由大型出版社Penguin Books出版，在全世界暢銷的「M／M」小說〈墮落王子（Captive Prince）〉三部曲的作者C・S・帕卡特（C. S. Pacat），其近照不管怎麼看都是一名美麗的女性。二〇一六年時，日本刊行了第一集的翻譯版《叛獄の王子（墮落王子I：謊言之盟）》。故事是從南方的阿奇洛斯王國王子戴門被異母兄長陷害，送給北方的維爾王國，成為羅蘭王子的奴隸開始。麥色肌膚又壯碩的戴門，以及金髮碧眼、身材修長的羅蘭，兩名王子歷經各種波折最後成為戀人——以這個前提來閱讀的話，毫無疑問是BL小說。但是和近年的一般BL小說相比，兩國之間的緊張關係、文化差異、包含「寵奴」和「奴隸」在內的絕對階級制度、血親之間勾心鬥角的宮廷權謀、帶有好幾層含意必須花心思推理的對話等等，各種精細的設定使閱讀時的體驗更豐富。話說回來，從故事對於過去的設定來看，假如戴門不是普通奴隸而是阿奇洛斯王子的事被發現，他與羅蘭之間的對峙一定會變得更嚴重。就算彼此廝殺也不奇怪的兩人，要如何相愛呢？就連資深BL愛好者也難以想像，而故事就從這裡開始。就這層意義來說，是很值得看下去的作品。此外，以攝政王身分統治維爾王國的羅蘭的叔叔其城府之深、身為其寵奴的傲慢美少年尼凱絲偶爾顯露的率直、與戴門一起被送到維爾的奴隸伊拉斯莫斯的優雅與忠誠，以及原本是戴門的情婦，後來投入戴門兄長卡斯托懷抱、陷害戴門的貴婦優卡絲特等等，存在感相當鮮明的配角們也是看點之一。以英語寫出這種厚實的奇幻BL小說，C・S・帕卡特究竟是什麼樣的人物呢？此外，帕卡特與整個「M／M」小說類別有什麼樣的關係？我有許多疑問，因此以Skype與住在澳洲墨爾本的帕卡特進行「對談」※1。

※1　對談是以英語進行，由溝口自己翻譯成日文。

溝口　〈墮落王子〉三部曲，雖然日本目前只出了系列作的第一集《叛獄の王子（墮落王子Ⅰ：謊言之盟）》，但是非常精彩好看，所以我直接看了第二集《Prince's Gambit（墮落王子Ⅱ：危城之戰）》和第三集《Kings Rising（墮落王子Ⅲ：誓約之冠）》的英文版※2。這套書可以當成BL歷史小說來閱讀，兩名王子原本是嚴峻的敵對關係，直到成為戀人為止的過程相當曲折，而且有許多暗潮洶湧的政治權謀，故事架構相當龐大。雖然我看的是Penguin Books※3的Berkley書系出的平裝版，不過聽說這部作品一開始是在個人網站上發表。為什麼後來會在大出版社出書呢？還有，這個故事又是怎麼構思出來的呢？

帕卡特　其實我是在二〇〇一到二〇〇四年，住在東京那段時間的後期，想到〈墮落王子〉三部曲的點子。當時的我沉迷在小說、動畫、電視、電影等日本的媒體當中。最近，我覺得每天都會忘掉一個漢字（笑），只能看漢字旁有標註平假名的漫畫來滿足自己，不過當年我可以看得很流暢。

溝口　您是在墨爾本的大學學習日語的嗎？

帕卡特　不，直到去了日本我才開始學日語。一開始是二〇〇〇年時，我請了兩個星期左右的假，

《叛獄の王子－叛獄の王子1－》
翻譯・冬斗亞紀、插圖・倉花千夏（新書館，Monochrome・Romance文庫，2016）

和朋友一起到日本玩，結果完全愛上日本，決定以後要在那邊住下。然後二〇〇一年時我再次前往日本。一開始，我在語言學校認真學習日語，後來我的日語變得很流暢，就開始看起了各種日語的作品。在前往日本之前，我看的英文小說當中就有帶有同性情色成分的書，而且也在網路上的「SLASH」※4粉絲社群中看了許多明確描寫男男性愛場面的小說作品。話雖如此，SLASH只是業餘愛好者的創作，當時的英語圈幾乎沒有原創BL的商業市場。不過，我受到在日本看過的商業BL作品影響，也動起了以英語寫這類作品的念頭。因此，我在離開日本前的最後一段時間開始構思故事，回到澳洲後又過了一段時間才開始正式寫作。如果

C・S・帕卡特。出生於澳洲，目前居住於墨爾本。曾經在東京住過四年。

※2　由於訪談時間為2016年，當時日本只出版了第一集。日本已經於2019年出完三部曲，第二集與第三集的書名分別為《高貴なる賭け》、《王たちの蹶起》。

※3　總公司在倫敦的老牌大型出版社。其Penguin Classics系列出版了許多經典優良讀物，是世界有名的出版社。

※4　英語圈中，把重點放在男性角色間的關係性，由粉絲創作的虛構作品稱為SLASH。由於兩個男角的名字之間會以斜線記號「／（SLASH）」做分隔，因此如此稱之。後面的對談中會談到詳細情形。

問我是怎麼開始準備的，因為我不知道寫書的方法，我想既然要寫，當然就要寫喜歡的內容，所以把自己喜歡的東西列成了清單（笑）。「兩個王子」、「帥哥」、「兩人間的緊張感」、「追蹤」、「逃亡」、「以劍搏鬥」、「真實的愛」……我以這種感覺列出了很長的清單。〈墮落王子〉的故事就是從那串清單以及與朋友的聊天中誕生的。

溝口　二〇〇四年開始列成清單進行準備，實際動筆則是二〇〇八年的事呢。

帕卡特　是的。我這個人啊，不管做什麼事，都會花上多到難以置信的時間（笑）。不過，雖然我想寫這樣的故事，但是覺得應該很難出版成書，所以決定在網路上連載。這故事連載了三年左右吧，在這段期間增加了非常多讀者，從原本的一、兩人變成好幾萬人。那時候，我開始有了「這故事也許能出版成書」的想法，所以把稿子投稿到好幾間出版社跟版權代理商，但是都被打回票，其中最親切的回應是「我們認為這本書沒有市場」（笑）。出版社似乎對已經在網路上免費公開的同性戀王子們的故事沒興趣。不過我的讀者們很支持我，一直問說「什麼時候要出紙本書呢？」。所以，我在二〇一一年時自費出版了第一集，結果人氣爆發，不管在Amazon還是其他通販網站上都拿到了綜合排行榜第一名，之後不少主流媒體，例如USA Today（美國的大眾報紙）等等都刊載了書評。接下來，版權代理商聯絡我，說「我們想和妳簽約，幫妳把這本書賣給紐約的大出版社，讓他們出版」，一開始我回說「我之前有試過投稿，但是都被拒絕了，所以應該沒辦法吧」，不過後來又改變想法，樂觀地覺得再試試也不壞，因此和版權代理商簽約。過了一陣子後，代理商幫我拿到了跟Penguin Books的合約，於是就出版了您現在手上的平裝本。

溝口　原來如此。可以請問您是從什麼時候開始成為專業作家的嗎？是與Penguin Books簽約之後嗎？

帕卡特　不，是從自費出版〈墮落王子〉之後才專職當作家。我覺得自己很幸運，受到了很多人的幫助。

在英語圈中，是前所未見的故事

溝口　您在二〇一一年自費出版時，就把三部曲全出完了嗎？

帕卡特　不，只出了前兩集。和Penguin Books簽約之後我才寫了第三集。變成一般的出書方法（笑）。

溝口　在網路上連載時，是一次公開一整個章節嗎？還是分得更細呢？另外是多久更新一次呢？

帕卡特　是寫完一整章才上傳到網站上。更新頻率不一定，有時會隔很久才公開下一章。

三部曲第二部／*Prince's Gambit: Captive Prince Book Two*, Barkley, 2015.

溝口　最後由Penguin Books出的前兩集，跟一開始的網路版差很多嗎？

帕卡特　沒有，幾乎完全相同。只改了幾個角色的名字，還有修正了作品中的一些失誤而已。一部分也是出版社希望「既然已經是大多數讀者熟讀的故事了，基本上就不要更動吧」。

溝口　我對於「看網路連載的讀者們強烈要求出紙本書」這件事感到很好奇。已經在網路上看過了，卻想看內容一模一樣的紙本書，您覺得為什麼會有這種欲望呢？

帕卡特　或許有些人是想收藏紙本書這個實體物吧。我自己的話，在日常生活中算是沒興趣收集或收藏東西的人，但是只有書是例外。我很喜歡在書架上排滿書，感覺就像看著自己的大腦一樣（笑）。

溝口　對啊。所以被別人看到自己的書架，有時會覺得很害羞呢（笑）。

帕卡特　沒錯（笑）。

溝口　既然是由Penguin Books這種大出版社出版，我想全世界看得懂英語的人都能看到這部作品，在出版後有什麼樣的迴響嗎？

帕卡特　由於這樣的作品很少見，「這本書到底是什麼？」似乎有很多人感到疑惑。不只是英語圈，出了翻譯版的法國和德國也有同樣的反應……當然，我想日本的話，一定馬上就知道這是什麼樣的作品了。

溝口　是啊。而且大家都知道翻譯出版這套書的Monochrome・Romance文庫，原本就是以ＢＬ愛好者為客群，出版英語圈小說的書系。雖然據說在英語圈，這種類別不稱為BL，而是稱為「M／M」。順便請問一下，Penguin Books的平裝版上只有寫「名為C・S・帕卡特的國際現象」，沒有寫到「M／M」，我可以把〈墮落王子〉三部曲當作「M／M」作品來論述嗎？

帕卡特　雖然這套書在澳洲被當成普通的奇幻小說，不過稱之為「M／M」小說我也無所謂。

「M／M」與男同志小說

溝口　可以告訴我「M／M」的定義嗎？

帕卡特　我不是這方面的專家，所以只能暫時解釋成「Male/Male Romance」，也就是以男性之間的戀愛為主軸的小說類別。這是為了與描寫了現實中男同志會面臨到的各種問題的男同志小說做區別，由男同志取的名字。雖然「M／M」小說的作者大多是女性，但是也有男性作者。一九九〇年代到二〇〇〇年代前半，我還是十幾歲的青少年時，網路上雖然有很多男男的羅曼史小說，但都不是原創而是SLASH。也就是業餘作者寫的粉絲虛構作品。您知道「SLASH」是什麼嗎？

溝口　知道。雖然我幾乎沒看過SLASH作品，不過那是把暢銷的電影或電視劇中，原本是異性戀者的兩個男性角色挑出來，妄想他們之間有戀愛關係，創作出的作品對吧？和日本同人界的「二次創作」很像。我還知道，從一九七〇年代開始最古老的SLASH熱門圈子，是將《星艦迷航記》系列的寇克艦長和史巴克中校組成配對的「K／S」。

帕卡特 就是這樣。在英語圈中，雖然有借用既有作品的世界觀進行業餘創作的SLASH作品，但是沒有出版原創的商業作品。直到近幾年才慢慢出現了原創的「M／M」商業作品。這一兩年也出現不少暢銷作，在受到歡迎的同時，主流文化對於「M／M」這個類別的認知也漸漸提高。

溝口 說到這個，我曾經聽《墮落王子I：謊言之盟》日本版的譯者冬斗亞紀說，同樣出在Monochrome・Romance文庫的〈The Adrien English Mysteries〉系列作作者——在日本也很受歡迎的「M／M」作家Josh Lanyon，在二〇一五年公開了自己其實是女性的事。因為「Josh」是男性的名字，而且〈The Adrien English Mysteries〉系列的第一集是在二〇〇〇年時，由現在已經不存在的英國「Gay Men's Press」出版。也就是說，十幾年來許多讀者一直把Josh Lanyon當成男性作家，據說還出現了「女人假裝成男同志！我被騙了！」這種抗議，引起不小的騷動。Josh Lanyon自曝性別的時間點，和「M／M」的大眾認知度開始上升的時期重疊呢。

Josh Lanyon《天使の影—アドリアン・イングリッシュ1—》翻譯・冬斗亞紀、插圖・草間さかえ（2013，新書館）。與《叛獄の王子》一樣，都是由Monochrome・Romance文庫出版。

帕卡特 是啊。

溝口 我看了Josh Lanyon在二〇一五年十月寫的部落格，也有人擁護作者說「作者的性別與作品無關」「網路上剛開始有人懷疑作者是不是女性時，作者沒有發表『開什麼玩笑，我是男的』之類的發言，就已經知道她是女性了」。在日本的商業BL界，雖然有些作者會使用男性或難以判斷性別的筆名，但是幾乎所有作者都是以「擺明了自己是女性」的前提在寫後記，而讀者們也很清楚這些作者全是女性。在目前的商業BL界，持續有在發表作品的作者中，公開自己性別為生理男性的人，就我所知只有三人而已，人數非常少。話說回來，C・S・帕卡特也是很中性的名字，不過Penguin Books的平裝本和官方網站上都有作者照片，一看就知道是女性。在網路上連載時，您就公開自己臉部的照片了嗎？

帕卡特 不，是直到出了紙本書之後，才公開臉部的照片。但是在網路連載的二〇〇八年到二〇一一年之間，完全沒有讀者以為我是男性。筆名很中性是因為我覺得自己就是這樣。雖然我是生理女性，在政治上也偏向女性立場就是了。

溝口 政治（political）這個詞，在日語中很容易被想成政策之類的狹義解釋，所以我要在這裡補充說明一下，這是在面對社會權力分配等情況時，以女性的立場來活動的意思。不過在帕卡特老師個人的主觀認識裡，覺得自己的性別是中性。

喜歡發生大事件時產生的羅曼史

溝口　話說回來，您剛才說從以前開始就喜歡看有同性情色成分的故事，也看了很多日本的ＢＬ作品，但是〈墮落王子〉三部曲中，中世紀般的世界觀、宮廷的權謀鬥爭、以弓或劍戰鬥等等的要素，在日本的ＢＬ中是很少見的。您是從哪邊受到影響的呢？

帕卡特　我的雙親是從義大利移民到澳洲的義大利人，所以我對歐洲歷史，特別是古代的義大利、希臘、地中海方面的歷史很感興趣。在我小時候，最喜歡的是瑪莉・雷諾特※5寫的亞歷山大大帝的故事。這位同時是知名女同性戀文學家的女性作家，將古希臘時代從全地中海開始征服中東的亞歷山大大帝的人生寫成小說。亞歷山大大帝以現代的詞彙來說是雙性戀者，這部分是史實。而這些小說中，除了描寫征戰的場面之外，也會寫到愛情故事的部分，整體來說也給人一種同性情色的感覺。也許是被那些書影響吧，我最喜歡發生某件攸關命運的事件時，所產生的羅曼史了。比起以羅曼史為主的故事，我覺得故事中有凌駕於羅曼史的某件事正在發生，戀愛的部分反而會變得更加精彩刺激。

溝口　原來如此。那麼，您在開始寫作時，就決定好三部曲的結局了嗎？

帕卡特　對的，因為我是控制狂（笑）。所以事先就把整個故事規畫好了。甚至可以說我有強迫症吧。寫作時，內容偶爾會偏離計畫，這種時候會讓我陷入恐慌（笑）。特別是在網路上連載的時期，因為只能一直寫下去，所以我都會想「要是搞錯方向走進死路該怎麼辦？」。因此，在內容不小心偏離計畫的時候，我會很努力地把故事拉回來。話說回來，日本的出版界，特別是漫畫，幾乎都是先連載再出書吧？漫畫家們都是先把整個故事想好才開始連載呢？還是一邊連載一邊想接下來的劇情呢？

溝口 兩種都有呢。也有先想好好幾集的分量，連故事結局都想好才開始在雜誌連載的情況。另一方面，特別是BL業界，有很多作品原本是請作者畫一話完結的單回短篇，但是因為讀者的反應很好，所以才變成系列連載。假如是那種情況，應該都是邊畫邊想故事吧。有在連載前就想好要連載幾話的情況，也有不是那樣的情況。

帕卡特 是這樣啊。那我完全是前者呢（笑）。

溝口 在BL漫畫中，比如您說很喜歡的ヨネダコウ老師的《鳴鳥不飛》（二〇一三～），雖然在創作途中可能會有細部的變更或追加，但是這部作品的大綱應該是在連載之前就決定好了。這是我的感覺。

帕卡特 我非常喜歡那部作品，看得很開心。角色的設定感覺很新鮮，而且我確實也有一種整個故

※5　英國的女性作家。撰寫以古希臘為背景的歷史小說。代表作為《波斯少年（The Persian Boy）》。一九〇五～八三。

事掌控得很好的感覺。

執筆前的「三階段」

溝口　把話題拉回實際執筆前就把整個故事規畫好的控制狂部分。〈墮落王子〉三部曲一集的分量大約是日本文庫版三五〇頁的分量，登場人物又多，人物之間的關係又很複雜，經常發生許多事件或戰鬥，劇情的發展也難以預測。居然能事先把一切都規畫好，真是太厲害了。可以請問具體上是怎麼做的嗎？

帕卡特　我把寫作前的作業分為三個階段。第一個階段我稱為「青空階段」，就像是自由地做腦力激蕩（brainstorming），總之，就是把所有我能想到的、覺得很酷或很有趣的東西全列出來。

溝口　把想到的東西列舉出來時，不只事件或人際關係，比如「金髮的羅蘭」這種視覺方面的資訊也算在內嗎？對了，假如我說錯角色名字的發音，請糾正我。故事中的角色名字，拼法和一般英語圈的人名不太一樣，所以我不敢確定自己有沒有說對。

帕卡特　沒關係沒關係，角色的名字可以自由發音！

溝口　咦？

帕卡特　因為，就如你聽到的，由我來發音的話就是澳洲口音，但是沒必要讓全世界的人都和我用一樣的發音（笑）。再說，我小時候看過很多書，常常自己認為「這個名字是這個發音」，結果知道實際上的發音不一樣後，讓我很失望。所以請讀者們隨自己高興發音就好（笑）。

溝口　原來如此！那麼我就可以放心地發音了（笑）。但是如果不知道我在說哪個角色時，請再跟我確認一下哦（笑）。那麼回到剛才的問題……。

帕卡特　不管什麼要素，都包含在「青空階段」思考的範圍內。視覺資訊當然也是。例如羅蘭，他是很冷漠、很超然、以智慧作為武器又禁欲的人，這些都是在「青空階段」就想好的。當時我參考了自己過去喜歡的酷帥型金髮美形角色，例如一九五〇年代，演過希區考克的《後窗》等電影的葛麗絲・凱莉、日本漫畫《ベルセルク（烙印勇士）》（三浦建太郎／一九九〇〜）的古力菲斯、《間の楔（間之楔）》（吉原理惠子的JUNE小說／一九九〇。BL的始祖之一）的伊亞索等等，一邊把各種角色的要素寫出來，一邊思考自己的角色。羅蘭的服裝也是在「青空階段」就想好了，是有許多繩帶、像馬甲一般，而且幾乎不會露出肌膚的服裝。我想把羅蘭設定成高不可攀、不會輕易動怒的人。像這樣，把我覺得有趣或令我興奮的東西全列出來，就是「青空階段」時做的事。雖然這個階段進行起來很開心，不過就結果來說，當然沒有統整性可言，是一片混亂的狀態，所以必須在下個階段開始精煉這些要素才行。要開始從要素中塑造角色、確定角色之間的關係、思考故事本身是什麼樣的劇情走向。接著在第三階段，主要角色們的造型與關係性、故事都已經完成後，就要開始實際設定每一個場面的大綱，最後才開始動筆。

溝口　在動筆之前，就已經把這些部分都準備好了呢，真是了不起。而且三部曲並不是受了誰的委託而做的工作，是自發性公布在網路上的小說，但您還是做了如此隆重的事前準備，這樣的動力實在令人敬佩。

帕卡特　因為我只會這樣寫小說而已。所以我很羨慕那些幾乎不必做事前準備，一開始動筆故事就會接二連三冒出來的作者（笑）。我的作者朋友裡，有很多這種類型的人哦。

不喜歡逃避到沒有壓抑的世界裡

溝口　有很多作者說過，即使做了事前準備，實際上開始動筆後，比如某個漫畫家的情況是在分鏡或作畫的階段時「角色會自己動起來」。帕卡特老師在寫作時不會碰上這種事嗎？

帕卡特　其實我也會碰上，但是次數不多。最明顯的例子是尼凱絲。一開始時，我把他塑造成對羅蘭來說有如鏡子般的角色。但是實際動筆後，我發現羅蘭和尼凱絲的關聯性非常強，因此尼凱絲這個角色開始在書中成長、開花，變成比預定中還要重要的角色。也因此，尼凱絲和羅蘭一起出現的場面也比計畫中來得更多。

溝口　的確，尼凱絲給人的感覺是美貌又任性的少年，不過一開始時，他比較像是為了讓讀者知道維爾宮廷中有寵奴這種人而登場，類似交代背景設定般的角色。尼凱絲的存在感是從哪一幕開始變大的呢？

帕卡特　第一集快要進行到一半，尼凱絲第一次和羅蘭說話的時候（中文版一二七～一二九頁）。我在寫到這裡時，發現這兩人就像兄弟一樣，所以讓羅蘭牽著尼凱絲的手離開。

溝口　還有一個角色，阿奇洛斯送給維爾的奴隸．伊拉斯莫斯也令人印象深刻。該怎麼說呢，身為奴隸應該要扼殺自己來侍奉主人，但在這件事上，他看起來很有自尊心，或者該說是給人高潔的印象。當然，身段優雅這點也很有魅力。伊拉斯莫斯也是在寫作過程中「開花」的角色嗎？

帕卡特　其實剛好相反（笑）。

溝口　咦？相反？伊拉斯莫斯比預定中的更「枯萎」嗎？

帕卡特　我來說明一下。起初規畫故事時，我想過第一集的前半段由戴門的視角，後半段由伊拉斯莫斯的視角來進行故事。但是在實際動筆前的最後一個階段，我發現「不對，戴門才是主角」，主角並不是伊拉斯莫斯與戴門這兩個人。不過，八成是因為我本來打算讓伊拉斯莫斯成為更重要的角色吧，所以就結果來說，與其他的配角相比，伊拉斯莫斯的存在感才會這麼明顯。伊拉斯莫斯是很容易受傷的人，他的觀點相當特別，這件事對我來說很重要。故事一開始時，戴門對奴隸制度沒有任何懷疑，認為那是理所當然的制度，但是伊拉斯莫斯卻稍微反駁了戴門。這是為了向讀者表示，戴門對奴隸的看法並不完全正確。

溝口　阿奇洛斯的奴隸制度與維爾的寵奴制度，這兩者的對比也很有意思。不論奴隸或是寵奴，都沒有人身自由，是為了伺候主人而存在的一種階級——就這層意義而言，兩者都一樣。但是寵奴可以撒嬌、可以耍任性，另一方面奴隸則是以完全扼殺自我為美德。這兩者的對比是怎麼來的呢？

帕卡特　我想描寫兩種完全不同的文化，所以我寫出了寵奴跟奴隸的對比。維爾的寵奴必須展現自我，讓主人注意到自己，才有存在價值；阿奇洛斯的奴隸則相反，最重要的是把自己變成透明般的存在。此外，兩國對性愛或性別的態度也截然不同。我看過的奇幻小說裡，雖然是奇幻世界，但假如有男同志角色，都會像現實中的男同志那樣被歧視、被壓抑，描寫的全都是「男同志是不正確的存在、身為男同志是必須隱瞞的事情」。我不想讓自己的小說變成那樣。但假如因此創造出完全沒有壓抑的世界，也只不過是單純地逃避現實而已。所以對我來說，雖然存在著某種禁忌，但並不是針對男同志或女同志的禁忌——建構出這樣的世界是非常重要的。

女性角色也有自主力的世界

溝口　原來如此。在〈墮落王子〉的世界裡，主角們的男同性戀情不會被歧視，對象有時是男性有時是女性，這樣的處理方式乍看之下與古希臘很相似，但是因為書中有描寫到女性自主性進行性行為的部分，所以與古希臘又完全不同，我覺得這樣很好呢。

帕卡特　是啊。正因為是以男性角色為中心的故事，所以我更想好好寫出女性角色也擁有自主性、擁有力量的一面。第二集出現了來自母系社會政治體制、由女性掌政的鄰國女性，也是基於同樣的理由。

溝口　我覺得非常成功。還有，因為會涉及劇透，所以不能說得太明白，不過就連故事一開始時看起來只是個典型反派角色的優卡絲特，也都有令人意外的一面。她是個非常複雜的角色，在第三集後半我變得很喜歡她，連我自己都很驚訝（笑）。

帕卡特　很高興能聽到您這麼說。我對「偏頗的觀點」這種事很感興趣，也就是所謂主角的觀點。主角的觀點不可能完全中立，一定會有所偏頗。但是我們讀者只能完全接受主角的想法、主角說的話，並且很容易會認為主角說的就是真實。在〈墮落王子〉中，我想讓讀者透過戴門進入故事的世界。一開始時，讀者會全盤接收戴門的想法。但是漸漸地，讀者會覺得「戴門應該沒有看出全局」、「說不定發生了戴門沒有理解的某件事」、「戴門的看法和信念，不一定永遠是正確的」。第一集中戴門對羅蘭與攝政王的看法就是這樣。優卡絲特也是，在第二、第三集中給人的印象也會和一開始時不同。

溝口　說到攝政王，他是個很強烈的角色呢（笑）。雖然這部分也不能說得太具體，不過有「咦？這個人小時候也是傀儡嗎！原來他不是只會玩弄寵奴的人呢」這種讓人吃驚的劇情。攝政王是個鐵桿戀童癖，只要外表好看的小男孩全都要弄到手。我完全無法想像攝政王的成長過程。像這樣的角色，您也會幫他做背景設定，或幫他寫履歷表之後再開始寫嗎？

帕卡特　我有幫攝政王設定過去，寫作時，也是照著那些設定來寫。但是身為作者，我不想談論太多書中沒提到的部分，我希望讀者能自由地想像。

溝口　當然。

帕卡特　還有，要談論攝政王是件很困難的事，因為會變成又陰沉又纖細的話題。不過，假如問我想透過攝政王表達什麼的話，就是像他這樣的角色，會對他人的身心，以及他人的人生造成多少種類的傷害。故事中出現好幾名孩提時代被他玩弄過的男孩或年輕人，每個人受到的傷害都不一樣。還有……該怎麼解釋好呢，我對於能夠支配真實感的角色很有興趣。這種角色沒有人能夠抵抗由他構築出來的真實感，他說的話可以形成整個世界。因此，不只是書中角色，就連讀者也會因為他說的話、他創造的真實感而陷入絕望。我想讓攝政王擁有那種力量。然後再透過羅蘭，找出從那種力量中解脫的方法。還有……我覺得看到羅蘭，那些被攝政王玩弄過的男孩們，就能明白自己也有變成像羅蘭那樣的可能性。

身為地中海裔澳洲人的背景

溝口　原來如此。話說回來，Penguin Books的英語平裝版中沒有插圖，但是日文版卻有封面彩圖和黑白內頁插圖。關於這點您覺得如何呢？

帕卡特　太棒了！我是倉花千夏老師的大粉絲。我很喜歡《サムライフラメンコ（佛朗明哥武士）》[※6]，也很喜歡遊戲《咎狗の血（咎狗之血）》[※7]的人物設定。我一直都非常喜歡倉花千夏老師的畫風，所以當我知道她幫我的書畫插圖時，我興奮得不得了，甚至打電話向所有想得到的朋友說這件事（笑）。

溝口　也就是說，不是帕卡特老師指名倉花老師畫插圖的囉？

帕卡特　完全是偶然。倉花老師真的很厲害，能選出故事中最緊張的瞬間，畫進一張圖畫裡。我讓澳洲的朋友們看Monochrome・Romance文庫出的日文版封面，大家都說「這真是最棒的封面」。

溝口　原來如此。話說回來，我想請問〈墮落王子〉的人種設定。戴門的肌膚是麥色，會讓人想到現實世界中的南歐、南義大利或希臘人；至於金髮白皮膚的羅蘭，則很明顯是北歐人的感覺。

帕卡特　其實這部分是來自我的經驗。就像剛才說過的，我的父母是移民到澳洲的義大利裔澳洲人。也許是澳洲獨特的文化吧，在澳洲，人們經常把出身於義大利和希臘一帶的人兜在一起，當成地中海出身的民族，並且會將地中海裔澳洲人與英裔、北歐裔澳洲人作區別。在我小時候這種區別

※6　二〇一三～一四年，富士電視台的深夜動畫時段「noitaminA」播放的電視動畫。人物原案倉花千夏同時也負責《墮落王子Ⅰ：謊言之盟》日文版的封面與內頁插圖。

※7　二〇〇五年Nitro+CHiRAL發售的BL成人遊戲。當時隸屬於該公司的倉花千夏，以たなかな的筆名為遊戲繪製原畫。

心態還很明顯，而且很多人都對地中海裔澳洲人抱持著偏見。當時幾乎沒有由地中海裔澳洲人主演的電影或電視劇，就算地中海裔澳洲人出現在電影或電視劇中，也都是擔任被嘲笑的角色。義大利、希臘以及中東一帶，其實從古希臘時代起，自古就是擁有高度文明的地區。儘管如此，英裔澳洲人們卻把地中海裔看成文化程度很低的民族。正是因為有這樣的背景，所以我在塑造戴門這個角色時，認為最重要的是他既是古典式的英雄，也是高貴、英勇、認真的主角。然後他被帶到維爾王宮時，儘管他來自有著豐富文化的阿奇洛斯，卻被當成蠻族看待，這部分也跟我身為地中海裔澳洲人的生長背景有關。

溝口　雖然我去過澳洲好幾次，但是完全不知道有這回事呢。

帕卡特　或許是因為特地說明這種事也很奇怪吧。而且這部分的微妙之處，似乎無法傳達給澳洲以外的讀者，所以日本的讀者們也不必太在意哦（笑）。還有，撇開現實世界不談，我看過的奇幻小說裡，也幾乎沒有南歐的風景，全是英國或法國等北歐的世界，所以，過去我一直渴望能有與自己更親近的義大利系奇幻作品。基於這樣的原因，戴門像是古希臘般的人物，阿奇洛斯的版圖也是義大利的形狀（笑）。

溝口　（看著地圖）啊，真的呢。

無法成為「YAOI論戰」的「M／M」論戰？

帕卡特　話說回來，最近這一、兩年，「M／M」這個詞逐漸廣為人知，因此LGBT群體，應該說主要是男同志中開始出現「明明是寫我們的故事，卻不是由我們來寫」「這是對男同性戀者的性剝削」這類的批評，是非常政治的話題。

溝口　日本在一九九〇年代前半到中期，也發生過類似的爭論，名為「YAOI論戰」。那是二次創作的同人誌開始增加，商業BL書籍也大量出現，BL逐漸被世人認識的時期。當時，有男同志抱怨「這些作品中描寫的假同志之間的戀愛與性愛，是在剝削現實生活中的男同志」。我在二〇一五年出版的《BL進化論》第三章中有談論過這件事。

帕卡特　聽起來很有趣呢。要一邊翻字典，一邊讀讀看第三章嗎……。

溝口　我會送一本給妳的（笑）。我也有打算出英文版的《BL進化論》，但不是直接翻譯，而是針對英語圈的讀者重新思考整本的架構，而且寫完後還要找出版社出版，所以應該還要好一段時間才行……把話題拉回「YAOI論戰」，許多人誤以為那是一場來自男同志群體的大規模抗議，但其實是一名男同志，寫了一篇措詞非常激烈的抗議文，刊登在某女性主義的小眾刊物上，引來好幾名女性回應的「論戰」。那名抗議者，雖然身為男同志，但同時也喜愛BL的始祖「美少年漫畫」、「少年愛作品」，被那些作品中所描繪的美少年間的同性情欲關係鼓勵。正因如此，他對九〇年代初期開始蓬勃發展的商業BL作品，或是同人誌中水準低落的作品感到難以忍受。此外，雖然他是男同志，但是他也很清楚自己擁有強烈的女性特質，比一般男同志對女性的認同作用（identification，同一化、親近感）更強。所以他才會特地花時間寫抗議文投稿。至於當時的一般男同志們，根本不在乎BL作品。因為他們擁有男性特權，就算偶爾看到BL——在當時被稱為「YAOI」——並因此感到不愉快，也不認為那種虛構作品具有實際的威脅性，只要無視就可以了。關於「M／M」說不定也會出現類似的爭論，但現在已經是網路時代了，可以想見爭論起來應該會更激烈吧。

虛構作品中的男性凝視・女性凝視

帕卡特　是啊。目前關於「M／M」的爭論相當激烈，光是提到這個話題就會議論紛紛……日本的漫畫與小說，與英語圈的作品有很大的差異。我會這麼想是因為日本有以女性的視線為主體，觀賞男性身體的這種「女性凝視（female gaze）」傳統。好萊塢的古典電影中只有男性凝視（male gaze），女性只能是被凝視的對象。因此，女性觀眾在觀看好萊塢古典電影時，只能透過男性凝視的角度看電影。雖然女性主義電影理論家勞拉・穆爾維（一九四一～）早已把這個事實理論化，但是直到目前為止，英語圈的小說都還是以「男性凝視」為前提。

溝口　這個理論是出自她一九七五年的著名論文〈視覺快感與敘事電影（Visual Pleasure and Narrative Cinema）〉※8呢。關於電影，如今在好萊塢電影中，以女性作為動作片主角的作品變多了，所以已經不能斷然地說女性觀眾唯有透過男性主角才能成為凝視的主體。話是這麼說，但動作片的女主角雖然是凝視的主體，不過同時，她的身體對觀眾來說，也確實是服務觀眾用、具有性感魅力的客體，相當複雜呢。雖然勞拉・穆爾維評論的是電影，不過要說「M／M」小說與BL有什麼不同的話，就是BL的始祖——少女漫畫中以美少年為主角的那些故事，從一九七〇年代起就存在於日本了，而且它們不是不起眼的存在，而是成為具有廣泛影響力、日後孕育出BL的一片沃土。但是在英語圈中，似乎沒有這樣的作品呢。

帕卡特　沒錯。英語圈中沒有「Shojo（少女漫畫）」的傳統。所以就算是現在，「凝視的行為」仍然以男性為主體。在這種情況下，對英語圈的女性來說「M／M」是很新鮮的作品。有很多女性說「我們是第一次成為性的觀看者（sexual looker）」。「M／M」成為了女性探索「性」的場所，這是革命性的一件事。但是另一方面，男同志則說「或許你們認為『M／M』描寫的不是真正的男同志，但因為都是『像男同志的角色』，所以還是在剝削我們這些男同志」。這麼說也不是沒有道

※8　日文版收錄在《「新」映画理論集成Ⅰ》之中。齊藤綾子等編譯，フィルムアート社，一九九八。

理，所以爭論愈來愈白熱化。

溝口 原來如此。我在《BL進化論》中的論點之一，就是女性作者與女性讀者不只會把感情代入BL的「受」角，與「受」角合而為一，也會與「攻」角合而為一。此外，還擁有從旁觀看兩人關係與整個故事世界的觀點，而且這三種觀點經常同時進行。

帕卡特 是啊。對女性來說，那是非常完美無缺的角度，可以掌控整個性的循環。

溝口 是的。關於〈墮落王子〉，我覺得特別令人興奮的一件事是：雖然有兩名美男子談戀愛的這種SLASH描寫，但是不只如此，還構築出了一個原創的世界。而且就像您剛才說的，比起我們所處的現實社會，那個世界克服了恐同心態，並且有自主性很強的女性角色們登場。最棒的是，這些要素並不會破壞讀者喜歡主角，或是為主角們的戀情加油的那份愉悅。

帕卡特 謝謝稱讚。

傳達出「喜歡的書」所擁有的能量

溝口 最後，請告訴我您今後有什麼預定。我看過您的推特，您最近似乎以電子書的形式發表了〈墮落王子〉的新短篇。

帕卡特 是的，是四篇短篇小說。我在寫完〈墮落王子〉時，還有幾個想寫的小插曲，因此以短篇的形式發表出來。話是這麼說，不過我喜歡已經完結的故事，所以沒有寫續集的打算。

溝口　原來如此，那麼接下來的作品呢？

帕卡特　我目前正在準備的新作是青年成人小說。要說為什麼改變類別，是因為我有自覺，自己十三歲到十六歲時閱讀的作品，對自己的人生造成最大的影響。所以我想寫出能讓這個年齡層的讀者看的作品。應該是明年初開始動筆吧。

溝口　這麼說的話，故事中不會有男性之間的羅曼史了？

帕卡特　不，不是那個意思。會有LGBT的角色登場，也會有男性同性之間的情色要素。

溝口　原來如此，雖然我不是青年，不過我很期待成品（笑）。新作目前準備到哪個階段了呢？是「青空階段」嗎？

帕卡特　不，第二階段的計畫階段差不多要結束了，很快就會進入擬定大綱的第三階段。實際動筆應該是明年年初的事吧，不過大概會花上一、兩年的時間才能完成。

溝口　故事的分量和〈墮落王子〉差不多嗎？

帕卡特　是的，這次不會先在網路上連載，會三本一起寫完，之後出版社應該會一本一本地連續出版吧。

溝口　最後我想問個範圍比較大的問題，請問您有什麼人生中想完成的事嗎？

帕卡特　有兩件事，可以嗎（笑）？第一件事，我想寫出大家喜歡的書。因為我很清楚喜歡的書本身就帶有能量。第二件事，我想為讀者與作者開拓出某種新的東西、新的可能性。比如女性角色的描寫方法、對世界的看法、描寫男同志或女同志角色的新方法……以全新的方法描寫這類角色登場的故事是很困難的，所以我想花一生的時間朝著這個目標前進※9。

溝口 原來如此。但是這麼說的話，〈墮落王子〉已經完成一部分的目標了呢。

帕卡特 是這樣嗎？很高興聽到您這麼說。

（二〇一六年九月七日　於Skype）

※9 根據二〇一七年八月發表的資訊，由帕卡特擔任原作，Joranna the Mad擔任作畫的運動漫畫《Fence》，在二〇一七年十一月由Boom Studios出版。這是受到日本的《排球少年!!》等運動漫畫啟發，以十六歲的男性西洋劍選手為主角的漫畫。主角與競爭對手之間有同性羅曼史的劇情。

「我的BL作品中的角色，從一開始就是男同志了。因為這是我的萌點。」

10

與漫畫家 吉永史的對談

一九九六年，吉永史老師以《月とサンダル（映在你眼底的月光）》初次出版商業BL單行本後，直到《ジェラールとジャック（獨眼紳士與少年）》（二〇〇〇～〇一）為止一直持續發表新作。其專注於描寫人際關係的獨特風格，受到BL愛好者的注目。少女漫畫作品《西洋骨董洋菓子店（西洋骨董洋菓子店）》（二〇〇〇～〇二）在二〇〇一年被翻拍成電視劇，並在二〇〇二年得到講談社漫畫獎。之後在少女漫畫雜誌連載的《大奧（大奧）》（二〇〇五～）也同樣被拍成電視劇與電影，並得到詹姆斯・提普奇獎※1等好幾個獎項。目前於青年雜誌連載中的《きのう何食べた？（昨日的美食）》（二〇〇七～）也開拓了男性讀者群，在廣泛的讀者層中得到相當高的評價。我在《BL進化論》（二〇一五）中分析過吉永老師的BL作品，將它當作「走在進化型BL最前端的作品」。這裡所謂的「進化」，指的是給予進化的提示，告訴我們該如何跨越存在於現實日本社會中的厭女情結與恐同心態。沒錯，在一九九〇年代，大多數的BL作品沒有女性角色存在的空間，而且美形男角們總是宣稱「我不是同性戀，只有你是特別的」。在那樣的風潮中，吉永老師的作品中已經存在著具有自主性的女性角色，主角也已經是有自覺的男同志了。為什麼吉永老師能走在「進化型的最前端」呢？此外，不論是男女逆轉大奧，或是中年男同志情侶的日常生活與料理，我認為吉永老師近年的非ＢＬ作品也都與「進化型ＢＬ」的問題意識相連。但是吉永老師本人又是怎麼想的呢？假如直接與她談過，也許可以明白更多吧。因此，我邀請她與我「對談」。

溝口　我在《ＢＬ進化論》中，對吉永老師的ＢＬ作品做了許多考察，我認為您的ＢＬ作品走在提示了該如何跨越恐同心態與厭女情結的「進化型ＢＬ」最前端。而且也因您與七名女性創作者的對談集《あのひととここだけのおしゃべり》（二〇〇七）而得到靈感，使我建構了自己的論點，真是非常感謝您。也謝謝您今天能抽空與我對談。

吉永　我才要感謝您邀我對談呢。

※1　James Tiptree, Jr. Award。創設於一九九一年，頒發給對於性別議題有所貢獻的科幻、奇幻小說的獎項。

《昨日的美食》的類別是？

溝口　我在《ＢＬ進化論》中提到了您的許多作品，其中也寫道有人把《昨日的美食》當成ＢＬ作品，但其實不然。這部分得到很多的回應。其中有因《昨日的美食》而第一次閱讀吉永老師作品的讀者，他們說「不，如果想要稱之為ＢＬ的話也可以，請去讀看看吉永老師發表的ＢＬ作品，例如《ソルフェージュ（無伴奏愛情曲）》（一九九八）」。

吉永　我一向是機械性地以發表作品的雜誌決定作品類別。而《昨日的美食》是在青年雜誌上連載的，所以假如問我這部漫畫的正式類別是什麼，我會回答「青年漫畫」……不過其實，我本來是想在ＢＬ雜誌上連載《昨日的美食》的。

溝口　咦咦？所以您曾經構思過和目前在青年雜誌《Morning》連載的內容不同，ＢＬ版的《昨日的美食》嗎？

吉永　不，就算在ＢＬ雜誌上連載，我也會畫同樣的內容。我剛進入商業ＢＬ界時，業界的包容力很大，只要主角是兩個男的不管畫什麼內容都可以。就算是悲劇結局，或是同性戀者碰壁的劇情，也都可以刊登。或者像是一億總ＢＬ那樣，所有男性都說「那傢伙是美人呢」的劇情也沒問題，也有完全沒有Ｈ場面，純搞笑的四格漫畫。所以我覺得，《昨日的美食》中雖然沒有性愛場面，但是有畫到男同志的內心糾葛，也有照護父母的劇情，就算刊登在ＢＬ雜誌上應該也沒問題吧。而且每一話都很短，又有食譜，雖然無法成為ＢＬ雜誌的主打作品，不過可以當作放鬆用的小品。所以，假如《昨日的美食》是在ＢＬ雜誌上連載的話，那麼我就會認為它是ＢＬ作品。

溝口　哇哇哇，我現在有點動搖（笑）。首先讓我問一下，和您初次在雜誌上亮相的一九九四年時不同，二〇〇七年的時間點，在商業ＢＬ雜誌上無法刊載《昨日的美食》，是這樣嗎？不能刊載的最主要原因是什麼呢？

吉永　故事是二〇〇五年左右想好的。第一個問題是角色的年齡。編輯告訴我「可以讓『受』的筧更年輕一點嗎？至少要降低到三十多歲」。還有，讀者中說不定有實際面臨照護父母的重擔，為了尋求慰藉而看ＢＬ的人，他們應該不想在ＢＬ雜誌上看到這種話題。我心想這麼說也有道理。

溝口　確實有這個可能性呢……但是《昨日的美食》在描繪關於筧面臨的雙親照護問題時，並沒有給人太嚴肅的印象，就算刊登在ＢＬ雜誌上應該也沒問題吧，而且這樣一來還能加大、加深ＢＬ類別的廣度與深度。雖然現在說這些也沒有用。

吉永　因為我想在ＢＬ雜誌上看到像《昨日的美食》這樣的作品，所以被否決時覺得很失落。不過就結果來說，因為刊登在青年雜誌上，所以能被更多不同層面的讀者看到，這樣也算不錯吧。

溝口　喜歡您作品的ＢＬ愛好者，即使不會買青年雜誌，應該也會買漫畫單行本來看吧。

不是有男同志角色就叫做ＢＬ，可是……

溝口　那個，我之所以說把《昨日的美食》稱為ＢＬ是不正確的，不單只是因為刊登雜誌的原因而已，請讓我稍微說明一下。吉永老師曾經說過，因為《西洋骨董洋菓子店》中有「魔性的男同志」角色小野，所以有人把這部當成ＢＬ漫畫來閱讀，但其實那是不對的。您說過，這是一部故事中有男同志角色的少女漫畫，並不是ＢＬ漫畫。那些話應該是出自《あのひとところだけのおしゃべり》，您與三浦紫苑小姐的對談吧。

吉永　關於《西洋骨董洋菓子店》，有些讀者把這部當成ＢＬ漫畫，寫信問我「橘和小野什麼時候會在一起呢？」。對於有這種想法的讀者，我想他們應該會感到失望吧。我認為，假如我畫出人際關係、兩人的關係，就算最後的結局是失戀，那也會變成ＢＬ作品。但是到頭來，我完全沒有畫出那種戀愛的劇情，所以對我來說，那個故事不算是ＢＬ。

溝口　我自己把同人誌版本有他們性愛關係的番外作品，和原作的內容稍微混在一起了，所以看完對談後，特地把原作又全部重看了一次。接著發現，雖然小野說自己是「魔性的男同志」，但是原作中露出肌膚的場面只有一格，而且只有八分之一頁那麼大，在更小的格子中，因為角度很奇妙，所以很難看出雙方的身體如何交纏，也看不太懂體位。「哦哦，原來如此，是以這種方式做區分的啊」、「所以說，原作的重點是橘小時候遇到的事件呢」我重新認識到這點。不能因為美男角色很多，而且有男同志角色，就說這是ＢＬ，我深刻地反省這點。又比如《大奧》，就算第一集時因為男女逆轉，在全是美男子的後宮中有男男的性愛場面，要是有人說「這是ＢＬ」的話，「那個……主角是女將軍哦？」反而會想這麼反駁呢。

吉永　是的。《大奧》也完全不是ＢＬ作品。以前我和三浦紫苑小姐對談時，之所以說《西洋骨董洋菓子店》不是ＢＬ，是因為我必須對喜歡ＢＬ、想看ＢＬ的讀者說明清楚才行。我知道想看ＢＬ的讀者希望看到的是什麼，但《西洋骨董洋菓子店》卻不是能滿足他們需求的那種作品。

甜點師傅小野／《西洋骨董洋菓子店①》（新書館，2000）
©吉永史／新書館

假如不是想看ＢＬ的讀者，在看了《西洋骨董洋菓子店》後說「這是ＢＬ」，我也無所謂；但是對於本來就是為了看ＢＬ才看這部作品的人來說，若不事先說明這不是ＢＬ的話，可能會令他們失望吧。

不讓主角成為「最大公因數」的男同志的原因

溝口　正因為是ＢＬ才能畫的內容，我想把這部分留到後面再談。關於《昨日的美食》的主角們，故事開始時已經四十多歲的律師筧，是個很像省錢家庭主婦、喜歡下廚的人，但是這種男同志在現實中似乎不太常見；筧的男朋友，美髮師賢二的外表也完全沒有男同志的感覺。所以我猜，您應該是故意讓主角們偏離一般男同志的形象吧。後來出現現實中似乎也看得到的美食家男同志後，我心想果然是這樣。

吉永　在開始連載前，我曾經實際訪問過現實中的男同志，最後的結論是：沒必要特地去畫符合「最大公因數」的男同志。我採訪的男同志中，也有完全看不出是男同志的情侶，他們從來沒去過新宿二丁目，也沒興趣去那裡。除此之外，也有人喜歡在異性戀男性中很受歡迎的女偶像。然後我才發現，因為接觸的樣本不多，所以我們很容易在提到男同志時，就想到在新宿二丁目的男同志，但其實現實中還有各式各樣的男同志。還有，在我訪問的男同志中，有許多除了性別弱勢之外，對於其他弱勢族群的權利等議題完全不敏感的人，讓我覺得很有趣。

溝口　的確，「如果我不是同性戀，我早就爬到這父權社會的頂點了」會那麼想的人，就只會對「像我這麼優秀的男人，升不了官爬不上去，都是因為我是同性戀」這種事敏感呢。

吉永　至於料理的部分，我有聽過男同志情侶之一做了豪邁的男人料理，另一個人看著剩下的迷迭香，問「這些要怎麼辦啊？」的故事。啊——如果是一男一女的夫妻，老公偶爾做飯的話，也會有這種場面呢。「這些是要怎麼處理啦？」像這樣的對話都差不多呢（笑）。就像異性戀情侶有各式各樣的類型，男同志情侶應該也有各式各樣的類型吧。因此我就隨自己高興畫了。

溝口　原來如此。所以不是典型的男大姊，而是歐巴桑個性的男同志律師・筧就這麼誕生了。接著第九話（收錄於第二集）時，筧覺得自己的外表看起來比實際年輕，而且又

筧（左）與賢二（右）／《昨日的美食①》（講談社，2007）©吉永史／講談社

瘦，應該會很受歡迎，沒想到去了二丁目後卻完全沒人理他。因為他的打扮和男同志的「討喜穿搭」差太多了，以異性戀女性來比喻的話，就和沒化妝去參加聯誼一樣呢。

吉永 因為當初是在青年雜誌連載，考慮到可能要在十話之內完結，所以我事先把筧和賢二、律師和美髮師的工作、筧的雙親以及附近的主婦富永佳代子與她家人的結尾都想好了。但是很幸運地沒變成短篇，讓我覺得，不把筧畫成最大公因數其實是可行的。

溝口 我很喜歡在藝能事務所上班、身材很結實的小日向，與「有鬍子的吉爾伯特」阿航的這一對。小日向感覺像是現實中會有的男同志角色，阿航的話，則是男同志與BL的始祖角色合體般的感覺（笑）。換一下話題，現在的話，包含男性讀者在內，許多人在《Morning》看《昨日的美食》已經是理所當然的事了。不過連載剛開始時，您有沒有很緊張呢？

吉永 有。當時因為是青年雜誌，我本來有點膽怯，不過編輯說，我們雜誌有很多主婦在看所以沒問題的，因此我也不知不覺那麼想。

溝口 原來如此。讀者們的迴響又是如何呢？

吉永 該說果然是這樣嗎？我收到了很多「照著食譜做了料理」的信。而且也有收到男同志當事者的信。還有就是，開始連載時，據說某本男同志雜誌的總編打電話到編輯部說「我會幫這個作品加油的」。聽說這件事時，我的感覺是「雖然很緊張，不過真的非常感謝！」。

遇見非「ＢＬ腦」的讀者

溝口　中年男同志情侶過著一邊上班一邊自己做飯的生活，對父母出櫃，照護生病的父母。這種漫畫，就算找遍全日本，應該也只有《昨日的美食》吧。

吉永　好像是呢。不過，我在接受關於《昨日的美食》的採訪時，經常被問道「為什麼想以男同志情侶為主角呢？」。就算問我「為什麼」我也只能老實地回答「從一開始就這麼決定了」而已（笑）。「因為我自己想看這種漫畫，同志『夫夫』的料理漫畫」雖然我這麼解釋後，對方大多都能理解。

溝口　對身為ＢＬ愛好者的我來說，男男情侶是基本形式就是了（笑）。不只一九九〇年代出

航（左）與小日向（右）／《昨日的美食⑤》（講談社，2011）
©吉永史／講談社

現的商業BL，像是BL的始祖，一九七〇年代的《風與木之詩》（竹宮惠子／一九七七～八四）的賽吉和吉爾伯特，以及硬要說的話，就連大受歡迎的少女漫畫《動物のお医者さん（迷糊動物醫生）》（佐佐木倫子／一九八九～九四），主角公輝和配角二階堂雖然不是戀人，但我也只會稱呼他們為「男男情侶」。這是基本啦！基本（笑）。

吉永　因為兩人說好要一起開獸醫院呢（笑）。不過，採訪我的人裡，有些人不知道我畫過BL漫畫，所以問說「是因為一般的料理漫畫感覺起來不夠有趣，所以才改成這樣的嗎？是戰略嗎？」我心想「原來如此！還有這招啊！」覺得很新鮮。

溝口　戰略！但是，假如《昨日的美食》的主角是男女情侶，故事會變得完全不一樣吧。雖然說做菜的部分應該差不多，可是劇情會變得截然不同呢。

吉永　是啊。男同志情侶和已婚但沒有孩子的夫妻，立場完全不一樣。和伴侶的父母也是，假如是結了婚的男女，從一開始就會發生親屬關係。而且社會認知也不一樣，所以會直接對周圍的人說我有妻子或我有丈夫。有「BL腦」的人會立刻明白，換成男女來演的話，整個故事會完全不一樣；但是非「BL腦」的人卻會說「角色換成一男一女，應該也可以吧」……對我來說，從對於《昨日的美食》的問題，可以明白非「BL腦」的人在想什麼，感覺很有趣。

溝口　說到「BL腦」，不熟BL的人，可能只會認為「就是覺得美男配對很萌的腦袋」吧。不過其實，有BL腦的人能敏感地分辨出異性戀和同性戀機制的不同呢。

想畫不是一般「律師漫畫」的部分

溝口 話說回來，《昨日的美食》裡的食譜，全都是您自己想的嗎？

吉永 是的。假如不是我自己想的，而是別人告訴我的食譜，我會特地標明……不過這部分比我想像的更麻煩，讓我有點後悔（笑）。

溝口 料理的部分嗎？

吉永 是的。就算是自己做習慣的料理，在畫作品前先邊拍照邊做，手就會一直停下來，非常麻煩。因為平常做的時候都是嘩——地一下子就做好了。還有，假如是不太常做的料理，還要先試做看看。假如試吃時覺得味道不夠好，又要重做，直到覺得「就是這個味道」，才能一邊拍照一邊做料理。所以，除了畫漫畫的作業之外，還要另外花上很多時間。我本來覺得可以更輕鬆地做到，沒想到這麼累人（笑）。

溝口 感覺起來您有兩本筆記本呢。一本是記載食譜用的筆記本，一本是記載律師處理的案件和父母照護用的筆記本。

吉永 是的。我以前想過總有一天要畫律師的故事，所以收集了各種資料。但是資料收集愈多，愈是明白自己其實並不是想畫所謂的律師漫畫。也就是說，我並不是想畫以非常戲劇性的刑事案件為主，或是以與巨大企業作對的民事案件為焦點，每回四十頁的漫畫。就算聽到律師的故事，對我來說，各種瑣碎的小知識反而更有趣，所以我擱置了畫律師的念頭。後來，在構思《昨日的美食》時，我想，假如把料理作為故事的主軸，讓主角的職業是律師，這樣一來，就能把委託人沒有說出的真相之類，我自己覺得有趣的小知識塞在為數不多的頁數裡了。

溝口　啊！那個「就算（為了隱瞞外遇的事而）刪除手機裡的郵件，還是能藉著預測字詞來知道真相」（單行本第十集的內容）的小知識對吧。

吉永　沒錯沒錯。

可以輕鬆地畫只有男人的世界，是BL的魅力所在

溝口　話說回來，我久違地重看了《昨日的美食》，發現一開始的筧比現在更有男子氣概呢（笑）。

吉永　是啊（笑）。《西洋骨董洋菓子店》裡，我最喜歡的配對——這是指假如我可以隨意畫二創的話——是千影「攻」跟橘「受」。我想實現這個夢想，所以在《昨日的美食》裡筧是受。

溝口　啊，這麼說來，筧確實有點橘的感覺，賢二也有點像千影呢……話說回來，把自己的作品當作二創的原作及材料，還有這種操作啊。完全是「自給自足」呢，真好。

吉永 （笑）。是說，千影是非常跳躍的角色。像他那樣什麼事都不會做的角色，我已經畫不出來了（笑）。所以賢二很「普通」。他身為美髮師已經有一段資歷了，技術當然很好，不過就資深美髮師來講算「普通」，是個很會接待客人的人。

溝口 美髮師的劇情也很有趣哦。看的時候都會想「有有有，有這種事～」（笑）。

吉永 就青年雜誌的作者來說，因為男性不太會去美容院，所以我覺得，這是只有女性作者才畫得出來的內容。因為我自己也會去剪髮，所以收集資料很方便呢。可以一邊剪頭髮一邊問「有沒有什麼有趣的客人呢？」。關於美髮師的部分，店長說「最重要的是接待客人的技術，因為剪髮技術好是理所當然的」。剪出來的頭髮好不好看，能不能令客人滿意，靠的不是客觀的技術能力，而是能不能讓客人接受。所以，在客人帶著照片來說我想剪成這樣時，最重要的是進行說明後能不能讓客人接受，例如「雖然沒辦法剪得一模一樣，不過如果把這邊燙起來的話，就可以像到這種程度」或是「不對，客人您這裡有髮旋，所以沒辦法

橘（左）與千影（右）／《西洋骨董洋菓子店②》（新書館，2001）
©吉永史／新書館

做出那樣的效果」之類。因此幾乎取決於接待客人的技術。還有，假如碰上不想說話的客人，就不要勉強對方開口等等。這些內容都很有趣，所以我把它們應用在《昨日的美食》裡。這部分也是非一般美髮師漫畫的小知識。

溝口　我最近看了一部商業ＢＬ漫畫，我想應該是很年輕的作者，講的是兩個念美髮學校的男孩子的故事。主角們會在狹窄的公寓房間內擺滿假人頭，練習剪髮。兩人租的房間就在隔壁，因此感情很好，後來兩人之間的關係逐漸產生變化，大概是這樣的故事。不過學習美髮的部分也畫得很詳細，讓我很驚嘆。

吉永　可以看到不同的工作，也是ＢＬ的魅力之一呢。

溝口　是的。不只美髮師這種貼近女性的職業，還有化學製藥工廠或電視節目製作公司。近年來，商業ＢＬ也開始畫到這類特別的職場了。而且這種「職業類」的ＢＬ，有很多作品似乎都有實際採訪過該職業，所以感覺起來很有趣。至於刑警、黑道、不良少年這些經常可以在電影、電視劇、青年漫畫中見到的「男人的世界」，把它創作成ＢＬ則早就是ＢＬ的固定套路了。

吉永　二創同人誌的原作大多是運動類的少年漫畫。我想其中一個原因，就是身為女性在實際生活中體驗不到這些的緣故。

溝口　能畫這些是ＢＬ的優勢呢。正因為兩名主角都是男性，所以即使作者與讀者絕大多數是女性，也能夠輕鬆地畫出「男人的世界」。

吉永 當然，現在女性成為刑警等已經是很自然的事，雖然少女漫畫還沒發展到開始出現刑警類的故事。

溝口 BL的話，表面上是「雖然我自己是女性，但因為角色是男性，所以就算擔任刑警也是理所當然的」，不過同時，就另一個層面而言，也因為「這個美男角色是我這個女性的代理人」，所以讀者們可以無意識地做到「身為女性讀者的我，直接把感情代入比誰都更有男子氣概的男性刑警角色中」。就算不是女性主義者，只要單純地享受BL，就能克服厭女情結或恐同心態，為促進這種「進化」做出貢獻，我覺得這點很棒。從外人的角度來看，說不定會說BL愛好者只是一群「把現實中希望成為自己戀人的男性投射在角色身上，當作欲望對象來萌的異性戀女性」，不過那只是擁有多層意義的BL的其中一層而已。

熱愛少女漫畫，看著少女漫畫長大

溝口 話說回來，您的少女漫畫作品《西洋骨董洋菓子店》和《大奧》都是很受歡迎的暢銷作，或許這也是理所當然的吧，不過從剛才的話聽來，您似乎相當關心少女漫畫的發展呢。

吉永 因為我是熱愛少女漫畫、看著少女漫畫長大的人。就這層意義來說，我認為我的所有作品「全是少女漫畫」。

溝口　就算是發表在ＢＬ雜誌上的ＢＬ作品，或者是發表在青年雜誌上的《昨日的美食》，也都是「廣義的少女漫畫」嗎？

吉永　是的，這是我的主觀想法。由於《昨日的美食》是在青年雜誌《Morning》上連載，所以我完全不擔心青年漫畫「這個類別萎縮的可能」；相對的，近年來少女漫畫幾乎只剩下年輕男孩遇見年輕女孩的故事而已，讓我很擔心。一談到少女漫畫的危機，我就會停不下來呢（笑）。

溝口　最近有什麼令人擔心的例子嗎？

吉永　比如《恋は雨上がりのように（愛在雨過天晴時）》（眉月啍／二〇一五～）。那是在《ビッグコミックスピリッツ（Big Comic Spirits）》連載的作品，描述的是女高中生與中年大叔的戀愛故事，相當有趣。後來我聽說作者原本是在少女漫畫雜誌初次亮相，我心想「又被搶走了！」（笑）。雖然說正在青年雜誌連載的我說這種話，有點奇怪就是了（笑）。

溝口　雖然女主角是高中生，但不是發表在少女漫畫雜誌，而是發表在青年雜誌上。為什麼呢？

吉永　當然，我不知道作者實際的考量，不過就我自己的想像，可能是作者自己判斷男主角的年齡不適合出現在少女漫畫中吧。前幾天，我和少女漫畫的編輯聊天時，編輯說，其實編輯部並沒有硬性規定不能畫什麼，但是作者們會依照雜誌給人的感覺自行做出判斷。如果覺得這故事不太適合少女漫畫的風格，可能就跳過少女漫畫雜誌，直接去向青年雜誌或其他雜誌提案了。不過，我覺得問題出在讓人覺得「好像沒辦法自由地畫想畫的內容」的雜誌本身吧。

溝口　原來如此。作者會在心裡認定「少女漫畫就是男孩遇見女孩的故事」，假如判斷自己的故事不是那種感覺，就會另外尋找適合的發表場所，比如近年來風格多樣的青年雜誌等等。老實說，吉永老師的《昨日的美食》也是，直到聽您剛才說原本打算在BL雜誌連載為止，我一直以為「是不是因為內容和一般的BL有點不一樣，所以才會去找青年雜誌投稿呢」。不過真的，再這樣下去，不論是少女漫畫或BL，增加自己多樣性的機會，都會被青年雜誌搶走呢。

不是BL的話就無法誕生的傑作們

溝口　話說回來，您向BL雜誌提案《昨日的美食》是二〇〇五年的事。當時就算編輯不太有興趣，但是如果能在BL雜誌連載這個作品，BL這個類別應該能變得更多樣、更豐富吧，身為BL愛好者與研究家的我忍不住會這麼想。

吉永　我想那是很難的（笑）。「如果吉永老師真～的非常想畫的話，也是可以啦」雖然編輯這麼說，但編輯是作品的第一個讀者，也是和作者一起合作、讓作品問世的夥伴，假如編輯一點幹勁也沒有，非常不願意的話，作者硬推作品也沒有意義。

溝口　說的也是……啊，不過到了二〇一〇年代後，商業BL開始出現主角之間沒有戀愛關係的作品了。例如明治カナ子老師的《坂の上の魔法使い（山坡上的魔法使）》（二〇〇九～一三），以及目前還在連載中的山下朋子老師的《さんかく窓の外側は夜（三角窗外是黑夜）》（二〇一四～）。魔法師和國王、除靈搭檔等等，雖然主角之間沒有戀愛關係，但都是以情色關係為主軸。彷彿繼承了廣義BL史中《波族傳奇》（萩尾望都／一九七四～）的艾多加與亞朗的關係性，這種奇幻系BL作品也很重要，而且我也很喜歡這種作品。

吉永 除靈的故事在少女漫畫中也是很受歡迎的題材呢。還有，中村明日美子老師的《薫りの継承（香氣的繼承）》（二〇一五）也是，比起近年來的BL，更接近「JUNE」的感覺。

溝口 是的。我一直在想，這麼悖德的故事到底要怎麼收尾？最後果然變成那樣了！我也很久沒有看過那種結局的作品了。

吉永 但是明日美子老師也畫得出《同級生》（二〇〇八）那樣的作品，是表現幅度很大的作者。還有，新田祐克老師的《擁抱春天的羅曼史》（一九九九～）讓我覺得這是BL作品真是太好了，或者應該說，正因為是BL才能誕生這樣的作品。兩名主角都是演員，而且是世間公認的情侶，還能參與大河劇的演出，這種劇情不是很棒嗎？

溝口 是的，兩人是日本戲劇界的雙璧，而且還是重量級電影的主角。

吉永 很厲害的劇情呢。我一邊看一邊心想，不知道這部作品什麼時候能拍成電視劇。

溝口 拍成電視劇！不過兩人原本是有競爭關係的AV男優，如果要拍成真人電視劇，就必須在這部分下工夫了……包含這個部分在內，會很想看電視劇版拍成什麼樣子呢。話說回來，創造出全日本的觀眾們在電視機前為男性藝人的「夫夫關係」加油的世界，而且能讓這種劇情具有說服力，新田老師的想像力和說故事的功力都很令人佩服呢。

吉永　小說的部分，就故事的厚實度來說，松岡夏輝老師的《FLESH & BLOOD（七海情蹤）》（二〇〇一～）可以說是第一名呢。所以，讓不熟BL的人看這部作品的話，說不定會出現「如果這個高中男生是女孩子的話，應該會有更多人看這部作品吧，真可惜」的感想呢……。

溝口　不行！不行啦（笑）。

吉永　是啊（笑）。不是這樣的話，不是兩個男性的話，就不是松岡老師了。女生的話故事完全不一樣。

溝口　因為，如果主角是女生，就不可能成為船長的跟班了。應該說，從　開始就不可能上船了。因為那是大航海時代的海盜船啊。

吉永　啊！說的也是。就是那樣！（笑）。

與九〇年代的BL固定形式無緣

溝口　吉永老師的BL作品《1限めはやる気の民法（第一堂戀愛課）》（一九九八～二〇〇二）中，名為寺田美穗的女性角色，重要度可說是僅次於兩名男主角的第三名。這部作品在一九九八年，由

BiBLOS（現為Libre）第一次出成單行本。在九〇年代的商業BL中，確實地描寫到女性角色的作品，是非常罕見的。所以我在《BL進化論》中，把這部作品評論為BL作品進化的過程中，克服厭女情結的BL劃時代作品。

吉永　因為我喜歡女性角色。還有，我喜歡在有男有女的一群人中，出現男同志角色。所以初次出版的作品《映在你眼底的月光》也有女性角色。

溝口　啊，確實是這樣呢。

吉永　我想，這也是我個人的「萌點」吧。只有男性存在的世界觀，或者所有角色全是同性戀的設定，我萌不起來。

溝口　寺田的男朋友把和她上旅館時拍的裸照投稿到雜誌上，害她陷入絕境。以現代的說法來說，算是色情報復吧。像這種深刻描寫女性的痛苦之處、非常女性主義的劇情，在當年的BL界，編輯都不會有意見嗎？

吉永　是的。那位編輯是看了我的同人誌後把我從同人界挖掘出來的人，所以不管是悲劇結局或是充滿東洋風情※2的故事，全都放手隨我畫。由於當時的BL作品幾乎都是以高中生為主角，編輯問我「要不要畫大學生的故事？」因此我想了這種高中校園不會出現，只會發生在大學裡的劇情。

溝口　寺田是令人印象深刻的角色，但是不會妨礙讀者閱讀BL的樂趣，也不會妨礙讀者欣賞兩位男主角之間的戀愛進展。為什麼呢？我重看一次作品後，發現從寺田出場時開始，讀者就可以很清楚看出她是田宮學業上的競爭對手，即使兩人聊天時的感覺很親近，但是可以明確地感受到雙方對彼此都沒意思。從第一幕開始，讀者就完全明白這點了。

吉永　那是因為我喜歡這種不帶戀愛感情的男女關係。所以我從看過的作品或是我自己的經驗中記取了許多自己喜歡的關係性，也會把這些關係性畫出來。不過相對的，關於男女之間的戀愛關係，我就沒什麼庫存了（笑）。至於BL作品，男男之間的戀愛畫起來也很辛苦。到底要怎麼做才能讓這個角色喜歡上對方呢——總是讓我很傷腦筋。

溝口　這麼說來，雖然最後藤堂「攻」和田宮「受」在一起了，但是沒有明確地畫出萌生戀愛感情的瞬間，也沒有以內心獨白表現喜歡上同性時的徬徨呢。您的作品不但沒有九〇年代的BL作品中經常會有的「我才不是同性戀，是因為你是你，我才喜歡上你」或「剛認識就強暴」的這類固定形式，而且也和「原本是異性戀者，

※2　西方人所喜歡的中國風情與人物。

田宮（左）和寺田（右）／《第一堂戀愛課》（白泉社文庫，2012）
©吉永史／白泉社

但因為愛上男性，所以產生『自己變成了同性戀』的自覺」這種二〇〇〇年代時增加的模式不一樣呢。

吉永 是的。我畫的ＢＬ作品中的角色，從一開始就是男同志了（笑）。因為這是我的萌點。大概沒有從一開始就完全沒自覺的情況吧。就連田宮應該也多多少少知道自己是男同志。

溝口 的確。雖然自覺的程度不高，不過確實是這樣呢……原來如此。吉永老師的ＢＬ作品之所以是「走在進化型ＢＬ最前端的作品」，是因為從一開始就與九〇年代「兩個男人在沒有女性的世界裡，奇跡地相戀，但並不是在描繪現實中的男同志」這種ＢＬ固定套路完全無緣的緣故呢。這樣我就懂了（笑）！

田宮（左）和藤堂（右）／《第一堂戀愛課》（白泉社文庫，2012）
©吉永史／白泉社

「有趣」與「萌」是不同的檔位

吉永 說起來，我對戀愛沒什麼興趣，所以很不擅長畫談戀愛的劇情。也因此，我很會畫不會妨礙主角們戀情的女性角色。說得更明白點，我最會畫的是男性角色全都沒有在一起的故事（笑）。就是因為這樣，我才畫不出正統派的ＢＬ漫畫。

溝口　假如把「正統派ＢＬ」定義為「美男角色們理所當然地相戀，以他們的性愛場面為主軸」的話，確實是這樣呢。但是另一方面，ＢＬ中也有不把戀愛視為理所當然的作品，正因如此，從始祖吉爾伯特的年代開始，才會探討親子般的存在之間的關係與戀愛的界線、友情與戀愛的界線等。由於我認為「重新探討愛的定義」是ＢＬ的得意技倆，就這個層面來說，您的《無伴奏愛情曲》（一九九八）是很有ＢＬ特色的傑作，我個人也很喜歡這部作品。

吉永　很高興可以聽到您這樣說。因為在我的ＢＬ作品中，《無伴奏愛情曲》是沒什麼人氣的一部作品。

溝口　咦？是這樣嗎？

吉永　是的，因為是不太能以配對來萌的作品。

安東尼奧（左）與克勞德（右）／《執事の分際》（白泉社文庫，2005）
©吉永史／白泉社

要說人氣度的話，《執事の分際》（二〇〇五）的人氣比較高。

溝口　啊，第一次出成單行本（一九九九）時書名是《愛とは夜に気付くもの（愛在午夜呢喃時）》的那部作品呢。原來如此，確實以配對而言比較好懂呢。

吉永　我也在聽到編輯說「《執事の分際》很好看哦！」的時候，覺得似乎有點明白配對萌是什麼意思了。話是這麼說，但也不是每次都能畫出那樣的作品（笑）。

溝口　是說，雖然我看了很多商業BL作品，也出了評論BL的書，但是我的喜好似乎與大部分的BL讀者不同，每次《這本BL不得了！》的排行，我喜歡的作品大多都不在榜上（笑）。

吉永　把自己換成讀者的立場來思考的話，我也覺得有換檔的感覺。我自己喜歡的BL作品中，也有分為以「這個作者畫的故事很有趣」的心態閱讀的作品，以及「噢～真是受不了！」這種以「萌」的心態閱讀的作品。看這兩類作品時我會有種自己在換檔的感覺。

溝口　這樣說的話，我的情況或許是「這個作者的故事很有趣」加上「這個故事可以打開廣義BL史上新的一扇門」、「這個故事是提示如何跨越恐同或厭女心態的進化型作品」，當這三者合一時才會有「喜歡」的感覺呢。不過的確，偶爾也會有不符合上述任何一個條件，但是作者的畫風與劇情會讓我覺得「受不了！好萌！」的作品呢（笑）……啊，不過，在兩方面讓我無話可說地覺得「它是第一名！」又同時登上排行榜第一名的作品，到目前為止，只有中村明日美子老師的〈同級生〉系列而已。

吉永 她的畫風乍看之下很銳利，但是看了之後會感受到故事的溫暖呢。雖然不是在BL雜誌連載，不過《J的故事》（二〇〇四～〇六）也是我很喜歡的作品。

溝口 「溫暖」。確實是這樣呢。

BL追求的是尊敬與愛情兩方面的關係

溝口 話題回到《無伴奏愛情曲》上，這是教古典音樂的老師・久我山與學生・田中的故事。故事的前半段，老師在學生還不懂什麼是愛的情況下對學生出手，兩人的關係曝光後就被迫分開。後來，那個孩子（田中）的才能開花結果，成為世界知名的聲樂家。至於久我山，則是和田中分手後被別的男人刺傷，辭去教師的工作。最後，久我山與田中重逢，努力回歸社會。

吉永 是的，因為兩人的關係是從強暴開始的，要是不把原本的關係做過一次清算，故事會變得名不正、言不順。所以我才讓他們分開。兩人第一次發生關係時，老師有一半是玩玩的心態呢，沒有想到最後會深陷其中。

溝口 是的，老師強暴了教導的國中生。雖然說因為是BL，所以在強暴戲為固定套路的BL類別中，這種強暴的變化形劇情是可以允許的事，但是就現實來說，是絕對不能做的事呢。

吉永 那是犯罪。

溝口　沒錯。不過，在這個故事裡，雖然兩人的關係是從強暴開始，但是在多年之後，就結果來說，久我山也算是教了田中身為男同志的基本常識，故事中有畫到這個部分。再來，如果身為音樂老師的久我山沒有發掘田中，田中就不會成為世界級的聲樂家。就這點來說，兩人在名為古典音樂的藝術領域中，是互相尊敬的關係。帶有ＢＬ界近年來逐漸增加的「職業類作品」的一面。

吉永　同時具有尊敬與愛情的情況，實際上非常少見呢。假如是男女關係的話一定會有其他算計。

溝口　就算不是男女，男男或女女之間，也是會有算計的呀（笑）。

吉永　啊，說的也是，真的是這樣呢……（笑）。所以在二創同人誌中，社團的同伴或競爭對手才會變成戀愛關係呢。互相帶有敬意的兩人相戀。身為讀者，我喜歡看同時具有尊敬與愛情的故事，所以就算不是ＢＬ，是男女或兩名女性之間的故事，我也想看……我到比較最近才發覺自己想在《大奧》裡畫女性之間太超過的君臣關係。雖然說是女性之間的關係，但不是一般的百合向內容，

久我山（上）與田中（下）／《無伴奏愛情曲》（白泉社文庫，2004）©吉永史／白泉社

應該說，是類似自己平常看男性之間的故事時，會覺得「唔噢——好想把這傢伙和這傢伙配對」而亂萌一把的那種關係。特別是綱吉的故事。綱吉與寵臣吉保之間的關係。

溝口　的確，兩人完全沒有百合的感覺，完全是君臣萌呢。

德川綱吉（左）與柳澤吉保（右）／《大奧⑤》（白泉社，2009）©吉永史／白泉社

構思中的藝能界故事，說不定能變成BL

溝口　話說回來，我曾經遇過好幾個喜歡二四年組或「JUNE」作品，但是除了吉永老師的作品之外，完全不看最近的BL作品的人。

吉永　應該是因為，我的背景純粹只有少女漫畫吧。我曾經畫過《ベルサイユのばら（凡爾賽玫瑰）》（池田理代子／一九七二～七四）的二創漫畫，之後雖然畫過《スラムダンク（灌籃高手）》（井上雄彦／一九九一～九六）的同人誌，但是就漫畫風格而言，我只受過少女漫畫的影響而已。BL作者大多是少年漫畫與少女漫畫兩者都喜歡，所以「雖然喜歡『JUNE』，不過最近的BL……」會這麼說的人，也許是對ＢＬ中少年漫畫的部分感到不適應吧，覺得和自己過去看的作品有不同的根源。

溝口　還有，我想也有「性愛恐懼」的因素吧。隱祕的性愛表現無所謂，但是討厭赤裸裸的性愛表現。女性很容易有這種不願意主動表明自己有性欲的傾向。

吉永　原來如此。的確，二創中也有這樣的人呢，說不要把腐女和御宅族混在一起，「我是御宅族，但不是腐女」。不過像這樣的人，有時會突然豹變，愛上超級色的劇情哦（笑）。

溝口　聽起來還真辛苦啊。雖然我對這樣的人很有興趣，但是在現實生活中來往的話似乎會很麻煩……說到情色，我想起來了，《第一堂戀愛課》的第二集中，田中一邊拔出卡在牙縫間的陰毛，一邊說「為什麼要特地去吸討厭的傢伙的雞雞，甚至讓陰毛卡在牙縫裡啊？」我想，這應該是史上第一個把「陰毛卡在牙縫」明確地寫成文字的ＢＬ作品。稍微有過這種經驗的讀者，應該會瞬間想起各種細節吧。就正面意義來說，是非常露骨的表現，我覺得棒極了（笑）。

…だからさ
何でわざわざ
嫌いな奴のちんちんを
陰毛が歯にはさまるほど
しゃぶってやったり
あまつさえそいつの精液なんか
飲んでやったり
しなきゃいけねーのよ？
他の奴らは知らねーけど
この俺が

《第一堂戀愛課》（白泉社文庫，2012）©吉永史／白泉社

吉永 為了掩飾難為情，所以說了更可恥的話呢（笑）。我自己的漫畫中滿常出現這種情況。《獨眼紳士與少年》也是，為了避免直接說我愛你，反而以更直接的言詞表達出來……咦，但是卡到陰毛，應該不是我自創的表現哦，我想我一定是在哪裡看到的。

溝口 在商業BL中，我是第一次看到。

吉永 那一定是在某個人的同人誌中有這種表現（笑）。

溝口 還有，這是我很想問的問題。請問您今後還有畫BL的預定嗎？

吉永 雖然沒有具體的預定，不過我構思中的某個藝能界的故事，說不定能成為BL作品。不是以兩人在一起為結局，而是曾經分手後又結婚……這種彷彿人生譚般的長期故事，所以很難說是典型的BL。

溝口 我很想看！請一定要在BL業界發表，拓廣BL這個類別。最後，我要問一個問過所有人的問題，請問您有什麼人生的目標嗎？

吉永 為了活下去，要自己賺自己的糧食。這樣吧。

（二〇一六年一月四日　於東京・惠比壽）

特別收錄

接下來的部分，是與非ＢＬ作家，但是從不同的角度與ＢＬ產生關聯，創造並愛著ＢＬ的人們的對談。

「我覺得可以做更多夢。若是沒有幻想的力量，現實就不會改變。」

1 與哲學家 千葉雅也的對談

二〇一三年，以初次出版的作品《動きすぎてはいけない　ジル・ドゥルーズと生成変化の哲学（不能過度流動　吉爾・德勒茲與生成變化的哲學）》得到「紀伊國屋人文大獎」，一口氣成為「思想界的超新星」，備受注目的哲學家千葉雅也。之後也出版了《別のしかたで　ツイッター哲学（不同的方法　推特哲學）》（二〇一四）、《勉強の哲学　来たるべきバカのために（學習的哲學　為了將來的笨蛋）》（二〇一七），並翻譯了甘丹・梅亞蘇的《有限性の後で　偶然性の必然性についての試論（有限性之後：論偶然性的必然性）》（共同翻譯）（二〇一六）等等，做了許多最前端的學術研究。前作《BL進化論》（二〇一五）出版時，千葉先生以最快的速度在共同通信上寫了書評，使我又驚又喜。之後我從評論家・佐佐木敦先生那聽說千葉先生想與我聊聊關於BL方面的事。因此這次特地邀請他與我「對談」。

溝口　感謝您為《BL進化論》寫了書評！而且是由共同通信發送到全國報紙的書評文章，雖然字數不多，但是精準地介紹了《BL進化論》，同時還給予內容高度的評價，我非常開心。

千葉　《BL進化論》的有趣之處，在於您寫道您是以女同志的當事者身分，將BL作為媒介，肯定了自己身為少數群體的欲望取向。我認為這是一種劃時代的BL介紹法。一直以來，許多人都認為BL中的男同志是女性妄想下的虛構產物，與真正的男同志毫不相干等等，經常會被如此批判，就連腐女也會以此自我消遣。所以，該以什麼樣的形式，才能讓同性戀的當事者與BL接軌呢？我認為這是需要討論的部分。雖然這麼說有點冒昧，不過就像您在書中寫道，有男同志的當事者提出了「YAOI或BL什麼的最好全部消失」這種相當激烈的反對意見。但是應該也有不少人以正面的態度肯定BL的存在。在這本書問世之前，應該沒有人確實地論述「BL在日本社會中公然肯定男同性戀的存在，是具有價值的創作」。您則是以女同志的立場切入論點，就某方面來說，是一種出其不意的進攻法。

溝口　謝謝您的評語。您也看過BL作品嗎？

千葉　與其說是BL作品，以古老的說法應該是「YAOI」吧。具體來說我看過九〇年代的《幽遊白書》（富樫義博／一九九一～九四）的同人誌之類。我第一次看到那類的書，應該是高一左右。我是宇都宮人，宇都宮的市中心有條名為「オリオン通り」的商店街，裡面有一間老字號的「落合書店」。那間書店在不知不覺中變成了漫畫專賣店，而且不知為何居然有賣同人誌。雖然宇都宮車站附近有安利美特，那邊也有賣ＹＡＯＩ同人誌，不過從我家去那邊有點遠，所以我都是在落合書店購買。而且親戚中有人在落合書店工作，我還要避開那位親戚偷偷地買（笑）。

ＢＬ揭示了新的同性戀者形象

溝口　把同人誌很平常地擺在店裡嗎？

千葉　是的，就放在書店的角落。我印象很深的是名為十條かずみ※1的同人作家。她有經營名為「B-HOUSE」的個人社團，落合書店裡放了很多她的同人誌，雖然不知道為什麼。而這本（展示圖片）叫《リビング・ウィル（Living Will）》的「藏馬×飛影」同人誌，大概是我買的第一本同人誌吧。那差不多是一九九四年的事。那本同人誌裡其中一個人死了，是很感傷的故事，不過當時我很喜歡那種作品呢。同樣是《幽遊白書》的同人誌，後來以榎本ナリコ的筆名出版一般漫畫的野火ノビタ的《飛行少年ズ》，也是讓我印象深刻的作品。那是一九九五年的事。是奧姆真理教、新世紀福音戰士、網路普及互相重疊的時代呢。當年我高二，正值青春年華（笑）。

溝口　您有去過Comike※嗎？

千葉　沒有。應該說，我根本不知道同人誌這種書是如何流通的……而且那個時候，也開始出現ＢＬ的月刊雜誌了。

溝口　是啊。九〇年代初期到中期，不只是合同誌，也是月刊或雙月刊大量增加的時期。

千葉　我高二、高三時，每個月大約會買兩本雜誌。特別是名為《いちばん好き》※2的雜誌。後來，以情色為重點的BL作品開始出現，不只在落合書店那種市中心的書店，就連郊區的書店也看得到。我在《いちばん好き》上主要看的是《君は僕を好きになる（微熱純愛少年様）》（一九九四～九六），那是阿部美幸老師最早期的作品，是校園漫畫。以籃球社為故事背景，高個子又有點冷淡的「攻」與開朗活潑到讓人覺得有點煩人的「受」談戀愛，最後快快樂樂地成為一對，是閱讀起來沒什麼負擔的故事。當時我把自己相當程度地代入「受」裡。對了對了，在那些漫畫裡，同性戀的角色看起來都與「直男」無異，給我很大的衝擊。因為以往主流媒體傳遞出

野火ノビタ《飛行少年ズ》（太田出版，1995）

※1　漫畫家。也在商業BL、TL類別活動。
※2　一九九五年創刊，由冬水社發行的BL漫畫雜誌。後來改名為《いち＊ラキ》，變成少女漫畫雜誌。
※譯註：日本與全球最大規模的同人誌即售會。

來的男同志形象一直都是「男大姊」。雖然我覺得「男大姊」也是一種很重要的文化，但是BL讓我知道也有不是那樣的男同志。可能也會有人批判BL的這種「像直男一樣」的表象，否定了「男大姊」式的同性戀者。話是這麼說，但是名為BL的妄想，確實揭示了新的同性戀者形象。之後我會提到，這個時期因為男同志雜誌《Badi》※3登場，所以也是男同志的形象開始脫離過去、出現轉變的時期。

溝口 的確，在BL中，「受」跟「攻」在一起時雖然相當於「女角」，但是對於喜歡BL的女性來說，卻會把自己雖然做不到但「只有男性才做得到」的部分寄託在「受」的角色之中。雖然我沒看過《微熱純愛少年樣》，不過我開始看BL的一九九八～九九年時期，校園BL的「受」大多長得很像女生，個子又很嬌小，與「攻」獨處時的態度也很可愛，換句話說，常常看起來就像少女漫畫中的女孩子，會讓人覺得「這個角色就算換成女孩子來演，兩人談起戀愛的樣子也沒差吧？」。不過有一次，「受」和「攻」之間出現誤會，「受」覺得很不痛快，於是把「攻」叫出來，在眾人面前當面質問對方「你為什麼要一直躲著我！有什麼意見就直接說出來啊！」。周圍的人根本沒想

阿部美幸《微熱純愛少年樣①》（角川書店，2010）

到兩人是在鬧感情糾紛，還以為是社團的學長（「受」）在罵學弟（「攻」）。讓我恍然大悟「哦，原來如此啊——」。不管在兩人的關係中「受」多麼像「女角」，終究還是普通的男學生。在學校這樣的社會環境裡，正是因為被看成「普通的男生」，這樣的場面才能成立。如果是真正的女孩子，這種場面就無法成立了。而且，假如「受」是更有女性特質的『男大姊』的話，也同樣無法成立呢……千葉先生不是從「二四年組」的「美少年漫畫（少年愛作品）」啟蒙，而是從九〇年代開始接觸ＢＬ的呢。不過就年紀來說也是當然的吧。

千葉　是的。關於「二四年組」，我只有把它當作文學史的一部分，看過一些作品，但不是我喜歡的類型。對我來說，相當於ＢＬ前史的是長野まゆみ的小說。《少年アリス（少年艾莉絲）》（一九八九）是我國二時看的吧，之後還看了〈天球儀文庫（天象儀文庫）〉系列（一九九一～九二）和《テレヴィジョン・シティ（電視機城市）》（一九九二），那些都是九〇年代的作品。受到稻垣足穗的影響，長野的作品充滿女性的想像力，作品中有耽美少年、玻璃、礦物、幻想世界等元素。高中時代，我每年都是以稻垣足穗的散文和長野まゆみ的小說來交讀書心得的作業。那可是耽美呢（笑）。對我來說，學校規定的讀書心得作業，以及栃木縣立美術館企畫展觀展心得的作業，是我走上評論之路的起點。所以，文學也是我進入ＢＬ世界的入口。當年的我非常熱衷於足穗的作品，

※3　參照本書四一頁的※1。

例如《キタ マキニカリス（生命 機械）》（一九四八）和《A感覚とV感覚（A感覺與V感覺）》（一九五四）等等。對當時的我來說，那些小說非常具有時尚感。關於足穗，總有一天我希望能以全新的心情來寫一點關於他的事。

溝口 那麼，您沒有看過《JUNE》了？

千葉 我知道那本雜誌，但是沒有看過。印象中，當時那本雜誌的畫風不合我的喜好。

我覺得可以做更多夢

溝口 九〇年代前半，您看過的YAOI同人誌或BL商業雜誌中，應該有不少「我才不是同性戀」這種擺明了有恐同心態的固定形式表現吧？

千葉 確實有那種劇情，我也很在意這點。不過話說回來，在《BL進化論》當中，異裝王后Bourbonne也在對談中提到，一九九四年創刊的《Badi》是劃時代的男同志雜誌。在那之前的男同志雜誌《薔薇族》※4或《さぶ》※5，我也有看過幾期，不過該說是感覺寒酸嗎？這些媒體充滿了內化過的恐同心態……好像在偷看藏匿起來的東西一樣，也有一種不知從何而來的寂寥感。相較之下，比《Badi》更早出現的YAOI和BL，在九〇年代前半就已經畫出了開朗的男同性戀角色。雖然「我應該是喜歡女人的，但是只有這傢伙，我願意把身體交出去」的這種帶著恐同心態的內心糾葛是必備的劇情，但就算如此，出現了風格明亮的ＢＬ，與舊男同志雜誌的陰暗感做出了切割，這點還是很重要的。也就是說，比起在舊男同志雜誌中隨處可見、內化在當事者心裡的恐同心態，我覺得ＹＡＯＩ或ＢＬ中因恐同心態而殘留的內心糾葛還比較好，因為後者有劃時代的明亮感。

溝口　就像Bourbonne說的，「我們來做更正向地面對自己（男同志）的雜誌吧」是《Badi》編輯群共通的明確理念。小倉東（與異裝王后瑪格麗特為同一人）在座談會中有說過更詳細的內容，為了改變經營者「拋頭露面什麼的太荒謬了，出事的話要怎麼辦」「沒有會公然露臉的同性戀者」的態度，他們採取了戰略，首先讓編輯們成為藝人堂堂正正地在雜誌上露臉※6。也就是說《Badi》中的專欄「街角的男朋友們」裡，一般年輕人之所以開始不斷露臉，不是因為現實中想這麼做的男同志年輕人增加了，而是編輯群們透過雜誌，營造出了那種氛圍。

千葉　那樣的呈現方式，果然是因為虛構的作用會慢慢改變現實呢。這點很重要哦，非常重要。在奄奄一息的情況下，徹底思考痛楚的各種細節固然是很重要的事，但是那樣一來，就會無可避免地削弱「做夢的力量」了。我覺得可以做更多夢，不是只有徹底與負面想法為伍才是唯一的倫理。想

※4　一九七一年創刊，是日本第一本以男同志為讀者群的商業雜誌。

※5　一九七四年創刊，二〇〇二年停刊，以男同志為讀者群的雜誌。

※6　對談〈我們的90年代〉《QUEER JAPAN　VOL.1　Male Body》一九九九，勁草書房，七一～一〇〇頁。

活下去必須要靠幻想。雖然有些人一聽到稍微積極一點的說法，就會馬上警戒地覺得「一定是騙人的」。但若是沒有幻想的力量，現實就不會改變。

溝口　也可以說是藉由幻想創造出來的表象改變現實呢……您現在還有在看商業BL或YAOI同人誌嗎？

千葉　最近很少看了，不過剛進入二〇〇〇年代時，我看過一些出現了更有男人味、更多肌肉的角色的BL。該說是某種「髒汙」要素嗎？開始出現大叔、體毛、肉體勞動角色之類的要素。

溝口　不過體毛應該不多吧？

千葉　當時應該是那樣吧？最近也有那種角色了呢。

溝口　是的。雖然我有徹底調查過（笑），但頂多只有在搞笑時，在Q版化的格子中畫上腳毛而已。不過，確實比較會畫出肌肉了。很多作品的「攻」與「受」都有著精瘦的肌肉線條，但其中也有肌肉多到以解剖學來說很不合理的……呃，也有像內田カヲル老師那樣的類型。

千葉　內田カヲル，我看過她的早期作品呢。她後來就轉型成大叔「受」了對吧？

溝口　二〇〇〇年代之後，是這樣沒錯。因為我自己比較喜歡修長、纖細一點的角色，所以只喜歡到《ハートにご用心》（以內田かおる為筆名發表，一九九九）為止。那是很會玩溜溜球的國中生「攻」和上班族「受」的故事。當時我還因為「出現國中生『攻』了！」而覺得很萌。

千葉　內田カヲル的作品，早期大多帶著不良少年的要素。後來變成大叔「受」，那個時期的作品我就有點跟不上了。因為大叔會露出可憐兮兮的表情被插（笑）。我心想，已經走到那種地方去啦……不過，仔細想想，這也和男同志當事者的成長有所重疊呢。一開始只能接受年輕男孩的男同志，年紀大了之後，漸漸也能接受大叔了（笑）。

溝口　唔，不過《ハートにご用心》裡，「攻」是很有男人味的國中生，「受」則是女人臉的上班族，這樣算是哪種呢？還有，她比較近期的作品中，也有健美先生加美式足球選手除以二一般全身肌肉發達、穿著領口又低又貼身的襯衫的「受」，向同樣是肌肉健壯體型不過個性樸素的「攻」張開雙腿、兩腳高高抬起被插的作品。不過眼睛還是帶著閃亮感，留有少女漫畫的風格。

内田かおる《ハートにご用心》（竹書房，1999）

自我表演的欲望，對他人的欲望

溝口　話說回來，您的著作《不同的方法　推特哲學》的封面，是請漫畫家・永井三郎畫了您的插圖呢。

千葉　那個角色不是單純以我為模特兒（笑）。不過確實是因為我任性的拜託而畫的。

溝口　永井老師的《スメルズライクグリーンスピリット（彷彿清新氣息）》（二〇一二～一三）在《BL進化論》中，也被我當作重要的「進化型BL」作品進行考察呢。

千葉　是啊。那部作品我看到哭了。因為母子的關係很噁心。雖然就某種方面來說很狡猾，不過確實很認真地描寫到非常嚴肅的問題。

溝口　身為運動型帥哥，不過可能是跨性別者或是「男大姊」型男同志的桐野說「我不能做讓媽媽笑不出來的事」「我是為了我自己，才做這種選擇的」，然後選擇了和異性結婚的人生，這部分真的很有說服力呢。

千葉　那邊真的很讓人心痛。以那樣的形式，無法逃出母親的影子，真的很難受。雖然無法

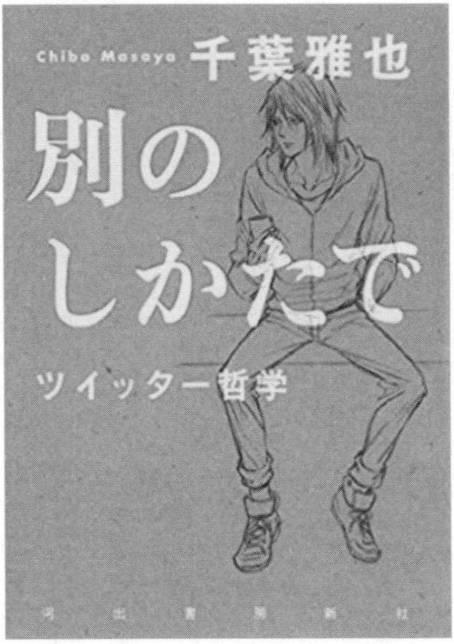

《不同的方法　推特哲學》（河出書房新社，2014）

永井三郎《彷彿清新氣息》（ふゅーじょんぷろだくと，2012）

確定他本人的欲望究竟為何，老家的事究竟支配他到什麼地步。除此之外，「去東京的話說不定就有辦法解決了」這個部分對於鄉下出身的人來說，也很有真實感。

溝口　您和永井老師很熟嗎？

千葉　不，那是我第一次委託對方工作，而且只有透過編輯聯絡對方，沒見過面。完全是靠著衝動拜託對方。

溝口　我後來才知道，發表《彷彿清新氣息》的雜誌其實不是BL雜誌，所以嚴格來說《彷彿～》不能說是BL作品，讓我覺得很驚恐。因為《彷彿～》被列入《這本BL不得了！》二〇一四年版的第七名，所以我以為一定是BL。不過後來又知道，《這本BL不得了！》的編輯部事先問過可不可以把《彷彿～》列入排行榜，是對方說可以後才列入的，讓我鬆了口氣。

千葉　也就是說，那部作品中有些場面會讓人猶豫能不能算進BL這個類別，對吧？原來如此。

溝口　您剛才說對「去東京的話說不定就有辦法解決了」這樣的心情有共鳴，是因為上大學時去了東京對吧。您現在也是長髮，而且曾表明過對於「辣妹男」的打扮有親近感，那是去了東京之後才這麼覺得嗎？

千葉　怎麼問到我身上來了（笑）。說穿了，就是「想趁著上大學改頭換面」啦。因為我直到高中畢業為止，都是戴著厚眼鏡的土氣阿宅，所以想在上大學時改造外表、變得更潮。話雖如此，一開始時我能想到的也只有「變成像『從BL走出來的人物』」而已，不是把自己打扮得像可愛的角色那樣，最好能變成感覺有點輕佻、軟派、看起來有點笨、欲望全開的那種男生。所以我試著朝混合了可愛與輕佻感的「辣妹男」風格接近。不過當年還沒出現辣妹男的流行服飾，所以我是自己把美式休閒等風格混在打扮之中。

溝口　這部分也受到BL的影響呢。只讓千葉先生說自己的事有點不公平，所以我也稍微說一點自己的事好了。我之所以能夠長年研究BL，主要的原因是——不是寫成書花了太多時間這樣的藉口（笑）——一部分是因為大多數喜歡BL的女性們的穿搭，很符合我的喜好。這邊的穿搭指的是包含服裝、髮型、化妝在內的整體打扮。我認識的女同社群的朋友們，大多是自然派，不化妝、喜歡穿活動方便的衣服——當然也有很在乎打扮的人，不過通常會故意朝著「像男性」的方向打扮，或者是穿網襪或蕾絲之類，與當下的流行無關、充滿裝飾的女性服裝。但是，我喜歡的是會適度與「目前流行的女性穿搭」妥協，並表現在打扮上的女性。即使知道當下正在流行的女性打扮——例如AKB48的「便服」或是女主播的造型、雜誌《VERY》風格之類，但不會全盤接受，話雖如此也不會完全拒絕，明顯打扮成非女性風格、不在乎流行的模樣。我想，這多半也是被「美少年漫畫」中雌雄同體的美少年影響吧，不過我自己也不是很明白。這已經是性欲的層面了呢（笑）。為「所謂的女性特質」感到苦惱，經過交涉、調整後的打扮，雖然不可能變成「美女」，但也不想被說是「醜女」，客觀地看待這樣的自己，在流行與自我之間找出平衡點，我想打扮成這種樣子。因為我自己是這樣，也喜歡看得出在穿搭上有這種感覺的女性，所以比起和女同社群的人在一起，和

BL社群的人在一起，我會單純地感到更快樂（笑）。

千葉　原來如此，這種心路歷程很有趣呢。每個人的喜好果然都會被個人的經歷影響。話說回來，好像沒有以辣妹男為主角的BL呢。

溝口　我想不出來。

千葉　因為109辣妹不容易畫成漫畫吧。

溝口　的確。不過最近的不良少年漫畫，該說開創了新的境界嗎？有位名為おげれつたなか、應該相當年輕的漫畫家的作品裡，出現了眼尾上吊的長髮不良少年「受」，給人的感覺很新鮮。話說回來，您曾經實際遇見過不良少年嗎？我國中、高中念的都是私立女校，所以不良少年對我來說，完全是虛構中的存在。

千葉　有朋友推薦過我おげれつたなか老師的作品，所以我有看過（笑）。說到不良少年，我國中念的是公立學校，所以不但有被壁咚威脅過，還曾經有過稍微暴力的體驗呢。

溝口　這樣啊。就算現在聽您這樣說，我也不覺得可怕，反而覺得那畫面「好萌」。對我來說，不良少年就是那麼遙遠的存在。

千葉　對我來說，國中時的那些經歷現在也都變成美好的回憶了（笑）。

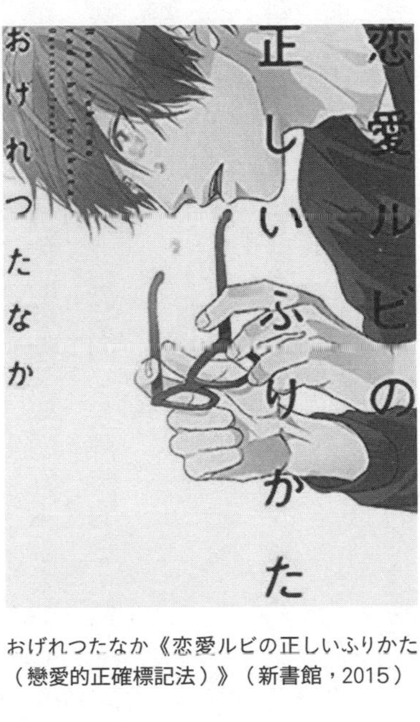

おげれつたなか《恋愛ルビの正しいふりかた（戀愛的正確標記法）》（新書館，2015）

當事者不一定會畫出「真實」

溝口　《BL進化論》中提到，對男同性戀者抱有幻想的不單只有喜歡BL的女性而已，就連男同志當事者也是。為了點出賦予這些幻想生命力的表象有可能成為現實中所追求的模範，我在「補遺」中談論到了「電影裡的男男愛情」。但是那篇文章中沒有談到男同志作者畫的男同志漫畫，所以我想在這裡稍微提一下。比如最近，在一般雜誌連載《弟之夫》（二〇一五～一七）並得到高度評價的田龜源五郎老師，他在《Badi》上連載的《男女郎苦界草紙　銀の華》（G PROJECT，二〇〇一～〇二）中，畫出了全身肌肉的男女郎被繩子吊在橫梁上「插到射」的場面，那一幕可以說是非常虛幻呢。雖然田龜老師自己也說過好幾次就是了。此外，就算不是情色的場面，例如竹本小太郎老師的作品，那種男同志情侶過著溫馨生活的漫畫，我覺得也是虛幻而非現實的。我想說的是，雖然人們老是說BL是妄想，但是男同志漫畫不也是妄想嗎？

千葉　最容易被批評的一個點，就是「誰知道真正的男男性行為是怎樣」吧。但是說起來，性愛本身就是一種虛幻，是透過誇張的虛幻表象去構築現實中的虛幻，所以沒有上下之分。因此，就算是由女性作者構築的作品又怎麼樣？就只是這麼回事而已。

溝口　但是長久以來，這部分一直備受批評。也就是非男同志當事者，而是喜歡BL的女性把男性間的性愛化為表象的事。當然Bourbonne也說過，大多數的男同志不把BL看在眼裡，也不在意。不過，在意的人就一定會這麼批評。

千葉 為什麼呢……說得單純點，原因說不定只是「不想被局外人說三道四」吧。

溝口 這種心理和喜歡BL的女性有點類似呢。「不知道BL的局外人」之類，說到BL愛好者經常使用的句子，還有「不要管我們，我們不想被『一般人』說三道四」之類（笑）。

千葉 不想被當事者之外的人說三道四。

溝口 九二年引發「YAOI論戰」的佐藤雅樹，雖然他寫出了「YAOI什麼的去死吧」這種充滿攻擊性的文字，不過我認為，把他的行為解釋成「摸索該如何與女性共同戰鬥」比較適當。這點我在《BL進化論》第三章也有提到。而沒有像他那麼複雜，而是直接批評BL的美國日本文學研究者基思・文森，除了在第三章提到的他與小谷真理的對談之外，他本人也說過好幾次「那些喜歡BL的女性們，如果那麼喜歡看或描寫男性同性戀愛，為什麼不實際參與男同志的解放運動呢」。有一次，他在酒吧偶然遇見某位現任的BL作家，兩人進行了非常沒有意義的對談。後來那位作家也有在雜誌刊載的短文中提到這件事。作家被問「為什麼要寫那種東西呢」，但是對於「公然表示沒有實際看過任何JUNE系小說或漫畫」的對象，雖然作家「努力地把浮現在腦中的東西解釋出來」，但卻覺得「我自己正在一邊摸索這問題一邊寫作，除此之外（……）不管說什麼，都有一種鬼打牆的感覺」。最後只能說「請把我寫過的東西看過一次，我們再來談吧」※7。

千葉　「不能只進行表現活動，要與現實連結！」這種說法不管在哪個業界都是存在的呢。看來在BL這邊也是這樣。

溝口　現在仔細想想，基思的專攻明明是文學，卻不是要求作者們創作讓男同性戀角色出場的漫畫或小說，而是要求他們實際參加同志運動，感覺很奇妙呢。不過當時的他對於男同志的行動主義才剛剛覺醒，屬於行動主義集團OCCUR的成員，所以也不是不懂他為什麼會那麼說就是了。

利用虛幻來發明

千葉　是啊，當時的OCCUR有一種非行動不可的急迫感。但是我想，YAOI和BL作品的泛濫，也有助於解放男同性戀者哦，我認為具有革命意義。因為幻想本身就有政治因素在內，雖然腐女不與男同志社群扯上關係，只是自顧自地做些讓自己快樂的事，但這件事本身就已經很有革命性了。革命並不只有參加示威遊行這種方式。幻想會驅動欲望，那就是與本質部分有關的革命性哦。就像米歇爾・傅柯說過「男同志必須努力去成為男同志」，我們應該努力去發明新的男同志或女同志的存在方式。

溝口　發明的主體不一定非得是當事者不可呢。我在前往羅徹斯特大學念視覺&文化研究所課程的幾年之前，開始寫一些對於現代藝術或電影的評論，但是我會認為「我自己是女同志的當事者，所以要以女同志的角度來分析」像這樣拘泥於本質主義。直到留學後才掙脫出這種想法。一來是因為環境，在美國的學校裡，已經出櫃的女同志完全不稀奇，沒辦法拿這點來作文章。第二點則是接受了精神分析與酷兒理論等理論訓練的緣故。

千葉　不只是BL，說起來，同性戀是什麼樣的欲望，要思考這點也必須透過精神分析呢。

溝口　我也是這麼想的。因為就連自己也沒辦法全面地明白自己的性欲。所謂的明白，應該說是明白自己就連有自覺的欲望也都存在著矛盾之處……話是這麼說，但是我對精神分析的理解還不夠透徹，沒辦法把巴特勒※8的「女同性戀陽具（lesbian phallus）」或德・勞拉提斯※9的「戀物癖」應用在《BL進化論》裡。這是我將來的課題。

千葉　話題回到必須發明出新的男同志或女同志的存在方式。在這種時候必須注意，並不是說要發明出與既有印象完全無關的全新事物。因為在創造事物時，以一般原則來說，絕對都是從模仿開始。從特定的刻板印象開始，追著刻板印象跑後，途中就會出現偏離。而創造只能從這個偏離中誕生。所以，「YAOI論戰」雖然揭露出新提示的閃亮刻板印象之虛假性，但是對於那虛假的批

※7　ふゆの仁子《いかんな、泥酔…》《JUNE》一九九八，三月號，一九〇～一九一頁。
※8　朱迪斯・巴特勒（Judith Butler）。美國的哲學家，酷兒理論的代表人物之一。一九五六～。
※9　特瑞莎・德・勞拉提斯（Teresa de Lauretis）。出生於義大利，以美國為據點的女性主義影像理論家。一九九一年，第一次提倡酷兒理論（queer theory）這個詞彙。一九三八～。

評，並不是因為有真實的現實存在，被認為是「真實」的部分也是一種刻板印象。所以兩者的爭論，其實是兩種刻板印象的爭論呢。因此，我覺得在這種時候，只要積極地從別的刻板印象走出去就好了。也就是像剛才說的，利用虛幻去做到這點。

溝口　原來如此。不過我自己是依據德・勞拉提斯的論點來思考這件事，也就是把社會、政治的主體性（subjecthood）與精神分析的主觀性（subjectivity）暫時分開思考。現實、表象與虛幻三者固然會互相影響，而且之間的關聯是不透明的，但是，把三者暫時分開來思考的話，就能有效地進行議論。您剛才說的，恐怕是對於在這個社會生活的本人（主體）來說，會覺得「傳統的刻板印象」等於現實的緣故。而我們過去總會尊重這一點。

千葉　去看出主體性與主觀性的衝突（conflict）嗎？原來如此。

性與類型

千葉　話說回來，最近自由主義的研究中，似乎不太討論同性戀是什麼樣的欲望了呢。

溝口　啊，有人會說「討論同性戀形成的原因是不恰當的」對吧。

千葉　嘛，因為欲望有各式各樣，也各有權利，所以主張不特地去追究欲望的根源，不然會打開某種潘朵拉的盒子吧。當然，把它當作人權問題的切入點也是很重要的……不過我認為，如何與公共領域連結的問題，和欲望的問題應該分開來考慮才對。柏薩尼[※10]看的就是這部分吧。也就是欲望的根源具有暴力性。

溝口 我第一次看柏薩尼的《直腸是墳墓嗎？（Is the Rectum a Grave?）》（一九八七）時，對於「無法壓抑破壞的欲望，女性與男同志張開雙腿。（……）高大的男人無法抵抗成為女人這種自殺行為式的愉悅（ecstasy）」、「被插入等於放棄權力」這幾句，看在身為生理女性的我眼中，實在非常火大（笑）。那篇我試著重看了好幾次，如今還有印象的部分是：陽物理體中心主義（菲勒斯中心主義 Phallocentrism）不但承認自己實際上否定女性的力量，而且更根本的問題是，不論男女，只要讓自我解體、變得卑微，這種無力狀態就是對其自我價值的否定。也就是說，自己作為一個主體，發揮暴力既是「不正確」的，同時也因為自身不再是主體，不再只是單純的被動者，所以這種自我解體的狀態，反而能產生性的愉悅。

千葉 柏薩尼的這個部分，女性完全被放在被動的那邊。從女性也能主動進行性愛的角度來說，也許會被視為問題，不過對柏薩尼來說，被動、被虐才是欲望的根本，所以並不是全然有貶低之意。說得簡單一點，就是「受」才能了解性愛的本質。「攻」其實也是被動地抵達破壞自我的層面，不

※10 里奧・柏薩尼（Leo Bersani）。美國的文學理論家。一九三一～。《直腸是墳墓嗎？》的日文譯文收錄於《批評空間》第二期八號（太田出版，一九九六）。

過，想展現是由自己主動的意志，會讓自己有所抑制。

溝口 原來如此。

千葉 除此之外，欲望的根源也有類型的問題。異性戀者只能對異性產生欲望，對同性不行。不論是喜歡男人的男同志，或是喜歡女人的女同志，也是因為對方「不是女人」、「不是男人」。這其中有著對社會性別類型的執著。在梳理人類的性時，類型是非常重要的。不只是社會性別，還有戀物癖或是各式各樣的分類。人類的欲望無法從「粗暴地將事物分類」這種廣義的暴力性之中切割出來。每個人都有不同的特異性，但是很難避免用愚蠢的分類，將其欲望分成好的或壞的。如何在類型之間徘徊，總會成為問題。終極來說，一一面對每個人的特異性才是合乎倫理的做法。不應該以「什麼什麼類」、「什麼什麼族」這樣的方式去看待別人，那是非人類的看法，必須慎重地看待每個個體。雖然有這種看法，可是我認為這樣還是無法捕捉住欲望。不論如何慎重，人們看事物都是很概略的。雖然非常粗糙，但是比如喜歡運動型，或是喜歡傑尼斯型、喜歡高個子等等，這種愚蠢才是與欲望的本質有關。

溝口 說的也是。比如應該調高女性工資，在這層意義上當然必須要推動男女平等，但假如真正意義地消滅了社會性別之間的差異，那麼女同志這種類別也會消滅呢。對於這件事，我的女同志朋友們從很久以前就在說了。而且這樣一來，追求ＢＬ的欲望說不定也會消失呢。

想被詛咒、想破壞的欲望之複雜度

溝口 話說回來，我個人最近對「アライ（ally）」[※11]這樣的辭彙很反感。

千葉 我也希望不要用那樣的日語。直接用「支持者」不就好了嗎？

溝口 是啊。當然，就意義上來說，那種說法比「支持者」或「supporter」更有命運共同體般的強烈「連帶感」，這個道理我明白。可是，至少用「連帶者」之類的日語吧。對於說英語的人而言，「a」並不是重音，把「a」發成日文的「ア」，聽起來很像在叫「荒井」或「新井」之類的人名，每次聽到時都有種要昏倒的感覺。

話說回來，關於欲望的問題，我想稍微聊一下有關日本目前的HIV／AIDS的事。我想說的有兩點，第一點，關於標語。比起演藝經紀公司Amuse推廣的「AAA（Act Against AIDS——對抗／消滅AIDS）」，我覺得akta[※12]和ぷれいす東京[※13]推廣的「HIV／AIDS已經與我們

※11 直同志，意指支持LGBT運動的順性別（Cisgender，性別與性別認同符合生物學性別的人）並且為異性戀者的人。正式說法是「Straight ally」，但是在日本時常以「ally」稱之。

※12 位於新宿二丁目，防範HIV／AIDS等各種性病的資訊中心。

※13 以「創造出與HIV／AIDS共存的人們能自在做自己的環境」為目標的特定非營利法人。

共存了（We are already living together）」的標語比較好。不要歧視感染者、要和感染者共存，或者應該說早就已經共存了——這樣的訊息是很重要的。當說出「消滅ＡＩＤＳ」這句話時，聽起來就像是不只想消滅疾病本身，而是想連ＨＩＶ陽性或ＡＩＤＳ發病者（當然，Amuse旗下藝人的粉絲中可能也有這樣的人）也一起「消滅」的感覺，我希望他們能察覺這件事。第二點則是完全不同次元的事。關於ＨＩＶ／ＡＩＤＳ，照理來說，男同志社群應該在相對早期就具體、詳細地學習到感染方式、安全性行為的知識，以及一九九六年以後關於檢測與投藥的適當時機等，但是直到最近，新感染上ＨＩＶ的人還是很多。不只如此，其中也有些人明明一直有在參加ＨＩＶ／ＡＩＤＳ的啟蒙活動，卻完全沒去做檢測，後來就突然因ＡＩＤＳ發病而去世了。有些人應該是有著毫無理由的自信，覺得「自己一定不會被感染啦」，但是其中應該也有「明知道危險性，卻想要故意進行有風險的行為」這樣的欲望存在吧。

千葉　那也是當然的。有人就是不喜歡戴套，再說，就像提姆・迪恩[※14]在《Unlimited Intimacy（無限的親密）》（二〇〇九）中分析的那樣，這個社群也有想積極感染ＨＩＶ的欲望。也就是所謂barebacking、無套插入[※15]、日本同志用語中「想被ヤバ種（受感染者的精液）內射」這樣的欲望，並且存在著某種「成為受詛咒的種族吧」這種快感共同體的次文化。這是非常複雜、需要以精神分析討論的事。

溝口　真的很複雜呢。

健身可以解決問題？

溝口 換個話題，您最近有在做運動嗎？

千葉 有。年紀大了後代謝變差，也只好鍛鍊肌肉來維持健康了呢。我想把這當成唯一的興趣，因為其他文化方面的事已經全部變成工作了，就算接觸也根本無法休息。所以去健身房時才能獲得解放哦。啊，不過，我最近又開始思考起各種與肌肉相關的事，假如寫成文章的話，到頭來好像又會被撿回去變成工作之一呢（笑）。

溝口 我懂（笑）。我也是，和最近幾年的工作無關純粹當作興趣的，只剩下觀看排球比賽了。可是在知道同時看男排與女排的球迷很少後，我又開始以社會性別的角度做起分析。假如有人找我寫文章，我可能會寫這個主題呢，可是這樣一來不就……陷入了這種狀態（笑）。還有，我也會去健身房運動，不過不到健美的程度，完全是為了美容與健康才做的，而且運動對於精神方面的健康特別重要。一直坐著寫東西或看書，心情會愈來愈高昂不起來呢，曾想到論文沒有進展之類。在那種

※14 Tim Dean。英國出生，以美國為據點活動的哲學家、酷兒理論家。
※15 兩者都是指不使用保險套、男性間的肛交。

時候起來運動的話，是叫做腦內啡肽嗎？腦內會分泌這種化學物質，心情就會一下子好起來。雖然那樣完全沒有解決問題就是了（笑）。

千葉　不不不，這樣才是真正的解決問題吧。所有的事，到頭來都是根據心情決定的。雖說光靠心情不能引發社會革命。

溝口　以剛才提到的「把社會政治的主體性與精神分析的主觀性分開」這樣的觀點來看，不管是不是因為腦內啡肽起作用，心情變好這件事對於主觀性來說，的確是「已經解決一切了（的感覺）」呢（笑）。

（二〇一六年一月二十二日　於大阪・梅田）

使既有的二元對立性取向失效，呈現大格局的『小規模實驗』

2

與BL影片製作公司 BOYSLAB的對談

所謂的「BL」，不需多做解釋，就是「Boy's Love」的簡稱。是女性作者為了女性讀者所創作的、以美男子們間的戀愛為主軸的漫畫或附插圖的小說（以及廣播劇CD、動畫、電影、遊戲等其他媒體作品）。也就是說，BL的特色是「提供作品與接受作品的幾乎都是女性，被描寫的對象則是男性角色」。但是沒想到，如今卻出現了以「真正的帥哥們演出的Boy's Love世界」為招牌的成人影片製作公司「BOYSLAB」（「男子研究所」之意），以女性也容易接受的風格，拍攝出由真正的男性演出的性愛場面。我在知道這間公司之後，從大約四年前開始，斷斷續續地看過一些BOYSLAB出品的影片，看起來就像BL一樣，而不是GV（Gay Video）的感覺。為什麼要拍這樣的影片呢？我懷著疑問，來到總公司位在大阪的「BOYSLAB」，與製作人KATS先生與工作人員MATS先生進行對談。

溝口　由於喜歡BL，不少女性BL愛好者都看過以男同志為客群拍攝的GV。而且BL雜誌上，有時也會刊載「GV觀後感」之類的漫畫記事。不過像BOYSLAB這樣，很明確地以女性也容易接受的風格，去拍攝真人BL成人影片，在世界上相當罕見，說不定只有這麼一家呢。

KATS　以真人BL成人影片為主打的製作公司應該不只我們公司而已，就算不是主打，也有好幾間GV製作公司會拍攝女性觀眾容易接受的影片，把女性客群納入考量。

溝口　在日本的GV業界，像已故的真崎航先生※1那樣，以出櫃的男同志演員身分進行活動的人屬於少數派。感覺起來，反而是年輕的直男（異性戀者）以打工的感覺參與演出的情況比較多。目前（二〇一六年八月）在BOYSLAB活動的七名模特兒，看在身為女同志而且有許多男同志朋友的我眼裡，也都是直男。就這點來說，BOYSLAB和GV也許是共通的吧。不過，不是以被發掘的年輕人

已故・真崎航。作為男同志情色片演員，在日本國內外擁有一定的知名度。

※1　男同志情色片的模特兒。演出過BOYSLAB早期的作品。一九八三～二〇一三。

的「處女秀」為主打，BOYSLAB的七名模特兒，活動最久的超過十週年，幾乎全是活動數年以上的資深模特兒了。影片的話，不管是誰與誰的組合，都很有「甜甜蜜蜜」的感覺，而且會分成「攻」、「受」，有時還會演出「互攻※2」的肛交性愛場面。真的是BL呢，讓我很驚訝※3。

KATS 我們公司的特色是把模特兒之間的關係性反應在作品中。包含模特兒和工作人員在內，只有這些成員才能拍出這些作品。大家感情真的很好哦。

溝口 可以從DVD裡深刻地感受到那種氛圍。

MATS 還有模特兒說這裡是他的「第二個家庭」。

KATS 我們的作品大致可以分為有劇本的「設定片」，以及該說像紀錄片嗎？模特兒們以原本的模樣做料理或開運動會，一面聊天一面做愛的影片。不論哪一種，模特兒之間的感情都很好，即使是前輩後輩、競爭對手、搭檔等等的關係，還是會反映出感情很好的感覺。這些都是長年培養感情才能表現出來的。

從大阪式的風格中自然產生的「幕後花絮」

溝口 BOYSLAB的DVD特色是：包含交纏（做愛場面）在內總共有三章，除此之外，一定會有模特兒們在休息時間玩鬧在一起時拍攝的「幕後花絮」，而且有些影片收錄的篇幅非常長。除此之外，比如模特兒和工作人員一起旅行的「旅行片」，包含移動、觀光以及吃飯場面在內，很有「旅行的幕後花絮」般的感覺。說起來，這種「幕後花絮」在一般的GV中也有嗎？

KATS GV的話，就算有幕後花絮，大概也是收錄NG集或是模特兒的小訪談，以及和正片內容無關的印象畫面之類的吧。而且說起來，看GV的觀眾，就算是正片本身，通常也會直接快轉到脫掉衣服的場面，所以幕後花絮的需求度應該不高。

溝口 在你們的「幕後花絮」中，KATS先生與其他工作人員都經常露臉呢。我之前在想，工作人員們應該都是男同志吧。

KATS 是啊（笑）。我們的工作人員全是男同志。

溝口 這邊我想請問一下，BOYSLAB作品中很重要的部分「幕後花絮」，應該不是針對男同志觀眾，而是針對喜歡BL式的「萌」的女性觀眾吧。就算是以少年漫畫為原作的所謂「2・5次元」的音樂劇，比起只收錄了舞臺表演的版本，附有「後臺」影片的DVD會賣得比較好，我想應該類似這種道理吧。雖然BOYSLAB的工作人員都是男同志，但是你們都有「腐女」般的「萌」感性（笑）嗎？

※2　「攻」、「受」有時會互換。

※3　GV中不把演員稱為「男優」而是「模特兒」，而BOYSLAB也採用這種稱呼法。

KATS 我在來到BOYSLAB之前，曾經在名為COAT Corporation的GV公司上班。剛開始時，當我看到BOYSLAB的模特兒們在休息時間會哇哇地玩，讓我很驚訝。我原本是在東京的這個業界工作，之後才來到大阪，所以心想「這就是大阪風格嗎！」。因為在我的印象中，東京的模特兒在休息時都很安靜地各自玩各自的手機。有時候模特兒們玩耍的樣子實在太有趣了，所以我就隨意地拍了一些影片，收錄在DVD裡，結果在女性觀眾中得到相當好的迴響，於是就持續到現在了。

溝口 COAT Corporation是去年（二〇一五）出道滿十週年的凪沙，以及其他四名模特兒們過去待過的公司吧？

KATS 是的。雖然最近在休息時把攝影機移到模特兒身上的話，模特兒們或許也是抱持著一定程度服務觀眾的心態在玩鬧，不過剛開始時，模特兒們連攝影機在拍他們都不知道哦。

溝口 也就是說，「因為是幕後花絮，所以兩人靠在一起」

凪沙（右）。出自《Mr. My Universe NAGISA》（BOYSLAB，2014）

或是「像小學男生一樣玩鬧」、「玩理髮家家酒」之類，都不是特地表演給觀眾看的囉？

MATS 完全不是。而且就算特地表演，也會有一種刻意的感覺吧。比如要求原本默默地玩手機的模特兒們「來來~你們把臉靠在一起吃Pocky棒」之類，感覺也會很假（笑）。

溝口 說的也是。自然又融洽的感覺是很重要的呢。

MATS 雖然沒有特地去抓「萌」的感覺，不過有時候會有讓人心想「咦？這兩個小孩為什麼貼得這麼緊？」的場面。現在看到那種場面時，我們工作人員就會營造出支持的氛圍呢。

KATS BOYSLAB是女性觀眾較多的BL製片公司，所以不需要像GV那樣，明確地讓觀眾知道模特兒的性取向。對很多男同志的觀眾來說，年輕直男被這樣那樣，才是價值所在，但是女性觀眾大多會希望不要明確表明這個部分。所以我們會對剛來BOYSLAB活動的新人模特兒說「來我們這邊的話，就暫時把自己的性取向忘了吧」。之後就是讓他們自然地與其他模特兒加深感情。

跨越恐同心態的實驗室

溝口 除了拍片之外，模特兒們會與男性交往，或是有肉體關係嗎？

KATS 我們不會特地問這類的事，所以不清楚。不過，在我們這邊做得愈久的模特兒，對於性別的概念會漸漸消失。

溝口　不過話雖這麼說，但也不會因此變成男同志呢。長年、定期地拍片，與男性做愛，而且和一起做愛的模特兒們變成好朋友，在這樣的過程中逐漸不再有世間那種恐同心態。所以「直男感」才完全沒有消失呢。

KATS　沒有變成了男同志的感覺。動作之類既沒有變得像男同志一樣，也沒有變得像男大姊的感覺。

溝口　我覺得以ＢＬ來說，這部分也很完美。二〇〇〇年後的ＢＬ虛構作品中，也有很多故事中的主角「因為和男人談了戀愛，所以接受自己是同性戀的事實」，後來很煩惱世間的恐同眼光，然後以現實中雖然有可能，但是比現實更加進化的形式跨越了恐同歧視。我將這些作品稱為「進化型ＢＬ」。至於BOYSLAB，雖然與「進化型ＢＬ」不同，但是在另一種意義上，可以說是「跨越恐同心態，加以進化」的實驗室。處在從恐同心態解放的自由空間裡，鼓勵模特兒們撤除友愛與性愛之間的藩籬，讓他們自由地與其他人相處，最後出現了「雖然不是男同志，但也不能說是直男」，而且和男同志工作人員們像家人般和樂相處的BOYS。而且，在經濟與動機方面支持著這個實驗的是女性粉絲們。雖然只有七人，但是在這個有恐同心態的日本社會中，如字面意義上一般，挺身參與這種寶貴的烏托邦實驗。這麼想的話，就會覺得這些模特兒們是很稀有的存在呢。而且資歷最久的人已經參與實驗超過十年了。

KATS　從這種觀點來看的話，確實是這樣。所以我們不能讓模特兒們陷入危險之中，必須要維持能讓他們自由、舒適地活躍的場所。

用來保護模特兒的定價與公司專用網路

溝口 BOYSLAB的DVD一片大約一萬五千～一萬八千日圓，定價很高呢。

KATS 這也是我們的堅持。畢竟是模特兒們冒著風險參加演出的作品，所以我們認為不該賤賣。而且我們希望買的人也能抱持著覺悟去買，明白這些作品有這樣的價值。

溝口 的確。BOYSLAB的DVD比一般的男女AV貴了好幾倍，也比其他GV公司的DVD貴許多，和歌舞伎特等席的價格差不多（笑）。因為是貴重的商品，所以要有覺悟再買。就這點來說，這也許是很適當的價格吧。

KATS 會這麼定價，當然也有安全方面的考量。例如最近也有這樣的事，有名的運動員以前演過GV的事曝光後，被人特地把影片擷圖貼出來，並寫上「請廣傳」；或者是有人會違法上傳影片及圖片，或免費觀看那些影片或圖片。雖然很遺憾，但現實中就是有那種人，所以把價格訂很高也是為了避免那種人購買。對模特兒們來說，被好事之徒輕易地看到作品，是很大的威脅，在這層意義上來說，這也算是一種對策。反過來說，會回購作品的觀眾，就沒有這種威脅性了。為了充實回饋給這些老顧客的折扣制度等服務，在不久的將來，我們預定會替換成公司專用網路的通販、提供下載販售，並發布直播節目。

溝口　所謂的直播節目，是由模特兒擔任主持人，讓其他模特兒擔任來賓，也會和工作人員聊天的付費談話節目吧。雖然我只看過收錄在DVD裡的節目片段，不過似乎有很多粉絲相當喜歡這種商品內容，可以在每個月好幾次、一次好幾個小時的直播節目中，透過網路和模特兒共享時光。而且除了事先寄信到專用信箱問問題之外，也可以在直播時直接打字留言，模特兒可以在電腦上看到留言，即時做出回應，是雙方向的互動呢。

KATS　是的。對很多觀眾和模特兒來說都是很愉快的時光。有位名為海咲的模特兒，每年也會做一次整晚的直播節目，前幾天也在這房間裡直播到早上五點半，當時有超過一百人的觀眾一直收看節目。包含這個節目在內，我們正準備以自己公司的專用網路去進行，藉此讓模特兒受到比現在更好的保護。

溝口　這樣的設備很花錢吧？

KATS　是啊（笑）。不過這是很重要的部分。

海咲（右）。出自《Mr. My Universe MISAKI》（BOYSLAB，2016）

粉絲也是社群的一部分

溝口　話說回來，不是我這種偶爾買DVD的淺層粉絲，而是每個月買DVD、加入粉絲團、每年好幾次大老遠地參加活動、購買周邊商品、不漏看任何一集付費節目，像這樣的重度粉絲大概有多少人呢？有三百人嗎？

KATS　很遺憾，還要更少一點（笑）。

溝口　這樣一來，比如看了這篇對談後，對BOYSLAB產生興趣的人能立刻購買DVD，在這層意義上是開放給不特定多數人的商業模式，不過核心的部分感覺就像是會員制的商業模式呢。

KATS　就是那樣。我們當然也希望能讓更多人知道BOYSLAB，但是為了保護模特兒，最後就變成現在這種模式了，不過正因如此，我們也很重視模特兒和作品的品質，也會認真傾聽觀眾的意見和批評，這就是我們的態度。

MATS　對我們來說，這是一種商業；對模特兒來說，這雖然是副業，但因為有擔保所以仍然是工作。不過就另一個層面而言，這就像是包含粉絲們在內，大家一起成立了一個名為BOYSLAB的社群般的感覺。

溝口　原來如此。我想模特兒、工作人員與核心粉絲面對面交流的活動，應該是醞釀出那種社群感最重要的部分吧。我在二〇一四年初參加過一次BOYSLAB與KO Company共同舉辦的活動，不論申請方法或入場費用還是活動內容，都給人一種輕鬆的感覺。之後BOYSLAB的活動，雖然我只有看過收錄在DVD的部分，不過有看到模特兒們在Live House或是宴會會場、咖啡廳等場所，在女性粉絲的包圍之下唱歌跳舞。像這種活動，也是BOYSLAB特有的內容呢。

KATS 是的。粉絲們很開心，模特兒們也變得很有幹勁。

劇情片和紀錄片的兩種主軸

溝口 接下來，請告訴我BOYSLAB有哪些適合新手看的作品。

KATS 我們每年年底都會讓粉絲投票來頒授獎項。把二〇一三年度前三名的作品，也就是原本不同DVD的三篇內容收錄在同一片DVD裡的精選版《BOYSLAB AWARD 2013 THE BEST》（二〇一六），可以一次看到好幾個評價很高的人氣作品，而且價格也壓低到一九〇分鐘九九〇〇日圓，所以我會推薦這一片。除此之外有劇情的作品應該比較好入門。例如走《世界奇妙物語》風格的劇情片〈SHINWA－震話－〉系列（二〇一四～），或是有點苦澀惆悵的愛情故事〈Bitter〉系列（二〇一五～）等等，還有〈MMU〉系列（二〇一三～）。「MMU」是「Mr. My Universe」的意思，是由每名模特兒自己製作的系列，DVD裡的三個章節全都是由封面的模特兒演出。所以挑選自己喜歡的外表的模特兒所演的《MMU》應該也是不錯的選擇。

溝口 到目前為止，我看的大多是紀錄片型的作品，前輩後輩一面聊天一面說「請多指教」，然後開始做愛的類型我覺得比較有趣（笑）。因為外行人的演技會讓我覺得尷尬，所以我一直避開有劇情設定的作品，不過新作《SHINWA參－震話－》（二〇一六）我覺得很好看。當然演技不能與專業演員相比，不過該說是「量身打造」嗎？配合模特兒的個性去設定角色，我覺得很成功。

KATS 謝謝。我們的劇情片作品，假如把全部的臺詞寫成腳本讓模特兒照本宣科的話，說出來的臺詞都很生硬，所以我們會先對模特兒說明這裡是什麼樣的狀況、什麼樣的心情，再讓模特兒用自己的話來演戲。

溝口 啊，這和是枝裕和導演讓童星演戲時一樣呢……還有，《SHINWA參－震話－》的故事也很完整，有很多在室外與室內拍攝的場景，這樣一章大約要拍幾個小時呢？

出自《SHINWA參－震話－》（BOYSLAB，2016）

MATS　以前的話，幾乎只有床戲的作品，大約三～四個小時就可以拍完了，但現在，特別是《SHINWA參－震話－》這類花時間的作品，有時候要分成兩、三天才能拍完。

溝口　哇哇哇，這樣的話，花的時間和自主製作的短篇電影差不多了，說不定更花時間呢。

KATS　是的。所以在這種很花時間的作品中間，會穿插剛才講的運動會，或以原本的模樣做料理之類的作品。不過，這種不需要花很多時間製作的作品之所以能成立，是因為每個模特兒的角色都很鮮明，我們有信心能讓觀眾看到與「設定片」不同的模特兒魅力。

溝口　原來如此。雖然BOYSLAB提供的是「真人版ＢＬ（包含性愛）」作品，但是男性工作人員與男性模特兒為什麼做得到這點？今天的對談讓我明白箇中原因了。除此之外，模特兒們作為模特兒的生活方式，可以說是使既有的二元對立性取向失效、呈現大格局的實驗，毫不誇張地說我相當有興趣。不只以ＢＬ研究家的身分，從性學、社會性別論、酷兒理論的觀點來看也是。為了讓這樣的「實驗」能更加安全地進行下去，希望這次的對談能使BOYSLAB增加更多女性觀眾。

KATS　客人中也有人說，她原本沒有特別喜歡ＢＬ，是因為知道BOYSLAB後才喜歡上ＢＬ。很高興BOYSLAB有助於減少大眾對於性取向的歧視。希望喜歡ＢＬ的人，還有喜歡模特兒外表的人，不論男性或女性都可以消除那種觀念，好好享受BOYSLAB的作品。

（二〇一六年八月二十五日　於大阪）

「沒有比BL更注重『對等是什麼？』、『愛是什麼？』並且也要求故事人物思考這些問題的類別。」

3

與作家 三浦紫苑的對談

二〇〇〇年以小說家身分亮相的三浦紫苑老師，二〇〇六年以《まほろ駅前多田便利軒（真幌站前多田便利屋）》（二〇〇六）獲得直木獎，二〇一二年以《舟を編む（啟航吧！編舟計畫）》（二〇一一）獲得本屋大獎。二〇〇九年《風が強く吹いている（強風吹拂）》（二〇〇六）被改編成電影之後，直到二〇一七年夏季為止，《真幌站前多田便利屋》、《まほろ駅前狂騷曲（真幌站前狂騷曲）》（二〇一三）、《神去なあなあ日常（哪啊哪啊～神去村）》（二〇〇九）、《啟航吧！編舟計畫》、《光（光）》（二〇〇八），也都被改編成電影或電視劇。三浦紫苑老師是除了小說讀者之外，也在各方面廣為人知的人氣作家。這樣的三浦老師，在很早之前就公開說過自己是BL愛好者，也經常在散文或對談中提及這件事。我第一次知道三浦老師，是在二〇〇二年末時。當時三浦老師在《小說WINGS》連載的《シュミじゃないんだ（腐興趣～不只是興趣！）》已經進入第二年了。二〇〇六年集結付梓的這個連載，從一開始就很驚人，非常令人尊敬。為什麼這麼說呢？以一句話總結其內容，雖然是「關於BL漫畫的散文」，不過格式（style）相當特別，是把腦中的妄想、日常散文、熱愛的BL作品的分析與介紹等，以前所未見的熱量融合起來完成的創作。這就是小說家的本領嗎！使我非常敬佩。除此之外，不避諱地介紹「攻」與「受」互換的「互攻」，這種即使在BL愛好者中也意見分歧的作品，相當富有挑戰精神。最重要的是，當時才二十多歲的「年輕女性」三浦老師，毫不掩飾、毫不羞恥、光明正大地自主去摸索關於自己的欲望與愛，那個模樣非常地感人。沒錯，我們BL愛好者沒有什麼好可恥的！雖然這麼寫出來會覺得難為情，但是三浦老師卻以她的文筆，將這個訊息寫成了富有娛樂性的散文集，展示在世人面前。拙作《BL進化論》（二〇一五）也深受《腐興趣～不只是興趣！》與三浦老師的各種BL言論影響，特別是最後一章的第五章「閱讀BL／活在BL裡——作為女性讀者間『纏綿』園地的BL」，若不是引用了三浦老師「不是『興趣』！對我來說，看漫畫已經和『活著』是同義詞了！」的這段話，我覺得應該就寫不出來了。因此，可以得到三浦老師寫在書腰的推薦文，對我個人以及《BL進化論》這個理論而言，都是最棒的事。在此，作為《BL進化論》的刊行紀念，我邀請三浦老師當來賓進行對談，並將這段對談呈現給大家。

三浦　因為今天可以聊很多ＢＬ，所以我特地穿了精選T恤來。

溝口　呃……這上面寫的是什麼？

三浦　「I　LOVE　BL」。

一同　（爆笑）。

三浦　這是朋友送我的，好像是原宿的店賣的衣服。衣服上的ＢＬ，我想一定不是「Boy's Love」的簡稱。設計這件衣服的人應該不知道Boy's Love才對（笑）。不過我和同伴們舉行ＢＬ讀書會時，一定會穿這件。

溝口　三浦老師喜歡ＢＬ的事早就廣為人知了。不過應該很少在這類的活動中聊ＢＬ吧。今天的活動中，不只是《ＢＬ進化論》的內容，我希望能與您聊各種話題。

三浦　請多指教。

Boy's Love是藉由「愛」逐漸進化而成

三浦　《ＢＬ進化論》真的是一本值得一看再看的書。我第一次看到溝口小姐的文章，是在雜誌《クィア・ジャパンvol.2　変態するサラリーマン特集（QUEER JAPAN vol.2 變態上班族特輯）》上。那是二〇〇〇年的雜誌了。這本書裡收錄了幾年分的論文呢？

溝口　是從一九九八年末的文章開始收錄的。喜歡BL作品是在那之前就開始了。應該說，因為我自己的性向是女同性戀，所以像是《摩利與新吾》（木原敏江／一九七九～八四）中摩利對新吾的那種真實的感情描寫等，拉了青春期的我很大一把。那是在一九七〇到八〇年代左右。讓我覺得就算世人把同性戀當成醜聞或開玩笑的對象，摩利喜歡新吾的心情，和我喜歡同性的心情，都不是什麼不好的事情。之後從一九九八年秋天起，為了研究活動以及愛好者活動，我開始看起商業BL作品。

三浦　這麼說來，《BL進化論》可說是溝口小姐至今為止的活動成果之集大成呢。不但可以當作BL本質的作品論來閱讀，還依照時代探討關於BL的表現方式有什麼樣的言論，這部分也寫得很仔細。

溝口　每個時代的差異很有趣哦。九〇年代有很多「我才不是同性戀！」、「我不是喜歡男人，是因為你是你，我才會喜歡上你」的作品，但是進入二〇〇〇年代後，就截然不同了。

三浦　是啊。以前有很多一認識就強暴、監禁，一面說「我才不是同性戀！」「我不是喜歡男人，是因為你是你，我才會喜歡上你」這種話的「攻」哦……。

一同　（笑）。

溝口　被強暴的一方，一開始很抵抗，不過到最後會發現「我被他愛著，他不是因為喜歡男人，而是喜歡我這個人（所以才會強暴我）」於是兩情相悅……的這種劇情呢。不過，不知從何時開始，該說是變得比這種BL更為現實嗎？主角們甚至指引著現實中的同性戀者活下去，這樣的BL慢慢變多了。

三浦　所謂的「現實」，具體來說是什麼呢？

溝口　「與男人談戀愛的自己是男同志」主角開始有這樣的自覺，也會畫到對周圍的人出櫃的劇情。而周圍的角色也會表現出「你是同性戀？我是第一次碰到呢」「雖然嚇了一跳，不過世界上也是有這種人的嘛」這種實際上可能會有的反應。這種傾向在九〇年代時，只有吉永史老師的作品特別明顯，但是到了二〇〇〇年代後，就愈來愈多。最讓我驚訝的是，就連從九〇年代起一直連載的系列作品，後來也變得對同志友善了。例如〈富士見二丁目交響楽団（富士見二丁目交響樂團）〉系列（秋月こお／一九九四～二〇一二，以下簡稱〈富士見〉），那原本是一認識對方就強暴的故事呢。

三浦　哦！您的書中也有寫到對吧。我一直覺得那部作品的「攻」根本是性侵犯吧！所以心裡有點疙瘩（笑）。不過的確，到後來〈富士見〉中描寫男同志的方式也變了呢。

溝口　是啊是啊，因為是古典音樂演奏家的故事，所以隨著故事發展，出國的場面也變多了，我想這也是原因之一。除了主要角色之外，也出現了其他的男同志角色。然後在後半段，同事給予主角們忠告說，假如他們所屬的樂團上司知道他們是男同志，一定會開除他們的時候，那一段也有「假如公共電視台公然霸凌同性戀，一定會被民間電視台當成炒收視率的對象報導，霸凌的部分反而會被放大批評」類似這樣的描述。

三浦　也就是說，作者敏感地接收了現實社會的變化，作品中的社會也因此變成了「理所當然地肯定同性戀者的性向、反對歧視的社會」了。

溝口　是的。不是由什麼人呼籲，而是作者們主動、認真且誠實地去思考自己所創造出的角色，慢慢地有關角色們與周圍的人互相妥協的方法，就描寫得愈來愈細膩了。而且，還是在吸收了世界上性少數者的資訊後寫出來的，這讓我很驚訝，也很開心。關於這部分的論述，我整理在《BL進化論》的「第四章　BL進化型」之中。至於「為什麼會變成這樣呢？」的分析，則是放在「第五章閱讀BL／活在BL裡」之中。在這裡稍微提一下第五章的內容，雖然BL的角色都是男性，但同時也是與BL有關的女性們在社群中交流所產生的分身呢。

BL的閱讀、創作體驗，會反饋到在現實中生活的自己身上

三浦　書中寫到這是「（女性們）在腦中進行性交」呢。

溝口　「與其說BL是配合消費者的需求提供商品的類別，不如說，創作者也會以愛好者的身分參加腦內的性交」我是這麼描述的。BL愛好者們，一旦知道對方也喜歡BL，就會向對方坦白自己的喜好，以加深交歡的快感。這是BL的特色。而這種交歡也同樣發生在作者與讀者之間。這種腦內「性交」的快樂會被作者吸收消化，反映在下個故事的角色們的戀愛之中。也就是說，所謂的BL表面上是描寫男性之間的戀愛，但同時也會產生女性之間的「性交」，這是我的看法。所以登

場的角色們對腐女來說，不只是「（異性的）他人」，同時也是她們的分身，也就是她們「本身」。

三浦 我在看《ＢＬ進化論》時真的是不斷驚嘆「原來如此」。ＢＬ的登場人物，確實也是我們的「分身」，更進一步地說是「理想的自己」。所以近年的ＢＬ中，有很多不只跨越了異性戀規範，也跨越了厭女情結的優秀作品。當然不是所有ＢＬ作品都是那樣，但是不論就正面意義或是負面意義來說，有各種傾向的作品，也表現出了ＢＬ的深度和廣度。

至於描寫男女戀愛的少女漫畫，原本也是可以做到這點的，不過我大略看了一下現今的少女漫畫作品，似乎沒有像ＢＬ那樣「打破現實社會的現狀與常識的意志」。雖然沒有少女漫畫的話，就絕對不會出現ＢＬ這個類別，而且ＢＬ的敘事方式和故事的骨幹也跟少女漫畫很像。不過，大概是因為少女漫畫有很多類型的男性角色都不能畫吧。比如很少看到少女漫畫的女主角和黑道談戀愛（笑）。這樣一來，當然就無法描繪「愛上反社會的男性時，人會有什麼感受、會如何行動」的故事了。

溝口 少女漫畫中沒有黑道的二當家之類的角色嗎？

三浦 雖然不至於完全沒有，但是不會有粗壯的黑道男主角呢。不過應該也有「我想看女主角和粗壯的黑道談戀愛的故事！」這種少女吧？沒有嗎？（笑）。總之，我想應該有很多人是因為無法在少女漫畫中得到滿足，才會開始看起ＢＬ吧。ＢＬ中登場的角色有各式各樣的年齡、職業和外表，「這樣組合的話會怎麼樣呢？」「那樣組合的話會怎麼樣呢？」該說能做無限的排列組合嗎？能夠變成思考各種人際關係的遊戲呢。

溝口　雖然女性角色被逐出ＢＬ的主要世界，但重點其實是ＢＬ變成了男女關係的類比。作者在描寫男性與男性的戀愛時，會思考該如何處理名為「受」卻不是女性的「女角」，然後「受」又應該如何行動。在每天閱讀或創作的過程中，女性特質就會形成一種對比，可以讓人客觀地看到問題，這成為ＢＬ愛好者脫離異性戀規範的契機。也就是讓自己逃避容易被現實世界壓抑的「女性」身分，並獲得快樂。雖然「逃避」這個說法聽起來似乎很不負責任，感覺起來是和女權站在對立面，但是，正因為逃避，而且在避難所把所有的事情做了一遍，才能在回來時擺脫既有的女性特質。我認為這正是ＢＬ的劃時代之處。

三浦　原來如此。ＢＬ的閱讀體驗或創作體驗，會反饋到在現實中生活的自己身上，可以更加看清面對這個社會，身為女性的自己想要怎麼做，以及希望社會變成什麼樣子。我也思考過，假如自己的兒子或女兒是同性戀者的話，自己會怎麼做哦。

溝口　讓我確認一下，三浦老師現在沒有兒子或女兒吧？

三浦　當然。

一同　（笑）。

三浦　雖然今後應該也不會有，不過在看ＢＬ時，我有時會思考這個問題哦。自己實際在那個立場時，會有什麼感覺之類，試著做了各種想像。之所以會這麼想，也是因為我身邊喜歡ＢＬ的女性們最近紛紛生了小孩。有位媽媽看著剛生下來的兒子，微笑著說「他說不定會是同性戀呢——」，我也很溫馨地看著母子倆說「是啊——」（笑）。這絕對不是因為身為腐女，所以想說「這樣一來我就能偷看同性戀兒子的生活了嗚呼呼」。雖然她說得這麼開朗，不過那大概是因為她一直喜歡著BL，在看了很多BL的過程中，想像過「以男同志身分生活」這件事，與故事中的角色們一起稍微體驗了那種人生，所以才能肯定「應該也有那樣的事情吧，是同性戀也沒關係」。

溝口　原來如此……有點感人呢。

三浦　雖然可能只是小事，不過現實確實一點一點地出現變化，這不僅反映在BL之中，反過來受到BL影響的東西應該也會反映在現實裡吧？我看了《BL進化論》後，再次產生了這種想法。

就算是女性，心中也有「那個」

三浦　我們剛剛聊到了BL與少女漫畫比較的話題。是說，和其他類別的漫畫相比，讀者對BL的興趣、嗜好，都緊密地和自己與生俱來的東西結合在一起呢。

溝口　就BL來說，「嗜好」很接近與生俱來的性取向呢。

三浦　是的。以我自己為例，我喜歡「年下攻」，而且「攻」最好是大型犬系。之前我也寫過，如果是「幻想的三角關係」就更萌了。

溝口 那是什麼呢？

三浦 A喜歡B，B也喜歡A，但是A以為「B喜歡的不是我，是C」。這樣說聽得懂嗎？

溝口 我懂了（笑）！

三浦 其實明明是兩情相悅，卻以為是單戀，我超喜歡這種劇情。而且這種喜好，我覺得不管年紀多大都絕對不會改變。在看少女漫畫時都沒發覺自己有這種喜好……我在看溝口小姐的書時，意識到了這件事。是因為少女漫畫幾乎沒有性愛場面的描寫，所以才沒有發現這點嗎……。

溝口 咦？沒有嗎？

三浦 沒有像BL那種程度的吧。雖然有「早上的啾啾叫」※1就是了。

溝口 說的也是（笑）。

三浦 不過這種說法又很容易被誤會，別人常常會問，那麼現實中談戀愛時，我是不是也喜歡「幻想的三角關係」這種問題。

溝口 哦哦，確實常常有那種狀況呢。說喜歡年下狗狗攻的話，對方就會問「妳想和那種男性交往嗎？」。

三浦 不是那樣哦～～～～!!!

※1 原文為「朝チュン」，指不描寫性行為本身，以早晨的鳥鳴暗示兩人之間共度一夜有了肉體關係，這種手法的俗稱。

溝口　特別是異性戀女性，很容易產生這種誤解。現實中想和什麼樣的人做愛或談戀愛，和享受某種創作時的性嗜好／取向，是不同的兩回事呢。

三浦　當然如果年下狗狗攻真的出現，我也很歡迎就是了（笑）。

喜歡的BL角色與現實中的戀愛對象是不同的

溝口　和男同志朋友聊天時，他們會很直白地說出「我喜歡這種肌肉男」「狐臭很讓人興奮呢」之類在性方面的喜好，不過真正在談戀愛時，他們交往的對象卻不一定是那樣的人。

三浦　就這點來說，或許和喜歡ＢＬ的女性們喜好很多樣、分類很細有點像呢。如果是現實中的戀愛，考量的重點就會和哇哇叫著「我喜歡這種角色～！」時完全不一樣，這也是理所當然的吧。畢竟是要一起生活的人，當然要考慮對方能不能讓自己毫無顧慮地放屁，收入穩不穩定之類的問題。我自己的話，在現實中要求的條件只有一個……。

溝口　是什麼呢？

三浦　不會男尊女卑的人。

溝口　原來如此。

三浦　我也非常討厭自己體內男尊女卑的部分，所以我希望交往的對象是能夠讓我察覺這個部分，並和我談論的人。「啊，我剛才很像男尊女卑的老頭子，對不起！」像這樣。不過這種男人是不存在的吧。不男尊女卑的男人真的存在嗎？也許存在吧，不過那種好男人一定早就結婚了……說這種話，大概又會被覺得「就是這麼麻煩的女人才會去看BL啦」。所以我要以喜歡BL的人們的名譽發誓！這只是我個人的看法！這種「條件」和BL完全無關，只是我陷入思考迷宮後產生的過高要求而已！

溝口　（笑）。

作者與自己心中的「肉棒」會互相碰撞

三浦　其實在BL中，真的可以體會到各種人際關係呢。溝口小姐是以「模擬體驗」來稱之，不過我覺得，閱讀／創作BL時的體驗，是一種「思考實驗」。

溝口　思考實驗嗎？

三浦　有「看了這個作品後發現到這件事」這樣的情況，有時甚至會思考「這麼做的話，會變成什麼樣呢？」然後和朋友討論不是嗎？聊了之後，愛就會大爆發。有時候還會在看完作品後一個人「噢嗚哇啊啊啊啊啊！」地鬼吼鬼叫呢，因為那部作品實在太棒了（笑）。

溝口　鬼吼鬼叫（笑）。

三浦　是獻給作者的鬼吼鬼叫哦。「真是太棒了！太新奇了！」感覺心中的「肉棒」都奮起了呢。

溝口　對了對了，您為語シスコ老師的漫畫《おとなの時間（成人時間）》（二〇〇六）寫在書腰的推薦文，我也引用在《BL進化論》裡了。「假如有肉棒的話，我一定會高興到用力甩動！如果真的有BL之神，我一定會全裸為祂跳舞謝恩！」。喜歡BL的女性們，會用您剛才所說的「肉棒」或「心之雞雞」之類的說法，表達對BL作品的感動呢。在那種時候，讀者的「肉棒」不只會和BL男性角色的肉棒重疊，還會和BL作者的「肉棒」重疊，您不覺得嗎？

三浦　沒錯！就是這樣！我看了溝口小姐的書，一直點頭心想「的確就是這樣！」。看到很好看的BL時，作者的「肉棒」就會和我的「肉棒」乒乒乓乓！地撞在一起哦，就像《星戰》那樣。

溝口　像光劍那樣（笑）。不過我在研究會或學會發表這件事時，男性學者們都頗不以為然呢。

三浦　咦——為什麼呢？

溝口　BL的讀者之間藉由BL形成表象的「陰莖」，當然是起源於生理男性的身體器官之陰莖，

語シスコ《成人時間》（マガジン・マガジン，2006）

但是現在，已經被轉化為ＢＬ讀者社群中女性的愉悅器官了。在肉棒奮起的瞬間，對女性來說，它會變得比生理男性的陰莖更強，雖然我用這種方式說明，但是被一笑置之。

三浦 應該是因為男性學者們太喜歡自己的陰莖了……。

一同 （笑）。

溝口 就連能夠自由地理解其他論點的人，也都會說「那是因為溝口小姐是女同志，所以才會這麼想吧？」。也許是男性的「去勢恐懼」讓他們這麼想的吧。雖然我說這些話沒有那樣的意圖，不過，就算女性只在享受ＢＬ時擁有「陰莖」，將其作為自己的愉悅器官使用，或許男性們還是會覺得自己的男性特質被否定。

三浦 因為沒有擁有「心之女性性器」的男性呢。不過，愈是純粹的異性戀男性，愈不會憧憬女人，有這樣的傾向呢。女性在覺得「喜歡」男人時，不管對方是藝人或運動選手，不只會覺得「呀——！我好喜歡他！」而已，有時還會包含「好想變成那個人」的感情不是嗎？

溝口 對啊。

三浦 女性所謂的「喜歡」，有「想和對方交往」與「想成為對方」這兩個要素，雖然比例會隨情況而異。另外，女性對同性也會有「想成為對方」的想法。我就一直在想「好想要變成叶姊妹！」哦。

溝口 真的嗎!?

三浦　真的。咦？為什麼會覺得驚訝呢（笑）？

溝口　啊～不過我好像聽說腐女中有不少喜歡叶姊妹的人……是因為她們與一般的女性特質又不一樣吧。

想成為「憧憬的異性」的欲望，是女性特有的嗎？

三浦　您不覺得「想成為憧憬的異性」這種話，很少從男性的口中聽到嗎？當然也有女裝男子，不過為女性運動選手或藝人加油的男性中，會有「我好喜歡她！我想變得和她一樣！」的人嗎？和女性比起來，這種男性應該很少吧。

溝口　如果是男同志，是滿常看到徹底變成女偶像跳舞之類的，但是異性戀男性的話就很少會表現出那種欲望呢。以前，我們曾經一群人一起看波莉娜・雷阿日的《O孃的故事》※2，後來某個異性戀男性說「我完全無法代入感情」。身為男性，原本就無法把感情代入女性的主角中了，更不用說是被男性們施加各種性

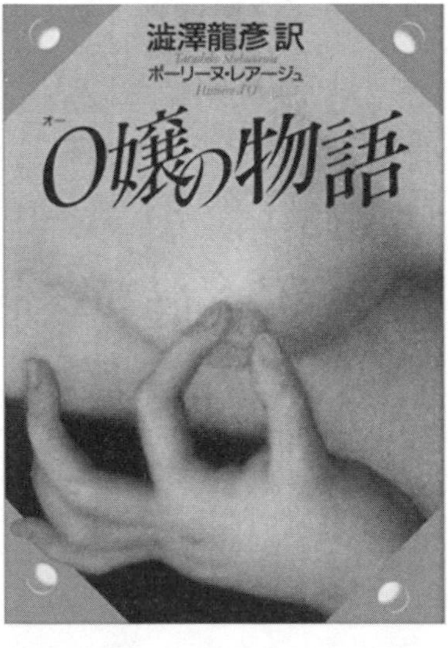

波莉娜・雷阿日《O孃の物語》（澀澤龍彥譯，河出文庫，1992）

虐待的女性了。

三浦　性別不同就無法代入感情，真苦惱呢……。

溝口　雖然可能真的有無法代入角色的情況，但是說不定，也有「必須扼殺這種願望」的想法在內吧。

三浦　因為「男性的面子」不允許他們代入女性呢。就像我們喜歡甩動「肉棒」一樣，假如男性們也能解放心之女性性器，應該會覺得更快樂吧。說起來，男性好像很少有「想成為自己之外的誰」的願望……正因如此，在看書時或許也很重視「能不能把自己投射在角色上」。雖然我認為把感情代入角色中，不是享受創作時的必要條件就是了。我身邊有看過BL的男性，感想大多是「不，我對男人不行，沒辦法代入感情」。你又不是書裡的角色，為什麼要一邊看一邊思考和男人行不行啊！還有說「我被幹可以，但是我才不要幹男人的屁股」的人。你要被幹還是幹人都無所謂啦，告訴我對作品的感想啦！

溝口　不過，那種人很稀奇呢。一般來說，男性不是比較不能接受被幹嗎？

三浦　「被幹的話自己只要躺著就好了，說不定忍一下就撐過去了」對方是這麼說的哦。

※2　一九五四年在法國出版的小說。主角是一名女性攝影師，被情人帶到一座城堡接受各種SM調教的情色故事。本作在出版之後，包含作者的真實身分在內，引發了廣大的討論。

溝口 是很習慣去情色場所嗎……（笑）。

BL的奇怪之處

溝口 到目前為止，我們談的都是「BL好的部分」，不過BL其實也有很多奇怪的部分呢。

三浦 有有有。前幾天我朋友突然跟我說「社長都有腹肌耶」。

溝口 咦（笑）？

三浦 會覺得「咦？」對吧？他的意思是，BL漫畫中經常出現社長這種角色，而且社長基本上都有腹肌。

一同 （爆笑）。

三浦 聽他這麼一說後，我覺得好像真的是這樣。於是我們兩人就開始翻起我家豐富的BL藏書，發現真的有很高的比例有腹肌。

溝口 真是貴重的知識啊……（笑）。

三浦 還有，BL的「受」不是經常說「不要把我當女人」嗎？不覺得那句話也很奇妙嗎？

崎谷はるひ《純真にもほどがある！》插圖・佐々成美（幻冬舍ルチル文庫，2007）

讓我發現那種異樣感的是崎谷はるひ老師的ＢＬ小說。「受」覺得自己被「攻」當成女人對待，向女同事傾吐這個煩惱時，那名女性回答「被當成女人又怎樣？我從出生就一直被這樣對待，從來就只被當成女人哦？」※3。

溝口　哦哦，原來如此。這很厲害呢。ＢＬ具有讀者們想從現實中「被當成女人對待」的狀況逃走、享樂的一面，所以我一直認為「不要把我當女人」這句話是為了保障這個想法而存在的臺詞。不過崎谷老師的作品，犀利地指出了隱藏在其中的厭女情結呢。

三浦　沒錯沒錯。雖然「不要把我當女人」這句話，是作者和讀者這些女性們希望能得到對等人際關係的迫切臺詞。但是在看了崎谷はるひ老師的小說後，我才發現「原來如此，其實我本身就看不起『女性』，所以才不覺得這句話很怪」。

溝口　雖然在兩人的關係中，「受」擔任的可能是所謂的「女角」，但在除了這個關係性之外的部分，都會有「我可是男人」這樣的補強呢。不過，在重複說著這種話的過程中，會讓人產生「『女角』或『女人』有什麼不好？」這樣的想法。逃避女性特質轉變成肯定女性特質，這件事很有意思呢。在不減少ＢＬ樂趣的前提下，以不減少ＢＬ樂趣的形式，加入許多進化後的表現，這樣的作者有很多呢。

※3　崎谷はるひ《純真にもほどがある！》幻冬舍ルチル文庫，二〇〇七。

三浦　讓我恍然大悟呢。

正因為有固定形式，不厭其煩地模仿與內省才能催生進化

溝口　最近出了「ＢＬ小說的寫作技巧」之類的書，您知道嗎？

三浦　咦？有那種書啊！

溝口　有哦。不過就像您不知道這件事一樣，我也沒聽說過有哪位ＢＬ作家看過那本書。話說回來，明明沒有什麼業界專用的指導手冊，不過商業ＢＬ作品中有很多約定俗成的部分，這部分也很有趣呢。

三浦　溝口小姐在《ＢＬ進化論》裡提到，ＢＬ這個類別不厭其煩地重複著模仿與內省，所以才能誕生出進化型的作品。而且，進化的速度非常快。我想，果然是因為有某種程度的「固定形式」存在的緣故吧。不是模模糊糊地想著「畫什麼都行」，而是「男男相戀的故事，基本上都是好結局」這種感覺，正因為有某種約定俗成存在，才能開始想說「那麼這次試著脫離這種套路吧」或是「如果是我的話，會想在這邊這麼做」，所以ＢＬ才容易進化吧。

我也喜歡人形淨瑠璃（文樂）。江戶時代中期是人形淨瑠璃的全盛期，當時的作品直到現在都還是名作，會一直被拿來表演。不過在表演時，很多作品都會在前作的既定表現中做出一點不一樣

的劇情。現在的BL正是這種時期，所以才會接二連三地出現這麼多厲害的作者吧。放眼其他類別，也找不到像BL這樣，這麼多才能出眾的作者輩出的類別。而且畫風和題材都很多樣。

溝口 正是因為先出現了「固定形式」，才能有之後的進化。這種說法很有意思。BL在一九九〇年代形成了「固定形式」的組合，換言之進入一種「古典」的領域。剛剛和您對談後，我第一次產生這種觀點。話說回來，就像三浦老師剛才說的，BL這個類別從歷史上來說，雖然是從少女漫畫延續下來的，不過最近也有完全看不出來起源是什麼、從何而來的作者呢。例如〈東京心中〉系列（二〇一三～）的トウテムポール老師。

三浦 完全猜不出來！

溝口 如果是同時深度涉獵少年漫畫和青年漫畫的人，也許會知道吧……就算如此，也不是所有作者都一定會有意識地讓BL進化，只是就結果而言變成那樣而已，很有趣呢。而與進化無關，直到現在依舊說著「我才不是同性戀」的作品也有其有趣之處。大眾對於BL的認識度，因為吉永史老師的活躍而一下子廣為人知，不過因此而入門BL的人，有時會說「除了吉永的作品之外，其他BL不看也無所謂」，讓人很焦急呢。

三浦 真可惜呢，明明還有很多有趣又劃時代的BL。

溝口 說到吉永老師的一般作品，雖然一般人會覺得《昨日的美食》（二〇〇七～）是BL，但是從我們的角度來說，《大奧》（二〇〇五～）才是經歷過BL才畫得出來的男女逆轉故事呢。

三浦　沒錯。如果要問故事中出現男同志情侶就是BL嗎？並不是這樣的哦。

溝口　男女逆轉的社會，這個設定本身，我在七〇～八〇年代英語圈的女性主義科幻小說中也有看過，但是不同的是《大奧》有「液體」的部分。

三浦　液體嗎？

溝口　是的，體液或是下半身的痛楚，以及對愉悅的描寫，與過去的女性主義科幻小說有極大的不同。這些部分正是因為畫過許多的「受」角才會變成這樣呢。

我們的「愛」絕對不會白費

三浦　會有這種只有一直畫BL的人才畫得出來的東西呢。我之前有個訪問志水雪老師的機會，當時她說「少女漫畫的男主角在BL裡的話全都是『受』」（笑）。只有雄中之雄才能變成BL的「攻」。

溝口　原來如此（笑）。

三浦　沒有比BL更注重「對等是什麼？」、「愛是什麼？」，並且也要求故事人物思考這些問題的類別。一直畫這種劇情的人跑去畫其他類別的作品的話，女人當然會變強，液體也會到處噴哦。

話說回來，我覺得能生在這個時代真是太好了。我前幾天剛聽說，有位一〇四歲的老太太

（二〇一五年七月的時間點），據說她從懂事起，就對男性之間感情很好的樣子感到心跳不已※4。

溝口 哦哦。

三浦 然後大約三十年前……大概是七十幾歲的時候吧（笑），那位老太太看了《戦場のメリークリスマス（俘虜）》（一九八三），心想「噢!!這就是我追求的東西！」，到最近，才有年輕人告訴她，有這種興趣的人叫做「腐女」。「原來如此嗎！」老太太似乎接受了這個說法。我真想推薦BL給她看呢!!

溝口 請您一定提出與那位老太太對談的企劃（笑）。一〇四歲的話，大約是一九一一年出生的吧。森茉莉寫出《恋人たちの森（戀人們的森林）》（一九六一）時，她已經快要五十歲了啊……。

三浦 她一定有看過吧。當然，我想應該有很多人像她一樣，在沒有BL的年代，以某種形式持續探索著自己喜歡的東西究竟是什麼。不過，多虧BL在這個世界上已經作為一種類別存在，而且關於這個類別的內容也已經被化為理論與文字，我們才能夠明確地弄清楚蟠踞在自己心中的感情究竟是什麼。所以我看了溝口小姐的《BL進化論》後，得以明白BL果然是值得付出真愛的東西，以及我這三十多年來的愛沒有白費，讓我覺得非常非常開心。

※4 一九一一年出生的俳句詩人，金原まさ子。著有俳句集《遊戯の家（遊戲之家）》、《カルナヴァル（狂歡節）》等等。也在BL俳句誌《庫内灯（庫內燈）》等發表作品。二〇一七年六月去世，享年一〇六歲。

溝口 能聽到您這麼說真的非常感謝。我本身也因三浦老師的散文與對談中所說的事情而獲益良多，我一面吸收那些內容，一面寫出了這本書。

男男變成「理所當然」的話，BL會消失嗎？

三浦 澀谷區通過了同性伴侶條例，美國最高法院承認了各州的同性婚姻。日常生活中也漸漸看得到與LGBT有關的新聞了呢。

溝口 是啊，澀谷區的條例，非常簡略地說，就是互相登記選擇性監護契約，以及把共同生活的同意書作為公正證書，接著區長則對這樣的人們表示尊重兩人的關係性。說穿了，就只是對利用了既有制度的兩人，更進一步地做出保證而已，並不是澀谷區會頒給同性伴侶什麼正式的伴侶資格。不過，同志也因此更容易站在檯面上發言了，就這點而言真的是一大進步。

三浦 像這樣，同性戀等各式各樣的關係漸漸變得「理所當然」，真的很值得高興呢。不過，有件事我有點驚訝。

溝口 什麼事呢？

三浦 有人曾經問我「假如世人把同性戀視為理所當然，BL不就不成立了嗎？」。

溝口 呃，意思是說，由於以「男人之間是不被允許的」或「男人和男人在一起太奇怪了」為前提誕生的內心糾葛消失了，所以就無法享受那些BL作品的樂趣了對吧？

三浦 大概吧。因為對方不是腐女，所以應該是基於「所謂的BL就是以『禁忌的愛』為主題」的圈外人想像才問我這個問題的吧。把同性戀當成禁忌之愛的想法本身就很奇怪，這點不用多說所以暫且不提，「不，那是不可能的」我當時這麼回答。「因為，比如男女相戀是非常『一般的』情況，但是有哪個時代歌頌男女愛情的故事因此變少嗎？BL也一樣。人與人相處，一定會出現摩擦或者某些感情，那些東西會催生出戲劇性。以創作的形式將這些表現出來，不論在什麼時代，不論社會狀況有什麼樣的變化，都是不變的哦」。認為BL的重點就是「禁忌關係帶來的甜美」，這麼想的人應該相當多，雖然不能說完全沒有這個面向，但我認為，還不如說除此之外的部分才是BL的魅力。而現代大部分的BL讀者，觀點應該也和我差不多吧。

溝口 說的也是。也有很多BL作品把重點放在「禁忌」之外。不過，九〇年代之後不再看BL的人，說不定很多都有那種想法呢。

三浦 當然，我的意思不是最好全都是沒有煩惱的歡樂型作品。與同性或異性無關，在愛上某個人的時候，應該沒有人會不煩惱、不苦惱的吧！就是要多描寫這種地方！我是這麼想的。話是這麼說……假如看到對同性戀相當歧視、觀點非常政治不正確到讓人受不了的作品，我說不定會寫信到編輯部抱怨吧（笑）。除了作者對同性戀的認識不夠、用功程度不夠之外，我覺得編輯也有問題。無可否認，創作並不是只要政治正確就什麼都好，那樣一定會失去有趣的部分。可是，不管怎麼幫忙緩頰，還是有一些很明顯什麼都沒想就亂畫亂寫的作品呢……。

溝口　雖然不多就是了。

三浦　是的。碰到那種情況的話，我認為替作品修正方向或是提供資料給作者，是編輯的責任。可是，在編輯裡，恐怕也有完全不知道BL歷史的人吧。從《QUEER JAPAN》開始有過多少各式各樣的爭論、提議，而BL界進行過多少的嘗試錯誤。不然的話，為什麼「什麼都沒想就亂畫亂寫」的BL能夠出版呢？這就難以說明了。

將來會愈來愈要求BL的創作者要誠實地思考

溝口　那樣的人，就算知道過去的男同志對腐女有所不滿，或者聽說過「YAOI論戰」，八成也不會去參考男同志們的具體主張吧。男同志佐藤雅樹先生以「YAOI什麼的去死吧」這種充滿衝擊性的標題發表文章，是一九九二年的事，這是「YAOI論戰」的開端，但是，由於是刊登在同人誌上，所以看過原文的人可能不到數百人吧。

三浦　「YAOI什麼的去死吧。我痛恨YAOI。那是歧視。」是以這段文字為開頭的文章呢。《BL進化論》中有刊載全文。

溝口　是的，我得到佐藤先生的許可，把全文刊載於《BL進化論》上。如果不知道整篇的內容，只看開頭的話，可能會以為整篇文章都是在敘述「男同志敵視腐女」吧。但其實完全不是那樣。佐藤先生才是想與女性一起做點什麼的人，正因為有那樣的意志與野心，所以才會特地寫出那篇文章。在同人之中把樣貌跟名字都公開，說出「去死吧」這種攻擊性的言語，其實需要很大的動機和勞力。

三浦　這就是一連串「YAOI論戰」的開端呢。像這樣的歷史背景或是因此累積下來的議論，雖然BL讀者不知道也無所謂，但是身為創作方，特別是協助作者創作的編輯，不知道的話可就糟糕了。就算為了BL這個類別本身，也不能不知道。

溝口　編輯可能一直把恐同心態內化了，是這個意思嗎？

三浦　可能連恐同心態都沒有，只是什麼都沒想、不知道、也不想知道。我擔心的是這點。

溝口　或許因為您本身是作家，所以很重視作者的責任感呢。因為您真的很重視所有細節部分的描寫，會徹底以這樣的心態塑造角色與故事。好幾年前，中村明日美子老師被邀請到多摩美術大學講座時說過「舉例來說，我甚至會思考這個角色在喫茶店時，是會把手機放在桌上的人嗎？」，讓我覺得很感動。正是因為她在工作時，把生命注入角色到那麼細膩的部分，才能畫出強度那麼高的作品呢。

三浦　小說不是以視覺表現，我要把這句話當作藉口。我沒有像明日美子老師想得那麼多，有很多部分都是含糊帶過呢（笑）。

溝口　不是按照他人決定的既有定義或想法，而是從零開始面對那個角色、創作作品。這樣一來，就算沒有完全政治正確，應該也會成為該思考的部分深思熟慮過的作品。

三浦　我也是這麼想的。當然，要實踐這點真的非常困難。自己心中的偏見，可能會變成不經意中傷害某些人的表現。所以必須隨時吸收資訊並思考才行。

溝口　需要智力、體力與集中力呢。

三浦　還有纖細的心。不只是關於性取向方面的事。

　　話說回來，我最近工作時碰上的編輯，有很多是腐女，讓我覺得時代變了呢。直到我的學生時代為止，感覺上都不太能跟周遭的人說自己有在看BL的事。而最重要的是，溝口小姐出了這本書真是太棒了！我覺得《BL進化論》對不熟BL的人來說，是非常好的入門書。

溝口　雖然那不是我的首要目標，但是就結果來說可能會變成那樣吧。市面上當然也有很多關於BL的排行榜書或導讀書，但是其中介紹的作品太多了，很多人似乎不知道該從哪本書入門。所以，從BL的「進化」這樣的角度，看《BL進化論》中介紹的作品，也是一種入門方式。

三浦　而且，自己喜歡BL的什麼部分呢？看這本書也能整理自己的思路，所以也很推薦高階BL愛好者看哦！

溝口　那部分我也寫得很仔細。還有，例如壽たらこ老師的《野性類戀人》（二〇〇四～）雖然是非常紅的作品，但是在那部作品中，君臨帥哥們頂點的角色明明是身為女性的夏蓮，為什麼讀者們還是能把它當作ＢＬ看得很愉快呢？其實這部分經過了精心計算，有著階段性的描寫，我做了這樣的分析。不過意外地，到日前為止似乎沒有人做過這種分析。當然，作者本人有意為之的程度到哪裡，我就不知道了。

三浦　許多作者在有意識或無意識之中，確實地擬出戰略，不斷地嘗試自己想畫的東西、想表現的東西，一面與讀者交流，一面創作出作品。真的能實際感受到這點。我想今後，應該會有更多喜歡ＢＬ的人吧。要是能繼續以這種感覺，讓社會變得更自由、更多元就好了。而溝口小姐的《ＢＬ進化論》也一定能對這部分做出貢獻。

溝口　謝謝，也希望大家幫忙傳教（笑）。

壽たらこ《野性類戀人①》（BiBLOS，2004）

為什麼「男男才好」，又要女體化呢？

——接下來開放會場的觀眾發問。

【提問者1】　最近有愈來愈多美國的男同志羅曼史小說翻譯出版，我覺得那是ＢＬ和外國羅曼史文化的絕妙結合，我相當喜歡，甚至覺得這說不定能成為男同志與腐女手牽手的好機會。溝口小姐是怎麼想的呢？

溝口 我看過的外國男同志羅曼史不多，不過有看過〈The Adrien English Mysteries〉系列。主角是推理小說專門書店的老闆，這個設定以日本來說的話，相當於以昭和時代為背景。這種與現代保持一段距離的手法很有意思。從主角經營推理小說書店的事可以看出，主角身為男同志的生活方式，與主流的男同志有點不一樣。但是，主角對身為男同志有所自覺的態度、出櫃的方法，還有隨著故事進展，周圍熟人的恐同心態變得明顯，這些部分都相當寫實。我覺得作者把寫實性與娛樂性的平衡抓得很好。所以，雖然看了這本書後，應該很少人會以為「現實中的男同志就是那樣」，但是真正的男同志看了，應該也會覺得很有趣吧，就這種意義來說，我覺得這些小說是能讓男同志與腐女拉近距離的存在。

【提問者2】 我最近看二創時，發現「受」常常會無限地女體化。明明不該濕的部位卻濕了，明明不可能懷孕卻懷孕了……明明是兩個男人，「受」卻出現女性的生理現象，這種情況太多了，讓我覺得很疑惑，您們覺得呢？

三浦 您指的是以男性的身體，身體機能卻變得女性化。的確，最近有時候會看到機能上變得女性化的BL，那是怎麼回事呢……還有，「受」的身體完全變成女性的作品，在BL（商業誌）中會被討厭，但是在二創（同人誌）中卻不算少見呢。

溝口 那是指從男性的身體變成女性的身體，一直維持在女性的狀態嗎？

三浦 通常最後會變回男性。有時會因為某些原因，又變成女性就是了。是說，這個臺詞偶爾也會在ＢＬ裡看到，其實對我來說，「做到讓你懷孕」這句話，我覺得很萌呢。

一同 （笑）。

三浦 在現實中聽到這種話只會覺得冷到不行，為什麼在ＢＬ看到就覺得萌呢……這是無法以言語解釋的部分吧。「這種話，男女之間就不行嗎？」我很不喜歡會讓人產生這種疑問的ＢＬ，但是為什麼「做到讓你懷孕」這句話就可以呢？我自己也覺得很神祕。

溝口 商業ＢＬ之中，山藍紫姬子老師也寫過同時具有男性與女性特徵的「受」哦。

三浦 哦哦，山藍老師很常寫那個呢。

溝口 說到以批判性手法使用「男性懷孕」題材的作品，那就是《野性類戀人》了。不過二創的女體化，好像又不太一樣……。

三浦 女體化的情況，我覺得是為了強調「就算你是女人，我也喜歡你」所想出來的點子，但是讓男性在機能上變得女性化，又是為什麼呢……對不起，我回答不出來，這個問題還有很多思考的空間呢。

【提問者3】　剛好提到「男性懷孕」的話題，所以我想請問，兩位知道最近很流行「ABO」嗎？那是從英語圈的二次創作界出現的概念，在ABO的世界觀裡，人類除了男與女兩種性別之外，還有Alpha、Beta、Omega三種性別。Alpha從一出生就是很優秀的個體，是集團中的精英；Omega是較劣等的個體，而且Alpha男性可以讓Omega男性懷孕。因為我只看二創BL，所以有點在意商業BL中有沒有這種設定。

三浦　我有在商業小說中看過，不過是歐美的男同志羅曼史小說。是以《Without Reservations》（J. L. Langley／二〇〇六。日文版為二〇一三）為開頭的狼人系列。還有。外國羅曼史的男女羅曼史小說我也滿常看的，在外國羅曼史界也很流行狼人或吸血鬼之類超自然（人外）的存在，有時也會看到類似於Alpha和Omega的概念。啊，BL小說中也有！就是岩本薰老師的〈發情〉系列（二〇〇七～）。這也是狼人的故事，「攻」當然是Alpha※5。

溝口　岩本老師的作品，就會期待很豪華的內容呢。

三浦　很豪華哦。最新的《豔情》（二〇一五）裡，英國豪華的狼人一族綁架了「受」，對「受」說

J. L. Langley《狼を狩る法則（Without Reservations）》
插圖・麻々原繪里依，翻譯・冬斗亞紀
（新書館，Monochrome・Romance文庫，2013）

出類似「生下我的小孩吧」之類的話。好萌啊～。我一邊想著不行不行，一邊又忍不住覺得「做到讓你懷孕」系好萌～……必須自我克制才行。

【提問者4】 兩位對「逆CP」有什麼想法呢？雖然這是二創的話題，不過喜歡A×B（A是「攻」，B是「受」）的時候，能允許B×A（B是「受」，A是「攻」）的想法嗎？我自己一旦覺得是A×B，就會固定下來呢。明明看的是同一部原作，而且萌的是同一對男性，但是有人卻完全無法接受攻受逆轉，我很在意原因。

三浦 逆CP……有時候在讀者之間，這個問題會引發戰爭，甚至會讓人說出「我要折斷妳的肉棒！」呢。

溝口 我認為這也是個人的性取向之一哦。因為看到角色的個性或是角色的外表時，人會產生「我只能接受他是『攻』」的想法。這不是角色的問題，是觀看的人自己的問題。

三浦 因為所謂的喜好，已經近乎於「堅定的信念」了呢。

溝口 就像同性戀者無法與異性談戀愛一樣，對腐女來說，「攻」與「受」都是絕對的哦。所以才會引發戰爭吧。

※5　岩本在本書中提到，在ABO出現之前，就已經從現實中野狼的生態構築出角色設定了。

三浦　那也是一部分原因，還有就是對於作品或角色的解釋所產生的信念。
溝口　不過可以肯定的是，那是比一般的「解釋」更為重要且細緻的東西。
三浦　的確。要說那是用頭腦理性思考的東西嗎？又不只是那樣而已。
溝口　明明平常會說「有各種解釋方式呢。這麼說也有道理」就結束話題，但是這種時候就會變成「只有這樣解釋才合理！」呢。
三浦　這就和男性說「我沒辦法和男人做愛」一樣嗎……。
溝口　對對。
三浦　話是這麼說，不過作品看多了之後，不會慢慢變成「什麼CP都可以」嗎？
溝口　會變成那樣呢。年輕時都會表明「我喜歡這個」來表現自我，應該是因為想定義自己的欲望很強烈吧。所以才會不想接受和這種想法不一樣的東西。但是隨著年紀大了，喜歡的東西變得不定，也開始明白就算認同了不喜歡的東西，自己也不會因此動搖或改變。就算如此，面對自己不能讓步的東西，也能夠認真起來。這件事非常重要。

【提問者5】　可以告訴我兩位最喜歡的BL前三名嗎？
三浦　啊——這不可能啦！
溝口　秒回（笑）。不過，真的很困難呢。

三浦　一方面是因為記憶力變差了，另一方面，請看看我家的書櫃。「啊，要我挑出這個人前三名的書？選不出來啦」會這樣結束哦（笑）。畫風和故事都不一樣，也有奇幻、科幻、校園、上班族等等各式各樣的內容，所以很難互相比較。就算跟我說「只要選出最喜歡的前五十名就好」我可能還是做不到吧……對不起。

溝口　我一直有在參加《這本BL不得了！》的問卷，所以會努力選出當年的前五名作品，不過會用掉一整天的時間呢。而且我在選作品時，會一直把「BL的進化」放在心上，所以會選出跟這點有關的作品。對於跟BL的進化無關卻還是喜歡的作品，我會思考很久「為什麼會喜歡呢」。

三浦　不論什麼事，溝口小姐都會認真進行分析，真是了不起。我已經是靠「肉棒」會不會奮起來判斷了。

溝口　我大概是喜歡分析那個「肉棒」的形狀吧（笑）。

三浦　這種比喻（笑）。對了，我覺得最近「BL」這個詞的定義本身也起了變化。這點您怎麼看呢？例如我並不覺得自己在寫BL，但是卻被說「這是BL」。並不是對BL不熟的人，而是連喜歡BL的人也這麼說。「咦？是這樣嗎？為什麼？」我不禁感到疑問。看樣子BL這個詞，指的不只是類別本身或是在這個類別發表的作品而已，已經開始變成指稱所有「看起來感情很好的兩個男性的故事」了呢。

溝口　是啊。對於「BL」的解釋，在BL愛好者之間也都不一樣。把《昨日的美食》叫做BL的人，即使當場和對方爭論也沒用。不過，為什麼我要不厭其煩地主張，光是有男同志情侶登場的作品不算是ＢＬ呢？那是因為ＢＬ有它獨自的樂趣與任務，我認為一味地擴展ＢＬ的領土，等於否定了存在於ＢＬ最濃密部分的欲望與衝動。

三浦　原來如此。確實如您所說呢。

溝口　類似的部分，我在《ＢＬ進化論》中與異裝王后Bourbonne對談時也有提到。不過那段話沒有收錄在書裡。我們聊到「異裝王后的範圍到哪裡呢？」的問題。假如連穿著漂亮女裝上電視、說「我是男大姊藝人」的人也算是異裝王后的話，不就否定了原本的異裝王后的內在了嗎？

三浦　可以說是與ＢＬ的定義或存在意義重疊的問題呢。可能是因為世代不同造成的認知落差，或者是因為ＢＬ這個詞已經一般化了，應用範圍也因此變廣，或許有很多原因吧。不過只要看著今後的發展，並且更加深入討論這部分的議題就好了。

（二〇一五年七月五日　於東京・下北澤Ｂ＆Ｂ）

BL電影論　序論

可說是廣義BL始祖的短篇小說《戀人們的森林》（一九六一），作者森茉莉是看了法國演員亞蘭・德倫與讓-克洛德・布里亞利的合照，妄想其中有「戀愛的情緒」，才寫出那篇小說[※1]。從這點可以看出，BL愛好者把由美男演員擔綱演出的一般電影當作BL來看，已經是歷史悠久的事了。那麼，不是被當作BL看的電影，而是真正的BL電影，是從什麼時候開始出現的呢？明確地以BL為主打的原創電影，或是改編自BL漫畫或小說的真人電影，是從二〇〇六年開始出現的；至於改編成動畫，則是更早之前就有的事。

一九九〇年代初期開始，BL作品開始被改編成家庭用OVA（Original Video Animation）；二〇〇〇年代後，也開始出現被改編成電視動畫的作品。二〇一六年，動畫版《同級生》（中村明日美子原作，中村章子執導）在電影院上映。改編自BL漫畫的動畫作品，應該是以原作書迷或聲優粉絲為目標客群，有商業上的考量吧。但是和OVA相比，在電視播放或是上院線的作品，更有可能被一般的動漫愛好者看見[※2]，當然，也就更有可能在一般的動畫史上留下足跡。

同樣地以BL為原作的真人電影，一開始也是以原作書迷或演員粉絲為目標客群，但是電影下檔後，會發行DVD或BD，或是上架於線上影音平臺。假如還參加國內外的影展的話，則會被更多觀眾看到。正因為這是由活生生的人類演出的真人電影，對於不知道原作的BL漫畫或小說的觀眾而言，乍看之下無法判斷這是不是BL電影的情況說不定也會增加。話說回來，在BL中被分為「攻」（男角）與「受」（女角）談戀愛的美男角色們，在得到演員的身體後，有辦法變成活生生的BL角色在電影中活起來嗎？會不會看起來像是演員在假裝扮演BL呢？又或者，就兩名男主角在電影中認真談戀愛來說，那樣算是在接近男同志電影嗎？……像這種巨大的問題，當然無法簡單地得出答案。但是，我希望能針對這些部分做一點思考，這就是這篇電影論的執筆動機。

前作《BL進化論》（二〇一五）的補遺中，我以「電影裡的男男愛情」為主軸，分析了十部以男同志為主角或重要配角的電影。令人高興的是，有不少對BL有興趣但是沒看過BL漫畫或小說的讀者們向我表示，因為這篇分析電影的補遺文，使他們明白男同志電影與BL同樣都是「現實」與「幻想」互相對抗的一種「表象」，並對這說法深表贊同。在此回顧前作列舉的電影之一。既是男同志電影，也是「被當作BL看的電影」歷史中，可說是最重要的作品《墨利斯的情人》（詹姆士・艾佛利執導／一九八七）。這部電影的原作是E・M・佛斯特壓抑自身的同性戀傾向，於「活於孤獨之中」的三十多歲前半，也就是一九一三～一四年寫成的小說。由於原作並非反映現實，而是虛構的夢，所以主要登場人物中的兩人墨利斯和亞歷克才會有好結局。這部作品於佛斯特死後的一九七一年出版，又過了十六年被翻拍成電影。在當時，男同性戀者以同性戀的身份有情人終成眷屬的結局，是很罕見的。本片的導演艾佛利與製作人伊斯曼・莫詮，在這部電影上映當時還沒有出櫃，不過最近幾年他們已經公開表示，兩人不但是工作上的夥伴，更是終生伴侶（莫詮於二〇〇五年去世）。在日本，電影《墨利斯的情人》被BL的始祖《JUNE》雜誌稱為「JUNE電影」，此外也因為「英國美青年熱潮」的興起，吸引了許多女性觀眾走進電影院觀看[※3]。這些女性應該幾乎都是異性戀者吧。她們與墨利斯的共鳴，也和走在時代前方，從一九七〇年代開始「二四年組」的少女漫畫家們所提示的價值觀（參照本書的專欄2）一樣，都成為近年「進化型BL作品」的土壤。另外在英國，二〇一三年通過了同性婚姻法。這些支持立法的英國國民，之所以能培養出感情上的土壤，其原因之一應該也包括電影《墨利斯的情人》所發揮的作用吧[※4]。

起初，只是佛斯特百年前抱持的幻想[※5]。但由於它不只是停留於個人腦中的妄想（幻想），還被轉化成了小說（表象），所以才會在日後被拍成真人電影，影響了世界上許多人的感情，最後甚至成為了改變現實法律的土壤。在日本，日文版《墨利斯》小說的出版時間與電影上映的時間同樣是一九八八年。就像這件事所顯示的一樣，在拍成電影時，往往會一下子提高世人對原作的注意度。從這件事來看，應該可以明白，對於BL電影，我們也必須基於某種批評的標準，將整體分類並對其進行概述才行。

話是這麼說，但是本書篇幅有限，因此我挑出自己特別喜歡的三部作品，分析比較其原作與電影版，作為〈BL電影論　序論〉。就「序論」來說，三個作品相當地侷限，但是我希望各位能把它當作為了讓包含影像在內的BL文化更豐富而做的批評。

明明故事大綱相同，但卻完全不同的故事——〈富士見〉系列

第一個要分析的作品是《富士見二丁目交響樂團系列　冷鋒指揮家》（秋月こお原作，金田敬執導／二〇一二）（**圖1**）。原作小說通稱《富士見》，是古典音樂指揮家・桐之院圭與小提琴家・守村悠季的戀愛小說。儘管原作是投稿到雜誌《JUNE》中的「小說道場」單元而開始的作品，但是就結果而言，《富士見》成為牽引整個一九九〇年代BL業界的暢銷大作。一九九二年開始連載，九四年起文庫化，雖然本傳在二〇一二年完結，但直到一七年仍然在角川RUBY文庫發表外傳（〈アンコール集（安可集）〉）。因為其人氣之高，不但製作過許多廣播劇CD與印象音樂專輯，也被翻拍成OVA。電影版DVD的宣傳詞是「累計超過四百萬部的BL小說的金字塔頂點」。電影版的標題也直接轉用自系列第一話（文庫版一〇一頁）。而飾演兩名主角守村悠季與桐之院圭的，是從「2・5次元」音樂劇的先驅作品《網球王子》出道的演員高崎翔太（**圖1・右**）與新井裕介（**圖1・左**）。

若包含外傳在內，原作是一部現在進行式的大長篇。原本是從九〇年代的BL固定形式「一認識就強暴」開始的「永恆的愛情神話」故事，如今已經轉變成提示如何跨越恐同心態的「進化型BL」作品。在前作《BL進化論》中，我已經從「BL進化論」的角度做

過作品分析，有興趣的人請參考前作。不過驚人的是，電影版也有「一認識就強暴」的橋段。原作小說與電影版的共同故事大綱如下：

富士見市民交響樂團（通稱「富士見」）的樂團首席・守村悠季（「受」），某天認識了突然出現的天才指揮家・桐之院圭（「攻」）。一開始，守村看桐之院很不順眼。當守村打算離開富士見時，桐之院邀請守村到自己家討論這件事，並趁機強暴了他。守村相當憤怒並大受打擊，但是更加明白富士見與自己都需要桐之院的音樂家才能，而且因為桐之院保證今後不會再強暴他，也不會公私不分地把感情帶到樂團的工作裡，最後才決定在同為音樂家的工作方面與桐之院繼續來往。

圖1　DVD《富士見二丁目交響樂團系列　冷鋒指揮家》（GENEON，2012）

這個劇情大綱在原作小說與電影上是相同的，但是在我看來，兩個故事卻截然不同。雖然細節的差異有很多，不過在此我要分析的是與BL根幹有關的要素：（一）強暴戲，以及（二）女性角色的功能。

首先，關於強暴戲的部分。在原作中，桐之院強暴了守村，並且在強迫肛門性交的過程中，守村不知為何達到了性高潮。結果，照理來說應該是完全的強暴戲，卻變成了「九十二分鐘的激烈性交」，守村「高潮了六次，把毛毯都弄得黏黏的」「光靠後面就高潮了六次」「第一次做愛就連腰都會用了」「太棒了」等等，桐之院是這麼說的。而且性交時，守村發出了「啊嗯！」的愉悅呻吟，書中也寫出守村對於這樣的自己感到困惑的內心獨白。就現實來說，這當然是為了把性暴力正當化、讓人難以原諒的劇情，即使就BL小說而言，也是相當不合情理的發展。但是，正因如此，假如能把這件事寫到不會讓讀者感到不合理，給予讀者的快樂也會變得更有力。換言之，原作的強暴戲，將守村的快感和迷惘與高級音響播放的《唐懷瑟》同步，使人陷入恍惚，讓讀者能夠把它當作「被音樂擁抱的快感」，如奔流般順暢、開心地看下去。必須靠秋月老師的深厚功力，這種ＢＬ式的娛樂&幻想才有辦法成立。而且，明明是嚴肅的性暴力場面，但是整體氛圍卻帶著一種喜劇感與悠閒感，這是唯有小說才能做到的狡猾表現，也是小說家的功力。但也因為有這樣的場景，所以不可能忠實地拍成真人電影。不，就算以限制級忠實地拍出床戲，但是守村「被音樂擁抱」之類的內心獨白，除非使用高水準的特效來描寫，否則是無法使守村這個角色擁有身為活生生的人物最低限度的合理性吧。

那麼，電影版是怎麼處理這段劇情的呢？電影中以相當激烈的方式呈現男性之間的背後位肛門性交（藉由窗戶的玻璃映出兩人交纏的全身，此外也拍到桐之院的腰部動作），但是並沒有描述守村的快感。也就是說，就算原作與電影兩者都有「強暴」的事實，顯示出來的內容也完全不同[※6]。因此，電影讓人感覺是與原作完全不同的故事。

第二點，關於女性角色的功能。這個作品中最重要的女性角色，當屬富士見樂團中的長笛演奏家・川島奈津子。她在三年前加入富士見，是守村的意中人。守村在心中默默盤算，假如自己成為正式老師，就要向她求婚。但是故事剛開始時，兩人的關係只到團練後會一起喝茶或吃飯的程度而已。川島在原作與電影中，都是促使桐之院與守村的關係出現大幅進展的角色，但是細部差別卻非常大。我試著在此做出整理[※7]。

【小說與電影幾乎共通之處】川島向桐之院表示想與他交往。桐之院回說「妳不是正在和守村交往嗎？」而拒絕她。川島說自己和守村「什麼都沒有」「就算是在交往好了，他連我的手都沒有牽過，八成是男同志吧」。接著桐之院告訴川島自己也是男同志，被川島猜中他喜歡的人是守村。（以上內容在原作小說中，桐之院是以事後報告的方式，把這段對話告訴守村與讀者。電影雖然有拍出川島跟桐之院說話的場面，但是川島只說「原來如此，果然是有什麼特別的原因，天才指揮家才會來市民交響樂團」。觀眾只知道川島向桐之院保證不會把某件事說出去，但是兩人具體的對話內容，直到桐之院說給守村聽為止，觀眾都不知道）。

之後的展開，小說與電影版有以下的不同。

【小說】守村被桐之院強暴後過了一週，團練完解散後，守村向川島求婚，然後被川島斷然拒絕。可是由於兩人的交往原本就不深，所以守村也接受了被川島拒絕的事實。喝醉的川島說，守村雖然被桐之院強暴了，「但是你原諒他了」「合意了」。「但是，那是強暴」守村雖然這麼反駁，但是在被川島問「不然你要告他是變態強姦犯嗎？」時，發現自己並沒有那種想法。「你就原諒他吧。這樣才是正確的。／直到上星期為止，你的聲音都很不協調，但是今晚……完全共鳴了。聲音是不會說謊的。……就是這麼回事哦」對於川島所說的話，守村發現「雖然不能接受，也不想原諒，但是也只能同意了」。下個練習日時，守村期待著藉由桐之院的指揮來引導自己的小提琴。「我才不想被拖上男同志之路」但是「如果是音樂方面的來往，就歡迎他吧」最後做出了這樣的結論。（「變態強姦犯」是川島說的，但是故事中沒有交代她為什麼知道桐之院強暴了守村的事，而且就算川島知道這件事，也給人這件事沒什麼大不了的印象。原因在於，在切入這個話題時，川島所說的臺詞「喂，守村啊」「被天才熱愛，感覺如何啊？」「天知地知，奈津子知。／你們做過了對吧～啊？」使強暴的事實一下子失去嚴肅性，甚至在某些地方帶著一點喜劇感。因此，讀者可以與強暴這種在現實中是犯罪的嚴肅事件保持距離，沉浸在虛構故事的樂趣之中）。

【電影】守村被強暴之後，缺席富士見的團練，窩在家裡。川島來到守村的公寓，邀他去喝酒。兩人在沖繩居酒屋般的店裡，川島對守村說的話，雖然要**點**與原作幾乎相同，但是傳達出來的感覺卻有驚人的差異。首先，川島說，在音樂方面桐之院是帶領著守村與富士見進步的天才指揮家，看到守村露出不滿的表情時，川島這麼勸他「頂多就是被上了一次而已」。也就是說，川島明確地說出容許強暴這件事。由年輕美麗的女性·川島（岩田さゆり）的聲音說出這樣的臺詞，非常令人震撼。再加上，這樣的說法只能解釋成，川島本身認為接受「就是被上了一次而已」這件事是理所當然的，讓人覺得非常衝擊。而且，接下來還有更令觀眾吃驚的事。川島之所以知道桐之院強暴了守村的事，是因為「我也不是自己想知道這件事哦，但是桐之院先生打電話給我」。聽到這句話，觀眾就會想起來，在強暴的隔天早上，守村還在睡時，穿著浴袍的桐之院對著電話說「嗯，是的。所以，假如他有什麼事時……」「我只能拜託妳了」。直到不久之前，才剛強暴過守村的本人，打電話給守村擔任首席的樂團成員，同時也是守村傾心對象的女性，親口告訴對方自己是強暴守村的加害者，並且希望對方能幫忙看著受害者的守村！這種安排令我打從心底感到驚訝。因為電影的製作群完全不懂《富士見》這部ＢＬ作品的重點！

……然後，一開始受到打擊並感到憤怒的我，在冷靜下來後發現「他們不懂也是當然的」。為什麼呢？因為川島對強暴的受害者守村說「原諒加害者桐之院，才是正確的」這個要點在小說與電影裡是共通的，依我的猜測，由於原作裡沒有明確交代川島為什麼發現強暴的事，所以電影才補上了「直接從桐之院那裡聽來的」這一段劇情。此外，如果像小說中一樣，說出「就算被強暴，原諒對方才是正確的」這種話的女性角色，若不是認為「只不過是被強暴個一兩次，又不是什麼大不了的事」的話，確實以一般的角度來思考會很不合邏輯。所以，電影版才讓劇情合乎邏輯吧。沒錯，實際上，雖然川島說了同樣的要點，但是讓我們覺得「川島和我們這些完全不能原諒強暴的女性讀者有著同樣常識」的小說版，更顯奇妙。這麼說的話，儘管「被音樂擁抱的快感」這件事本身或許音樂家或音樂迷都體驗過，但是當強暴時的背景音樂《唐懷瑟》和團練時的《第13號小夜曲》在腦中連結迴蕩，一面同情被強暴的守村一面與他化為一體享受快感，甚至覺得「強暴犯」天才指揮家・桐之院是應該要去愛的存在，我們這些富士見粉絲，也是脫離常軌了。

沒錯。劇情大意是相同的，但是感覺起來卻是完全不同的故事。若要說電影版讓我察覺了什麼，那就是小說〈富士見〉系列，光是第一話就到達了ＢＬ奇幻小說的巔峰。東京都內的富士見町，讓商店街的中年男老闆們與粉領族享受古典音樂的市民樂團。把這種具有平民真實感的世界觀，與音樂所帶來的、抽象又官能的快感融合在一起，發展出兩名男主角之間的「奇跡戀愛」故事。假如想把劇情忠實地拍成真人電影，就需要即使說出「天知地知，奈津子知」※8這種現實中年輕女性不太可能會說的臺詞，也不會讓人感到彆扭的演技與世界觀。除此之外，還要有大量高水準的特效，最後應該會變成奇幻電影的大作吧。

忠於原作，同時也是「很像電影的電影」——《無法觸碰的愛》

不論什麼樣的影像作品，都能從「這是什麼樣的故事」與「如何讓人看這個故事」這兩種，也就是所謂的「what」與「how」的方向來分析。就算描述的是同一件事，依描述方法與展現手法不同，觀眾的感受也會截然不同。例如《冷鋒指揮家》，雖然原作小說與電影的劇情大意是共通的，但是仔細看的話，登場人物的對白以及快感描寫的有無等等，光是內容的部分，也就是「what」的部分，就與原作有著極大的差距，因此，我故意不談論電影版的「how」進行了比較分析。但是接下來要談論的《無法觸碰的愛》（ヨネダコウ原作，天野千尋執導／二〇一四），反而要以「how」的分析為重點。因為這部電影，包含我在內，對許多原作書迷來說，都相當忠於原作。不只如此，還讓人覺得是一部值得在電影院以大銀幕欣賞，很像電影的電影（**圖2**）。

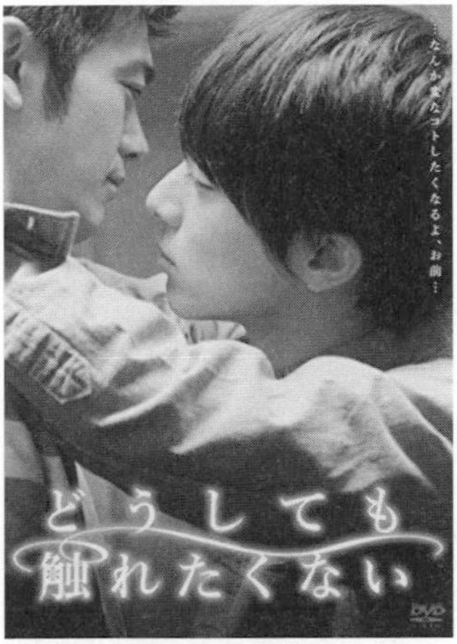

圖2 DVD《無法觸碰的愛》（PONY CANYON，2014）©2014 ヨネダコウ・大洋圖書／「無法觸碰的愛」製作委員會

那麼，所謂「值得在電影院以大銀幕欣賞，很像電影的電影」，到底是什麼樣的電影呢？

第一個答案，當然是像好萊塢的科幻或動作大片那樣，畫面的每個角落都是以金錢堆砌出來，也就是所謂的製作價值（Production Value）極高的電影。雖然也可以在小螢幕上看劇情就好，但是「不用大銀幕看就太可惜了」。反過來說，螢幕太小的話，說不定會漏看畫面中的細節，而對於某些作品而言那些細節是電影中很重要的內容。例如全由黑人演員演出的《月光下的藍色男孩》（巴瑞・賈金斯執導／二〇一六），雖然全由黑人演出，但是致力於讓每個人物的肌膚色調看起來都不一樣。假如是在電影院看這部作品，幾乎所有觀眾都能感受到這點，但是螢幕愈小的話，觀眾就愈難感受到這部分。

除此之外，**如何**描述內容、展現內容，也就是如何藉由這些「how」的功夫來擴展表現的幅度，也是本論文中「很像電影的電影」的定義※9。電視劇（般的影像作品）在演員說臺詞或是聽到對方的臺詞做出反應時，必須明確地拍出演員的臉，而電影則是完全相反的表現手法。本書中與トウテムポール「對談」時，針對《男色誘惑》（橋口亮輔執導／二〇〇一），曾提到在熱水倒太多讓咖啡豆整個滿出來的那一幕，在拍到只穿內褲的男性大腿的鏡頭中，是藉由特寫來表現出性暗示；另外在拍攝兩人激烈爭吵的場面時，是從相當遠的地方藉由遠景來呈現，在傳達出嚴肅感的同時，又不會把觀眾的情緒逼得太緊。正是在這些「how」的方面下功夫，才能做出電影的多層次性。另外再舉兩個例子，《我於青春無悔》（黑澤明執導／一九四六）的最後一幕，幸枝（原節子）回到了農村。比起說明這件事，朝著無盡的地平線、從鏡頭下方往上方行駛的卡車，隱約地暗示出光明的希望，這部分的隱喻可能更為重要吧。而科幻電影《千鈞一髮》（安德魯・尼可執導／一九九七）的開頭片段，文生（伊森・霍克）為了要假扮成擁有優良基因的傑洛米（裘德・洛），在上班之前事先準備好尿袋以應對尿液檢查，這樣的行動（「what」）在故事中是必然的。但是那個行動，藉由掀起袍子露出大腿的特寫鏡頭——這種一般而言被當作女性性感姿勢的展現手法（「how」），暗示出社會性別的擾亂，這點也非常重要。

*

《無法觸碰的愛》的原作是漫畫家・ヨネダコウ的第一本商業單行本（二〇〇八）。即使這部作品是九月

十五日出版，在把二〇〇八年九月之前出版的作品納入評比範圍的《這本BL不得了！ 2009年腐女版》（二〇〇八年十二月發售）的排行榜中依舊獲得了第三名，是相當有人氣的作品。電影版在上映後也同樣大受歡迎，原本是東京單廳上映的電影，由於天天都滿場，上映期間延長了好幾次，而且上映的地區還增加了。除了復活上映會以外，在台灣也舉辦了上映會。另外，在DVD發售（二〇一四年九月）的大約一年後，還發行了追加特典的BD，由此可見DVD的銷售成績非常好。本電影是由初次拍攝長篇商業電影的年輕導演執導，以拍攝時間只有五天的低預算作品來說，可以說是例外的暢銷作品吧[※10]。

首先，讓我們了解一下劇情大意。當然漫畫與電影的劇情是共通的。

有自覺的男同志角色嶋（「受」），換工作後與新公司的上司外川（「攻」）有了肉體關係。嶋在上一個職場中戀愛的對象，是個將強烈的恐同心態完全內化的男性，因此嶋在被霸凌後換了工作，並一直帶著心理創傷。為此，嶋一直壓抑自己的感情，不讓自己愛上原本不是男同志的外川，但是卻仍然深陷在這段感情當中。另一方面，外川原本是個直男（異性戀者），而且非常嚮往擁有家庭，但是因為覺得嶋很可愛、很喜歡他，於是跟他告白。然而，在外川被調到京都之前，嶋的不安爆發，外川也生氣了，兩人就此分手。一個月後，在東京的辦公室，當外川以前為了戒菸交給嶋保管的香菸突然掉出來的瞬間，嶋的感情滿溢而出，於是前往京都，再次向外川告白。兩人重新確認對彼此的感情後，雖然是遠距離戀愛，但終於開始以戀人的身分交往。

嶋來到新職場的第一天，和他一起搭電梯、渾身因為宿醉而散發酒臭的男人，居然是自己的上司外川。雖然兩人的初識可說是最差勁的邂逅，但是在漫畫中，嶋與外川卻在第一話的最後接吻，而且在第二話就上床，兩人的關係進展非常快速（各話約二十八～三十八頁，總共六話）。雖然如此，兩人以戀人的身分結合，是在整本書的倒數第十頁。中間花費了大約一四〇頁的篇幅，來摸索炮友（同時又會以職場的上司與部下身分一起工作、吃飯）關係與戀人關係的不同——也就是說，這個故事是在描寫外川與嶋的關係變化。雖然主要背景是兩人上班的公司，但是沒有提到具體的工作內容，也沒有發生什麼重大事件。儘管如此，整個故事仍然非常有劇情性，使讀者深受感動。為什麼呢？因為在本作中，外川與嶋的關心、好意、躊躇、糾葛、迷惘、憤怒、看透、衝突，以及覺悟、解放、接受……他們的心理本身就是一大劇情，也是故事中最重大的事件。這樣的故事之所以能夠成立，是因為角色們，從主角到配角，都經常給人彷彿實際存在、活生生的感覺。例如換工作的第一天早上，以最差勁的方式見面，粗野又八面玲瓏的上司，為什麼會被這種人吸引呢？又或者，總是面無表情，而且看起來很纖細的部下，為什麼會覺得他可愛呢？故事中以各種細膩的描寫呈現出嶋與外川的心理變化。除此之外，在劇情的重要場面時，與外川同期進公司的小野田（身分是外川的部下，嶋的前輩），會以與兩人很親近的第三者身分，推動劇情前進——把嶋在前一個公司的八卦告訴外川，讓外川知道嶋的認知（嶋自己是男同志，但是外川不是。所以認為目前只是暫時的炮友關係。「他只是覺得很稀奇而已，不久就會膩了」並希望小野田不要告訴別人）、在外川調職的一個月後，把外川提及嶋時的溫柔話語，以及自己對嶋的好感，告訴因為外川的香菸掉出來而情緒崩潰的嶋，等等。這麼看來，小野田這個角色似乎是用來讓讀者了解角色、推動故事的角色。雖然事實上也的確是這樣，但是他並不會讓人覺得是為了推動故事而隨便捏造出的人物，反而會覺得他是一直實際存在於那裡的人，只是剛好採取了這種行動而已。關於原作漫畫，像是對白的遣詞用字以及分鏡等等，我有非常多想分析的部分，但是等有其他機會時再說吧，讓我們來看看電影版的內容。

為什麼真人電影版會給人忠於原作的感覺呢？

首先，關於選角，不論是從外表、氣質、舉止來看，演員都給人一種從原作漫畫中走出來的感覺。不管是從哪個原作翻拍的電影，對於原作的書迷來說，這都是非常重要的部分。雖然就連原作中出場戲分極少的角色，對原作書迷來說，都是毫無異樣感的選角，不過在這裡，我只針對兩名主角的部分做分析。米原幸佑飾演的嶋，細長的眼睛令人印象深刻，要說的話就像是有著「女生的臉」，或者是有著少女漫畫中「美少年」臉的美男子。然而他的身體線條不會過於纖瘦，反而從肩膀到上臂的部分都很結實。就真人電影來說，可以讓人感受到「二十六歲上班族」的真實感。不只外表，就連給人的印象都跟原作一樣。總是低著頭，或是以困惑的表情「小聲又含糊」地說話，儘管如此，卻又可以用聽得懂的發音把臺詞說得很清楚，這點令人相當佩服。也就是說，雖然發音非常清楚，卻能夠讓人感覺「小聲又含糊」，這需要相當高的演技。至於外川，則是粗野的老菸槍，常常說些不負責任的話，是個「到處可見的直男（異性戀男）」，借用本書對談時ヨネダコウ的說法就是「那種在別人面前會自然而然表現出『我是男人』、『我是攻』的人」。雖然這麼說，但是他心中也有纖細的一面，是個很難演出的角色，不過谷口賢志卻演得很有說服力。現實中應該沒有人會那樣子叼著菸說話吧，但是外川（谷口）叼著菸的模樣，看起來就像這麼做了幾十年似的。此外，粗魯但是不至於沒禮貌的說話方式也表現得很完美。還有，雖然谷口是個高個子、手長腳長的美男子，但是依不同的角度與表情，有時看起來很帥，有時又會讓人覺得很可愛，這種感覺也很外川※11。再來，脫下衣服時，不算緊實的腹部，也很有二十九歲男人的說服力。老是喝啤酒、吃燒肉，卻不在乎再這樣下去很有可能會中年發福，所以也沒有鍛鍊身體，這種直男感也很真實（漫畫中的外川稍微可以看見腹肌的直線，是瘦長的體型，但是以真人重現那種體型的話，與其說像外川，不如說看起來比較像認真控制飲食、勤於運動的「精瘦型帥哥演員」）※12。除此之外，從肩膀到上臂的細瘦感，從服裝的角度來說，就是腋下袖口較小的體型，加上穿西裝時的剪影，完全符合原作，特別是像第三話扉頁的感覺。

那麼，演員的言行有沒有完全照著原作演出呢？並沒有。活生生的人類想演出與漫畫同樣的感覺時，通常必須在動作上做出改變。例如在居酒屋舉辦的嶋的歡迎會時，漫畫中，外川以用腳底抵著部下高田（松田祥一）的臉頰，要求他去拿新啤酒。假如電影直接重現這畫面，看起來會相當粗魯，因此改成以空酒杯抵著部下的臉頰。這是天野導演在訪談中說的[13]。在這裡，我要再提出另一個場面，就是嶋與外川在電梯的初次相遇，以及之後在辦公室的場面。

嶋來到新公司的第一天，電梯門快關上時，一名渾身酒臭的宿醉男搶進電梯。稍後在辦公室時，嶋才知道這個男人是自己的上司外川，這個橋段。外川的「咦？你和我同一樓啊？訪客嗎？」「啊咧？你這是什麼態度啊——」「啊……原來如此，是我太臭了啊」「這也沒辦法，因為我喝酒喝到早上，又還沒洗澡……」這一整串臺詞，漫畫與電影都相同。在漫畫裡，外川的臭味以「むわぁ（muwaa）」、「むわっ（muwa）」等擬態語以及象徵臭味的煙狀曲線來表現，嶋覺得「好臭」的這件事也以內心獨白的方式告訴讀者。此外，外川闖進電梯後，以彎著上半身並按住嘴巴的動作，表示忍住嘔吐感以及奔跑後的氣喘吁吁。之後又以「嗚噗」的手寫文字表現出忍住想吐的感覺。電梯到了五樓的瞬間，嘔吐感變得更強烈，這次的「咕嗚！」是寫在對白框裡，而且字級非常大。一旁的嶋也一副戰戰兢兢的模樣。讀者首先會對外川的粗野感到傻眼，並且同情嶋，假如是經驗老到的BL讀者，則會開始期待「這個粗野又宿醉的男人是『攻』嗎？之後會怎麼推展劇情，讓人覺得他很帥呢？」（圖3）。

但是，假如把這個場面直接拍成真人電影的話，全身酒臭、快要吐出來的男性，應該會讓觀眾們歷歷在目，喚起不愉快的記憶吧。而且真人電影作品中，以演員的旁白插入的內心獨白，會比漫畫的內心獨白給人更深刻的印象。所以，電影是如何表現這一段的呢？雖然發生的事與漫畫相同，但是表現方式不同。例如漫畫中

圖3　外川與嶋的第一次見面／ヨネダコウ《無法觸碰的愛》（大洋圖書，2008）
©ヨネダコウ／大洋圖書

外川的第一次登場，是闖入電梯之後，立刻彎著腰、氣喘吁吁的側面。電影裡的第一次登場，則是從走廊另一頭衝過來的模樣，接著外川硬是打開快要關上的電梯門，從正面露出臉。兩人並排站在電梯裡時，只拍攝胸部以上的部分。外川雖然微微皺眉，但是沒有大口喘氣，或是按住嘴巴壓抑嘔吐感。而兩人後方電梯的牆壁，左右是淺灰色，正中間則是發出白光的帶子在上下移動，兩人的部分身體與發光的部分重疊在一起。因此就外觀的印象而言，彷彿科幻電影中的無塵室一樣。而且，外川說「啊，原來如此，是我太臭了啊」的時候，後退靠到牆上，結果從牆上發出的白光包圍住了他的全身。至於嶋則沒有內心獨白。

對話的內容，以及從電梯走出來時壓抑嘔吐感的模樣和原作是一模一樣的，但是整體來說，感覺非常清潔，是能好好欣賞嶋與外川這兩個不同類型的美男子的場面。那麼，在電梯裡沒怎麼被表現出來的外川的粗野感，要怎麼辦呢？這部分由接下來在辦公室裡，小野田（富田翔）向課長外川介紹今天新來的嶋時做出補強。小野田捏著鼻子說「嗚哇好臭！你又帶酒臭上班啦？」外川則是一邊叼著菸，一邊大大呼出白煙，並且一隻手摸著自己的臉。在原作中只是稍微括臉的程度，但是在電影裡，則是大力揉動臉皮到臉整個扭曲的程度，給人粗魯的感覺。此外，「啊——你是嶋啊」的這句臺詞，「啊——」的部分有一半是打呵欠般的發音，藉此給人「竟然在職場上發出這種聲音，真是粗野的人！」這樣的印象。

之後，「我還以為是靠臉蛋錄取的呢」外川一面說一面伸手去摸嶋的臉。這個場面與原作相同。在戀愛故事中，「第一次觸摸對方」的行為，一般來說會帶著浪漫的緊張；但是在這裡，只會讓人覺得因為外川很粗魯，所以會隨便亂摸別人而已。這部分非常重要。應該說，第二次隨便伸手摸嶋時，嶋害羞可愛的表情讓外川心動，第三次更是情不自禁地親吻了嶋。也就是說，「正因為外川是粗魯的直男，所以隨便亂摸人的行為，才能無縫接軌地與性欲連結在一起」讓這種在現實中不可能的發展，看起來好像有可能一樣，這是原作漫畫作為BL的重點之一。因此，在電影中也藉由從電梯到辦公室的初遇橋段，給人包含外川的粗野程度在內，如同原作的印象。這是很重要的部分，電影版在這部分做得非常成功。

＊

那麼第二個問題，為什麼會覺得這是一部很像電影的電影呢？

本作中在呈現方式，也就是「how」的部分，使用了大量的「遠景鏡頭（long shot，遠距離拍攝的影像）」以及「長鏡頭（long take，長時間不切換鏡頭的影像）」，並且在光與影的表現上花了許多心力。因此成為了一部能帶給觀眾滿足感的作品，讓人覺得「自己正在看值得用大銀幕看的電影」。當然，片中也會確實地在演員臉上打光，或是近距離特寫演員的臉，所以也能好好欣賞演員的五官與表情。再加上美麗的陰影，讓畫面有著豐富的深淺濃淡，使觀眾在觀看時能有更深一層的視聽體驗。再來，雖然不至於拿名導演溝口健二執導的作品為例，但是長鏡頭比較容易讓觀眾感受到場景中的氛圍與情感緩緩升高的感覺。假如是兩名演員之間的對手戲，觀眾就能感受到兩人之間醞釀出來的氛圍變化（相反的，如電視廣告般把短暫的畫面連續剪接的影像，雖然富有速度感，不容易看膩，但是難以讓觀眾的情緒沉浸其中）。至於從遠距離拍攝演員的遠景，可以把人物與周圍的情況全部收入畫面中，讓觀眾知道不是「世界上只有這兩個人」，而是「身處在這個世界、這個社會的某種狀況、環境中的兩人」※14。還有一點很重要，就是本作中的遠景鏡頭，為了要重現實際在場觀看兩人的旁觀者觀點，攝影機的位置經常如BL愛好者所說的一樣，以提供能實現「想偷偷躲在柱子的影子中偷看兩個男角」或是「想變成房間裡的盆栽或壁紙偷偷目擊兩人」等願望的影像。在此舉兩個場面為例。

第一個，是外川與嶋兩人吃完燒肉後回去的路上，從聊天變成接吻的場面。把整件事做簡單描述的話，就是「兩人走在夜晚的路上聊天時，外川吻了嶋。雖然被路人看到了，但是外川並不在意。嶋問他為什麼要吻自己，外川回答『因為就順其自然』。竟然在外頭做這種事，對於這麼說的嶋，外川說『那就到沒人看得到的地方吧』於是把嶋帶回自己家」。這個場面，是以遠景鏡頭開始，從階梯下方拍攝走在路上的兩人。由於是從很低的角度往上拍，所以看不到兩人的全身，只能看到頭到膝蓋的部分。而且因為距離太遠了，兩人的身體只有整個畫面高度的五分之一，看不清楚表情，給人實際站在階梯下方往上看的感覺。這種兩人在階梯上方的構圖，在嶋的歡迎會結束後的場面就使用過一次了。所以觀眾可以知道，兩人從畫面的左邊走來，之後外川沿著道路向右走，嶋走下階梯，踏上各自的歸途。朝右走的外川發現嶋沒有走下階梯，問「你不回去嗎？」，嶋回答「要啊」，但是隔了大約兩秒後，外川回過頭，朝嶋走近幾步。到這裡為止都是以長鏡頭呈現，但是在外川朝嶋伸出手的地方切換了畫面，變成兩人的頭部到膝蓋占滿畫面八成的中距離鏡頭。外川把手放在嶋的臉上，上半身向右彎，吻了嶋。直到發現有人從階梯下方走上來的嶋推開外川為止，接吻時間長達五秒左右，以畫面時間而言，給人非常久的感覺。另外，在推開外川的瞬間，又切換回從階梯下方朝上拍的遠景鏡頭。先是給予觀眾實際上在場旁觀的感覺，又回應了觀眾想把接吻畫面看得更仔細的心情，拉近了鏡頭。而在此之前則藉由長鏡頭，把兩人之間氣氛愈來愈高漲的感覺確實地傳達給觀眾。

另一個例子，就是之後的床戲場面。接吻、脫下衣服、從嶋的乳頭開始撫摸的外川，這些畫面以特寫鏡頭的方式呈現，但是兩人赤裸著上半身時，外川在床上推倒嶋、壓在嶋身上的模樣，也有從背後拍攝的遠景鏡頭。此時鏡頭給人的感覺，像是隔著有矮桌與電視機的客廳空間，坐在外川房間的邊緣，眺望房間另一端床上的兩人。透過鏡頭，觀眾能清楚地目擊兩人在房間中的模樣。當鏡頭固定在這個位置時，嶋的手環抱在外川的背上，也就是說，這不是外川單方面的行為，嶋也接受了外川。至於觀眾，則是在現場觀看這一切的感覺[※15]。這對BL愛好者來說，是非常開心的事。原作漫畫的床戲，兩人也是全裸的，畫面呈現出了全身的四分之三，躺在下方的嶋張開雙腿，外川貌似插入其中，而且嶋的雙手緊摟在外川的脖子上（圖4）。電影版判斷這個兩人緊抱在一起的狀態，應該當作現在進行式的行為呈現出來。而且，漫畫中的床戲，沒有畫到外川腰部以下的部分，讀者只能看到嶋抬起的腿的膝蓋附近，看不到兩人

圖4　漫畫中的床戲／ヨネダコウ《無法觸碰的愛》（大洋圖書，2008）
©ヨネダコウ・大洋圖書

的臀部。假如電影想還原這個場面，鏡頭就必須離全裸的兩人非常近，那樣一來，就沒辦法做出「在現場，從房間的另一端窺視兩人」的視角了。此外，由於從「房間的另一邊」可以看到兩人的全身，假如嶋把手環抱在外川背上時，兩人是全裸的話，至少會完全看見外川的臀部。對大多數的女性觀眾來說，在真人電影中看到男性裸著臀部，假如是短暫的淋浴鏡頭之類，在年輕演員主演的作品中的確是看習慣了；但是在性愛場面中看到裸著屁股，應該還是會有不少人產生排斥感吧。特別是要讓觀眾慢慢看著嶋的雙臂環抱在外川背上的場面。因此，就ＢＬ電影來說，在下半身還穿著褲子的時間點帶到嶋的這個動作，是極為適當的判斷。此外，電影中還有原作中沒有的、可以看做嶋把手撐在前方的牆上站著，外川從背後插入的畫面。貌似透過百葉窗造成的光影條紋，一開始投射在嶋稍微前方的牆上，後來投射到兩人的肌膚上，讓整個畫面非常唯美。

光與影的表現，在整部電影中，特別是遠景鏡頭的畫面中非常多。小野田對嶋說「全都寫在臉上囉」的時候，穿透過樓梯扶手的自然光非常眩目；以及外川與嶋爭吵時，外川房間的複數間接照明等等，畫面的變化十分豐富。此外，性行為時使用特寫鏡頭與中鏡頭呈現的場面，也都在光影方面下了許多功夫。順帶一提，所謂在光影的表現上花功夫，指的是看得出用了各種器材，並花許多時間在照明的調整上。判斷要將有限的預算與拍攝時間，花在照明上。由於原作是ＢＬ，因此呈現出兩名美男子的性愛場面（「what」）是必須的；但是在鏡頭位置與照明方面（「how」）下的功夫，則是讓人覺得本作是「很像電影的電影」的主要原因。

揭穿同性友愛的機制
——《雙生薄荷》

最後要討論的，是《雙生薄荷》（中村明日美子原作，內田英治執導／二〇一七）（圖5）這部電影。正在寫這篇文章時（二〇一七年初夏），剛好是電影上映的時期，所以與前述兩作不同，是包含試映會與電影院觀影感想的分析。

原作漫畫即使在BL之中，也是相當特異的作品。BL是「Boy's Love」的縮寫，但是有許多作品並不把戀愛視為理所當然的前提，而是探索兩人之所以需要彼此的關係性，我在前作的專欄「重新檢討BL的得意招式『愛』的定義　探索『戀愛』與『其他各種關係性』的境界」中已經討論過這個部分，不過《雙生薄荷》（二〇〇九）恐怕是其中最暴力的作品。雖然有點長，還是先讓我們看一下劇情大意。

身為系統工程師的壹河光夫在辦公室上班時，手機突然響起，原來是高中時代同姓同名的同年級生市川光央打來的（※註：壹河光夫與市川光央的日語發音相同）。光央說自己殺了一個女人，要光夫立刻過去幫忙。光夫開著車子，幫忙把屍體載到山中掩埋。＊高中時代，光夫被光央逼著發誓，要一輩子當光央的「狗」。高中時的光央不但睡走了光夫的女朋友，也恐嚇光夫，向他要錢。最後光央決定自首，但是原本的埋屍地點卻找不到屍體。原來是光夫回頭把人救了回去。光央知道這件事後，極為憤怒。＊之後名為佐伯的黑道發現光央私吞運貨收入，把光央狠狠教訓了一頓，並把光夫叫到霸凌現場，要求光夫代替光央運

圖5　《雙生薄荷　DVD Special Edition》（PONY CANYON，2017）©2017「雙生薄荷製作委員會」©中村明日美子／茜新社

送明天的貨物。作為報酬，光夫拿到了一張光碟片，裡面是光央被男人們剃光頭髮輪暴的影片。光央知道光夫看了影片，拿刀自殘。被救回一命後，光央對光夫說自己「死了 又活過來了」。光央對佐伯說想退出黑道世界，但是在完成佐伯給他的最後任務時，不小心真的殺了人。*光央打算留下光夫一個人離開日本，但是光夫打電話從佐伯那兒問出光央人在哪後，趕到了港口。在那裡，光夫劃傷自己臉頰，表明不再回到普通世界的決心。最後光央帶著光夫，一起搭上前往中國（電影版是朝鮮半島）的船。光央問「你能和我一起死嗎？」光夫露出喜極而泣的表情，故事到此結束。

這個是漫畫與電影共通的故事大意，但是電影有一些獨創的表現。在分析電影之前，讓我們先來思考一下原作這部BL漫畫。

光夫與光央之間的關係，用一般的日語來說的話，「共依存」應該是最適合的形容吧。支配、依存、庇護、恐懼、性欲、憎恨、好感、執著……等各種要素濃密地攪拌在一起，並一直維持在剪不斷、理還亂的情況之中。也就是說，是讓異樣的關係一直維持在異樣的狀態之下。身為BL愛好者兼BL研究家，我想把這種關係稱為一種「終極之愛」[※16]。高個子的光夫是「攻」，矮小的光央是「受」，「受」的角色被第三者（黑道們）輪暴，這樣的劇情可說是照著一九九〇年代的BL固定形式在走。最後，兩人以假護照前往新天地，長相左右，直到「死在一起」為止。就算兩人是「支配者（「受」））與狗（「攻」））」的身分，也仍然可以說是BL固定形式的「永恆的愛情神話」……但是，本作中不太感受得到BL的部分。不過對BL愛好者來說，卻是個能以與平常享受BL的思考迴路不同的迴路，以寓言故事的次元來享受的故事。

在本作中，作為表象，最直接感受到的，就是多到令人快受不了的、全身沾滿體液的疼痛場面。故事大意中的*記號代表兩人接吻與性行為的場面，但是這些場面也都充滿疼痛。表現出由暴力帶來的疼痛與性的快感只有一線之隔。整部作品中能以「甜蜜」形容的片刻非常少，其中不帶疼痛的部分更是只有一處，就是光央打算獨自離開日本的前一晚，輕撫已經睡著的光夫的場面（而且數小時之前，光央的腿才被子彈擊中，只是因為吃了止痛藥所以不痛，並不是沒有傷）。就算光央問光夫「你能和我一起死嗎？」，光夫喜極而泣的最後一幕，光夫也才剛從光央手中拿到分給他的止痛藥。光夫自己割傷的臉，和光央昨天被打傷的腿，應該都還在疼痛。本作品在描寫BL時，指出一個方向，就是兩人之間的絕對依存關係是否有可能真的存在？可能的話，會是什麼狀態？對於這些，作者突破一切禁忌，直達極限地探究這個問題。為此，暴力與疼痛，不只是為了帶給人真實感，還是作為一種侵犯他人的象徵。不是一般情侶之間尊重彼此個性，互相憐惜、疼愛的關係，而是真正地與對方合為一體。消滅對方與自己的界線，融合到分不出你我，這是描寫情色瞬間的固有方式之一※17。但不是那樣的次元，而是真正地把對方與自己完全合為一體。假如想徹底達成這樣的關係，雙方就必須激烈地互相侵犯，並且互相破壞吧。以高度寓言的形式描寫那種現實中不可能有的關係（「終極之愛」），本作就是這樣的BL漫畫。

本作因為中村細膩又華麗的線條，以及絕妙的構成力，所以暴力場面能同時具有美的素質。即使閱讀時不會讓人「陶醉」、「怦然心動」，但是「怎麼這麼暴力啊！但是看起來好帥，好美啊！」卻能夠像這樣當作BL的娛樂作品。而它既是娛樂作品，同時又會讓我們聯想到伴隨著「喜歡」的感情而來的「占有欲」與「掌控欲」，以及多少會有的「破壞欲」，使人想到人類本質上就有的矛盾。

原作中沒有說明高中時代的光央為什麼會想掌控光夫，讓光夫成為自己的「狗」。但是第二頁上方橫格的光央眼睛特寫，就直接給了讀者相當危險的感覺（圖6）。之後的第六到第十頁，光央把光夫的衣服剝光，關在體育器材室的跳箱裡，對快要忍不住尿意的光夫說「要我放你出來嗎？」「只要你發誓這輩子聽我的話」「當我的狗」「狗不會說人話啦」，以這一連串的發言，逼光夫發出「汪」的狗叫聲（圖7）。這一整段，讀者應該會一邊覺得「好過分」一邊被帶著情色的緊張感所吸引吧。特別是光央充滿惡意、斜眼看人的模樣，令人印象非常深刻。如果是中村的BL代表作〈同級生〉

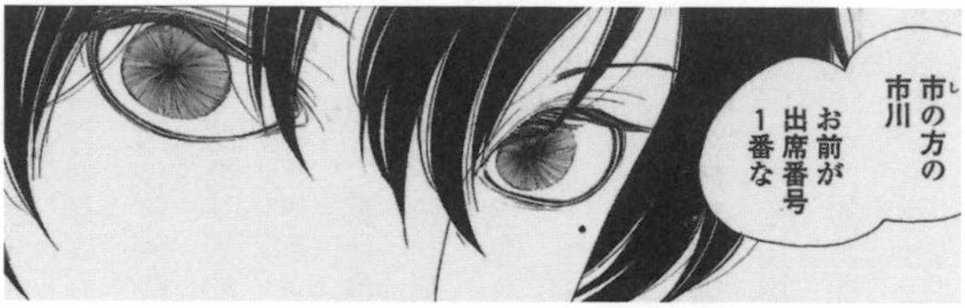

圖6　中村明日美子《雙生薄荷》（茜新社，2009）

圖7　逼迫光夫服從自己的光央／同上

©中村明日美子／茜新社

系列（二〇〇八～一四），讀者可以一邊為主角們的戀愛加油，一邊代入角色進行虛擬體驗，產生怦然心動的感覺。與那樣的作品相比，本作可說是處於完全不同時空的作品。

因此，我在知道《雙生薄荷》被翻拍成電影時，非常驚訝。老實說，我是以戰戰兢兢的心情去看試映會的，但是電影版相當誠實地引用原作，是一部充滿熱情的BL電影。而且，本作雖然是攝影期間只有兩週的小規模電影，但是也能當作一般電影，使日本電影的多樣性又增加新的一面※18。

在本文中，將以三點分析電影版《雙生薄荷》的內容。（一）令人覺得原作角色活生生地出現在電影中的部分。（二）與原作的場面基本上相同，但是因為「展現手法（how）」不同，使真人電影比原作的表現更具效果的部分。（三）原作中沒有的，電影版原創場面的意義。

（一）令人覺得原作角色活生生地出現在電影中的部分

本作的選角，就連配角在內，都非常接近原作的感覺，不會讓人感到格格不入。在這裡特別舉出三個角色說明。

首先是雙主演之一的光央。田中俊介應該是盡了作為一個人所能達到的極限，努力成為漫畫中的光央吧。前面提到的，原作中極少的「甜蜜」場面，電影裡也有出現，但是除了那些場面以外，田中的眼神一直帶著陰狠的感覺。中性的纖瘦身材與稍微駝背的身影，就像是被什麼東西附了身似的（圖8）。以一整年的時間仔細閱讀原作漫畫，並減重了十四公斤，居然有演員為了「小成本電影」做到這種程度，實在令人驚訝※19。「除了現在畫面上的這個演員之外，想不出還有誰可以演這個角色」的這種感覺，讓我想起《男孩別哭》（金伯莉・皮爾斯執導／一九九九）中，演出FtM※20跨性別青年的希拉蕊・史旺。相對的，飾演光夫的淵上泰史，雖然沒有漫畫的光夫那麼高，但是髮型、鬍鬚、臉的輪廓、穿西裝的模樣，全都相當接近原作，再加上低沉的聲音與沉穩的說話語氣，也給人確實是光夫的感覺。還有，雖然光夫會以溫和的感覺叫「光央」的名字，但表面上看似正常，內心逐漸瘋狂的感覺也演得相當絕妙。當然，打從一開始，「我殺了女人你快來幫忙」一聽到光央這麼說，就真的乖乖去和光央會合的光夫，原本就有點脫離常軌了。在這個時間點，比起表情（演技），以遠景鏡頭拍攝光夫在地下停車場入口的停車格之間行走、下車等場面時的表現手法，以及被人工的綠色燈光照亮，走入光央的世界的場面，也許已經在暗示瘋狂的開端了吧。光央發現光夫救了原本應該被打死的女人，闖到光夫房間時，光夫大笑的那幕，從淵上的演技可以切實感受到「這個人壞掉了」。特別是以沾滿血的嘴巴咬開光央褲子拉鍊的場面，應該會名留BL電影史吧。電影版中，光央一個人離開日本的那天早上，光夫發現光央消

圖8　田中俊介飾演的光央／出自電影《雙生薄荷》©2017「雙生薄荷製作委員會」©中村明日美子／茜新社

失後，衝動地把房間中的東西全部推倒毀壞。這並非針對某人的暴力，也不是示威行為，而是因為心中的岩漿爆發的緣故。

高中時代的光央由須賀健太飾演。一如前述，原作中沒有說明高中時的光央之所以想支配光夫的原因。中村以華麗的線條畫出斜眼看人的表情，以及分鏡的構成功力，使那段劇情產生帶有情色的魅力。想以真人電影表現的話，非常考驗演員的演技。與略微駝背的成年光央不同，高中時代的光央總是站得直挺挺的，有股天生的不遜感。再來，對全裸被關的光夫說「要我放你出來嗎？」「只要你發誓這輩子聽我的話」「當我的狗」「狗不會說人話啦」（**圖9**）的這段，電影版在殘忍之餘，還露出了有如喜歡惡作劇的兒童無邪似地瘋狂大笑的表情。至於「斜眼看人」的部分，電影中則運用在光央把光夫叫出來，在光夫面前與他的女朋友做愛的場面。光央一面與女性做愛，一面斜眼看著光夫（從女性的角度，不知道光夫正看著自己。此外，在原作中，光夫是在事後才發現女朋友被光央睡走，並為了與光央「間接做愛」而要求與女朋友做愛。電影裡把這段改編成不是事後發現，是親眼目睹，而且是在與光央眼神交流的情況下，看著光央與自己的女朋友做愛，非常有衝擊性）。飾演高中時代光央的須賀健太與飾演成年光央的田中的五官完全不像，但是須賀是從童星時代算起，有二十年演戲經驗的資深演員，比起五官上的相似，以演技為優先考量，高中時代的光央的選角可以說是非常成功。

圖9　須賀健太飾演的高中時代的光央／出自電影《雙生薄荷》©2017「雙生薄荷製作委員會」©中村明日美子／茜新社

（二）與原作的場面基本上相同，但是因「展現手法（how）」不同，使真人電影比原作的表現更具效果的部分

圖10　中村明日美子《雙生薄荷》（茜新社，2009）©中村明日美子／茜新社

在原作中，從光夫拿著桃子坐在螢幕前看影片（圖10），到光央醒來破壞螢幕為止的十二頁，從第一一二到一一三頁之間，確實地畫出桃子果汁的，只有四格而已。（一）第二頁上方的橫格，開始削桃子時，微微滲出的果汁。（二）同一頁左下的格子，果汁流到手指上。（三）第四頁，光央被剃掉頭頂的頭髮後，左下的橫格，放在桌上，沾滿果汁的水果刀。（四）翻頁後的第五頁，光夫咬桃子的右半張臉的特寫，從指間流下的果汁。接下來的四頁半裡，詳細描繪了光央被性侵的過程，其中雖然夾雜了兩小格看影片的光夫，但是沒有畫出果汁。

被凌辱的場面，有光央陰莖的特寫、被男人手指插入肛門的場面、從側面畫的，跪在佐伯面前，一邊勃起一邊為佐伯口交的遠景鏡頭等等。這些畫面中描繪了大量可能是汗水、精液、潤滑劑等等的液體。光央破壞螢幕的前一個跨頁，是從口交的畫面，到看到這幕瞪大雙眼的光夫眼部特寫。左頁以超過半頁的格子描繪的，是坐在椅子上的光夫背影和凌辱影片的聲音。最後一格，螢幕中是快要被某人親吻的光央臉部下半部特寫，以及抓住螢幕邊緣的手，但液體只有在螢幕內出現。

這一整段，在電影裡，播放影片的場所不是電腦桌前，而是在廚房的料理臺上，不是以桌機螢幕，而是以十五公分左右的小筆電播放。鏡頭在光夫吃桃子的模樣的特寫（圖11）與影片畫面之間來回切換。漫畫中桃子的果汁沾濕光夫的手的部分，在電影裡也以只有手部或是

圖11　淵上泰史飾演的光夫／出自電影《雙生薄荷》©2017「雙生薄荷製作委員會」©中村明日美子／茜新社

包含眼角的構圖等等，做大量的變化。電影版中的凌辱影片，必須是普遍級能呈現的畫面，因此與原作不同，沒有露出性器官，也沒有直接拍出性行為，但是煽情的程度也因此增加了。原作裡，光夫咬桃子流下的果汁，與影片中受到凌辱的光央身上的液體重疊在一起，並針對後者做了大量的描寫；但是在電影版裡，則是增加了果汁的比例。因此，觀眾能在看電影時，想起微甜的桃子氣味與果汁弄得黏黏的手掌的觸感。當然，光夫一面滴著果汁，一面咬桃子的嘴角部分的畫面本身就已經很性感了。但是藉著喚醒觀眾自身味覺與觸覺的記憶，以此補強官能的感受，這樣的手法相當優異。

（三）原作中沒有的，電影版原創場面的意義

在電影版中，執著地追查光央的刑警・中岡的戲份遠遠大於原作。例如故事前半段，中岡刑警與佐伯在佐伯的事務所中對峙的畫面，是電影的原創劇情。中岡發問「黑道的世界裡全是男人對吧？也就是所謂的眾道吧？所以說，男色在你們這兒很普通嗎？」[※21]，佐伯則是在起身要離開房間前回道「這種事因人而異，不是嗎？」。電影版以這段對話暗示了佐伯與部下們，以及不是正式的黑道成員，只是跑腿的小混混光央，這些人之間的同性性行為關係。「眾道」與「男色」，嚴格來說，與前近代的男性之間的同盟機制有關，與「女色」可以同時成立，沒有矛盾之處。之所以使用「眾道」或「男色」這種包含男性同性之間的性行為在內的說法，是因為光夫與光央都與女性有異性性行為，但兩人之間又有男性間的肉體關係。而且佐伯也不像所謂有自覺的男同志[※22]。

也就是說，電影版這段中岡與佐伯的原創對話，補強了無法像原作那樣直接描繪男性間性行為的部分。雖

然我可以理解這樣的做法有其恰當性，但是我直覺地認為「這種對話，根本不需要」。要問為什麼的話，因為對BL愛好者來說，以男性同性戀為主軸且充滿力量的BL作品，與現實中的男同志完全無關，但是卻能把潛藏在同性友愛的同性情色，以及因警戒同性情色而形成的恐同心態揭露出來，具有這種超越次元的力量。不論BL愛好者有沒有已經化為語言的認知，其實都早就知道了。透過伊芙．可索夫斯基．賽菊蔻的同性友愛理論，竹村和子說「被看成同性友愛的關係，其實潛藏著同性情色。還不如說，為了裝成不存在情色，想要消除那種感覺的恐同心態才會不必要地增強」。不過某種BL，例如《雙生薄荷》，或是本書提到的ヨネダコウ的《鳴鳥不飛》，都把這種機制，以BL娛樂作品的形式曝露出來[※23]。

所以，佐伯也是，他身為黑道，在工作方面，也就是在社會方面支配著小混混的光央，從這點來說，他十分有可能是個與名為光央的男性有著性關係的同性戀，對BL愛好者來說這是當然的前提。因此，中岡的臺詞聽起來更像多餘的藉口。

此外，從電影裡中岡的態度與行動看來，前半段來到光夫辦公室問光夫手上的戒指的事，這一段與原作相同，但是此時，電影裡的中岡卻摸了光夫的手。第一次見面的男性去摸另一位男性的手。雖然說為了看清楚戒指，所以這麼做並非完全不合理，但還是很稀奇吧。電影版的中岡被改成會一面搖著扇子，一面碎碎念抱怨的角色，雖然是刑警，但是感覺更像幫間（在宴席中表演助興的男性傳統藝人）或女衒（專門物色年輕女性，將其賣到花街的人口販子）。也就是說，電影版的中岡是與現今大眾傳媒中經常可見的女裝藝人不同方向的、女性特質較強的男性角色，在現代日本文化中，「明明是男人，卻娘娘腔」的角色是「同性戀」的符號。此外，原作中的中岡，於故事的前半段，在遊樂場向光央攀談後，在光央準備離去時抓住了他的手；在電影裡，則改成在後半段，光央完成佐伯交待的最後任務，開槍殺死對方準備逃走時，埋伏的中岡從後方抱住光央跟他說話。中岡說我知道你不是那麼壞的人，想說服光央自首，但是被光央從正面開槍後向後倒下。

「光央正面射擊中岡」……從日本電影的脈絡來思

考的話，可以解釋成隱含著光央與中岡之間已經有夾雜著同性情色的侵犯關係。就故事本身來說，可以解釋成光央已經成為殺人犯，早就自暴自棄了，而且他不只是單純想逃走，他開槍是因為陷入了恐慌。但是就其他層面來說，也可以認為，中岡對光央說「你不必在佐伯那些黑道那邊，回到普通世界的自己這邊吧」，雖然只是言語，但已經多管閒事地侵犯了光央，所以光央才以開槍作為回答。當然，就日本電影來思考，〈拳銃無賴帖〉系列（野口博志執導／一九六〇）的湯尼（赤木圭一郎）與喬伊（宍戸錠）那樣的互相射擊，是最高級的同性情色表現[※24]。但是中岡從後方架住光央，說我知道你不是那麼壞的人，這種以擁有者的態度說的理解，是一種攻擊。光央無法無視那種攻擊，因此才以子彈作為反擊。

原作與電影版中，發現自己被佐伯（與佐伯的部下）性侵的事被光夫知道的光央，都在完成了某種自殺後「重生」了，他應該是決定和光夫一起過著普通的生活吧。但是為了和佐伯斷絕關係，光央在最後的任務中成為殺人犯，使得自己非留在佐伯（黑道）那邊不可。因此，光夫劃傷了自己的臉，主動走進黑道的世界。在電影版中，知道光央成為殺人犯時，光夫指責佐伯說「你們把他……當成棄子使用，害他成為了……殺人犯！」而佐伯回答「你這麼說可不對了啊，狗兄，那傢伙原本就是我們這邊的人哦」。這段對話，也可以解釋成兩人在爭奪光央的所有權吧。然後光夫也來到不是普通人的「這邊」——雖然是佐伯的這一邊，不過是在遠離佐伯的異國——與光央一起生活，得到和光央死在一起的權利。

電影版中，把中岡刑警描寫成與佐伯相反、從普通人的那邊爭奪光央所有權的角色，因此，明確地成為男人們爭奪光央，最後光夫獲勝的故事。光夫在高中時代就被光央下令「當我的狗」，被命令一輩子服從光央（也就是做下支配／疼愛的約定），因此這也是理所當然的結局。這麼一想，電影的前半段，中岡在佐伯的事務所質問男色之類的問題，這段原作沒有的場面，也就帶有中岡表明要參加以光央為中心、兼具同性友愛與同性戀愛的戰爭的意思了。

內田導演在與原作者中村的對談中提到，他覺得在拍攝中岡質問佐伯的那場戲時，以日本電影來說，有種「嶄新」、到目前為止沒有「如此擷取黑社會」的感覺。更進一步地說，透過拍攝電影《雙生薄荷》，內田導演解開了黑道這類男性社會中，說著「男同志不行」的男性會有男同志的氣息，這樣的異樣感從何而來※25。這是非常有意思的事。男性電影人告白說，把BL原作拍成電影的過程中，自己切實地面對、理解了同性友愛與恐同心態之間的關係。

沒錯，BL是能提示世人如何克服恐同心態與厭女情節的「進化型」作品，這點很重要。而以充滿性與暴力的某種BL揭露同性友愛的機制，也同樣重要。當後者改以真人電影揭示時，的確能為日本電影（應該說為所有電影）帶來新的次元。

※1 詳細請參照前作《BL進化論》（二〇一五，以下以前作稱之）二二～二七頁。

※2 不過OVA作品中，也有參加影展或舉辦上映會，以大銀幕播放給許多觀眾欣賞的例子。我親自參加過的上映會有以下幾例。NY Japan Society的「Otaku Cinema Slam!」（二〇〇五，三月四日～五月二十七日，策劃者・堀ひかり），五月十三日上映的《KIZUNA－絆－》一&二（小鷹和麻原作，廣尾倫執導／一九九四，新字幕版）（我是這場上映會會前的「YAOI史」講師，並且也是上映會後小鷹和麻座談會的司儀，小鷹和麻的口譯エミ・チサノ也有登場）。克羅埃西亞的「Queer Zagreb」藝術節（二〇〇五，二月七日～九日。策劃者・Zvonimir Dobrovic），於《間之楔》（吉原理惠子原作，秋山勝仁執導／一九九二&九四）上映時，擔任前導說明（附克羅埃西亞字幕）。

※3 當時的《JUNE》雜誌，不只介紹《墨利斯》的內容與演員，還大量刊載讀者充滿熱情的感想信，可參考《JUNE》一九八八，五月號（NO.40）六九～七二頁。此外，可說是日本同志電影評論先驅的石原郁子提到「人們說，創造出美青年熱潮的《墨利斯的情人》與《同窗之愛，他鄉異國》（83）這兩部片，上映時戲院全被女性占據，確實有這種感覺」。《菫色の映画祭　ザ・トランス・セクシュアル・ムーヴィーズ》フィルムアート社，一九九六，七二頁。

※4 這裡說的「英國」指的是英格蘭與威爾

斯（不包含蘇格蘭與北愛爾蘭）。此外，關於英國的同性婚姻法以及各國的同性結婚與同性伴侶法、日本的收養關係等等，參考以下書籍。杉浦郁子、野宮亞紀、大江千束編著《パートナーシップ・生活と制度　增補改訂版》綠風出版，二〇一六。

※5 佛斯特在一九六〇年寫的「作者後記」中提到：假如不給一個幸福的結局，而是讓兩人殉情的話，這本書應該可以很快出版吧。但是墨利斯與亞歷克兩人的快樂結局是「絕對必要的。否則就沒必要費神去寫這個作品了。儘管是虛構的世界，但是我決定讓兩名男性相戀，並且在虛構世界能容許的範圍裡，永永遠遠地（ever and ever）地相戀。就這個意思來說，墨利斯與亞歷克如今應該也在綠林中的某處徘徊吧。我把這個作品獻給《更幸福的一年》，是因為這並非沒有意義的事。這部小說本身寫的就是幸福」。這段心境告白，可與前作第二章中分析的BL固定形式之一「永恆的愛情神話」重疊在一起。E. M. Forster, *Maurice* (London: Penguin Classics, 2005): 220.　除此之外，日語版翻譯中，把「fiction」譯為「作品」，因此「雖然在現實中完全不可能，但是我決定在虛構（fiction）、架空的世界裡這麼做」的語感就消失了。此外，我也不明白為何要把「幸福（happiness）」翻譯成「明亮」。愛德華・摩根・佛斯特《墨利斯的情人》片岡しのぶ譯，扶桑社，一九八八。

※6 此外，BL的強暴戲，都會以太過愛對方為這件事做辯解，再加上以此証明「受」的魅力，這種BL虛構作品的機能。因此BL的強暴戲也具有控訴加諸於女性身上的雙重標準的層面，相當複雜又多層次。詳細的分析可參考前作八二～八七頁。

※7 順帶一提，回顧BL史的話，《富士見》毫無疑問是一九九〇年代的BL代表作之一，「一認識就強暴」也確實是九〇年代BL的固定形式。但是故事中有地方商店街的中年男性，或以川島為首的女性角色，以及職業音樂家等複數的重要配角登場，因此也可以作為群像劇來閱讀，就這點來說，與只把重點放在主角情侶，以及妨礙&推動兩人感情發展的「炮灰」角色上的九〇年代BL固定形式並不相同。由於《富士見》是開始於《JUNE》的投稿作品，後來才博得人氣，也就是說，當其他的商業BL雜誌或小說書系的編輯與作家們在創造九〇年代的BL固定形式時，《富士見》的發展與此動態並無關係，是獨自在路線上邁進的作品。

※8 典故出自《後漢書》。後漢（二五～二二〇年）後期的政治家・楊震的四知「天知，神知，我知，子知」。《富士見》中引用了這句話的前半段，意思是「只有桐之院和守村兩人知道的祕密，我奈津子也知道」。《廣辭苑　第五版》岩波書店（電子版）。楊震傳全文請參照《和刻本正史 後漢書（影印本）二》汲古書院，一九七二，一〇一九～三五頁。

※9 這個「how」的功夫，也可以用「演出」這種說法來代替。但是在一般日語

中，「演出」很容易讓人想到的是舞臺導演或電影導演指導演員演技的場面，因此以「how」來指稱，應該比較容易傳達概念。除了前述指導演技的意思之外，「how」還包含了「故事的呈現手法、描述方法等全部」的意思。

※10 院線與商品資訊參考自電影官方網站。http://doushitemo.com/news.html（最後閱覽日為二〇一七年五月四日）。上映日數在DVD收錄的隨片講評與映前見面會都有提到，書籍部分可以參考《天野千尋監督獨占訪談》《這本BL不得了！ 2016年度版》（NEXT編輯部編，宙出版，二〇一五）八四～八八頁。

※11 恐怕是因為鼻梁沒有那麼長，而且雙目之間的距離略寬，雙眼的高度在整張臉中偏低之故。

※12 DVD中收錄的映前見面會中，谷口提到曾與導演商量要表現出腹肌或是不太緊實的腹部，因為導演說「你喜歡哪種就怎麼做吧」，於是他選擇了呈現出外川「老是喝啤酒，似乎沒有運動習慣」的真實感。在此也要感謝提出這點的友人・大町江梨子，讓我意識到外川這種沒有過於鍛鍊的腹部的重要性。

※13 前述的《天野千尋監督獨占訪談》。

※14 關於影像分析的基礎，參考以下書籍。Timothy Corrigan, *A Short Guide to Writing About Film : Eight Edition* (Boston: Pearscn, 2012) 本書修訂頻繁，但是關於基本的影像分析，不論看哪個版本都不成問題。英文的電影分析用語與日文的對照，可參考以下書籍的書末附錄「映像用語集」。James Monaco著，岩本憲兒等譯《映画の教科書　どのように映画を読むか》フィルムアート社，一九八三。

※15 詳述這個部分，並非想表示大多數的BL愛好者會意識到這種感覺，並將其言語化。只是把籠統地覺得「很好看」的電影，基於分析的心態重看好幾次以後，找出對自己的問題意識而言特別重要的場面，又重看那個場面好幾次之後所做出的結論。這種影像分析，也有解讀創作者的意圖在內。就算作者沒有這樣的意圖，仍然可以如此進行解讀，有時也能夠從影評的角度，使電影變得更加豐富。

※16 「共依存」這個關鍵字，是在寫電影劇本的階段，原作者・中村對內田導演發出的訊息。《電影《雙生薄荷》座談會》《OPERA》vol.62・茜新社，二〇一七，十三～二五頁。

※17 以哲學的方式論述這種關係，參考自以下書籍。喬治・巴代伊《情色論》酒井健譯，ちくま學藝文庫，二〇〇四（原書一九五七）。

※18 正確來說，是二〇一六年九月二十五日到十月十日為止，中間夾著三天休息日，總共十三天的工作日。除此之外，高中時代的場面只用了第一天拍攝。電影手冊，電影《雙生薄荷》製作委員會發行，內場容子編輯・執筆，二〇一七（無頁碼標記）。

※19 前述《電影《雙生薄荷》座談會》。

※20 FtM是「female to male（女性轉變成男性）」的縮寫。出生時生理性別是女性，但是自認男性的人，選擇以男性

身分生活的跨性別者。由於是以本人的性別認同作為當事者的性別，因此不論有沒有注射荷爾蒙或進行變性手術，都會以跨性別青年稱之（而不是以「把自己當成男性的女性」稱之）。

※21 這些臺詞引用自〈電影《雙生薄荷》座談會〉中內田導演的發言。

※22「女色」指的是男性與女性有性愛關係；男性與男性有性愛關係則稱為「男色」，兩者都是以男性為主導，是成對的概念。關於近代之後的同性戀概念與前近代的眾道或男色概念差異，最簡易的解說，可參考以下書籍。小田亮《性——一語の辞典》三省堂，一九九五。

※23 上野千鶴子・竹村和子對談〈性別・問題〉《現代思想》一九九九年一月號，五四頁。此外，關於同性友愛的理論，請參照本書的專欄3。

※24 關於從同性友愛的觀點討論《拳銃無頼帖》系列，參考以下書籍。〈男たちの絆〉〈トニーとジョー〉《男たちの絆、アジア映画　ホモソーシャルな欲望》四方田犬彥、齊藤綾子・編，平凡社，二〇〇四，五～六二頁。

※25 前述〈電影《雙生薄荷》座談會〉。

後記

十篇與ＢＬ作家們的「對談」，三篇「特別收錄」的「對談」，以及一篇論文，三篇專欄，以如此豐富的內容構成的《ＢＬ進化論［對談篇］：透過ＢＬ研究家與創作者的對話，考察ＢＬ的進化與社會關係》，是《ＢＬ進化論》系列的第二集。

二〇一五年成書的《ＢＬ進化論　ボーイズラブが社会を動かす（ＢＬ進化論：男子愛可以改變世界！日本首席ＢＬ專家的社會觀察與歷史研究）》，收錄的是我從一九九八年開始研究至今的廣義ＢＬ歷史與其本質，以及近年來向世人提示如何克服恐同心態與厭女情結的「進化型」ＢＬ，分析這種進化型作品為什麼能出現。第二集的主要內容，則是與ＢＬ創作者中特別傑出的人士「對談」，在對談中更進一步地對ＢＬ，以及「表象」、「現實」、「虛幻」的關係性，還有對性（sexuality）的不可知等等進行考察。此外，我還針對這兩年來ＢＬ的全新展開，寫了一篇論文與兩篇專欄文。另外也補上了前作中沒能完成、重新評價「二四年組」的專欄。雖然我還有許多想「對談」的ＢＬ創作者，但是在目前的時間點，能以這樣的形式整理出書，我感到非常高興。

本書的成書過程有點複雜，除了對談的作者們之外，還仰仗了許多人的支持，才有辦法完成。作為ＢＬ周邊的花絮，在此把過程稍微記錄得詳細一點。

首先，「對談」中的一兩篇，是以從二〇一五年末起，在LGBT網站「2CHOPO」花了一年連載的文章為基礎完成的。起因是DMM.com（當時）的內匠屋潤先生在看了前作後，問我「要不要連載與BL作者的對談呢？」向我邀稿。而且在連載時，也承蒙「2CHOPO」的總編（當時）吉田昇先生許多關照（現在的「2CHOPO」已更換經營母體）。

話說回來，本書收錄的「對談」並非網路連載時的版本，而是多了兩倍的分量。反過來說，在當初連載時，我就已經以出書為目標，不管字數地盡情對談，並另外完成了與網路版不同的「加長版」原稿。在對談前仔細重讀每位作者的作品，設計問題，進行對談，寫成文字檔，考慮前後順暢度，取捨內容，編輯成文章，這一切全都是我一個人進行的。完成後還會請對談對象確認內容。面對面地聊大約兩個小時，對談本身當然就有相當多的內容，在確認原稿時，又會有「延長對談」的情況，總合起來，是令人興奮的體驗。本書中，只有與三浦紫苑小姐的「對談」，是以前作出版紀念活動的形式，在書店舉行的對談的節錄。以刊載於網站「cakes」上的原稿為基礎完成。在此感謝與我對談的各位，謝謝您們能在百忙中抽空與我對談。

以這種方式完成的「對談」原稿，在今年（二〇一七）初大致整理完畢，但是想把本書以書籍的形式出版，還需要各方大德的協助。首先要感謝futurecomics的石黑健太先生與澤田國大先生幫忙製作管理。還有，要感謝宙出版願意出版本書，並由佐藤幸介先生負責。能由從十年前開始發行年度排行榜書《這本BL不得了！》，可說是刻劃商業BL類別歷史的出版社出版拙作，令我感到非常榮幸。

封面的插圖延續前作，是請中村明日美子小姐繪製的。在討論內容時，我提出了「想和前作一樣，兩個人從正面對看」「這次的主題是『對談』」的想法，中村小姐立刻想出容易理解概念的紙杯傳聲筒，並且當場畫出草稿的模樣，讓我產生「這是魔法嗎……？」的想法。完稿後的作品更是精緻。包含書衣底下三十年後的兩人身影在內，這兩名美男子一定是在青年時代認識，之後一起成為幸福的中年人吧。他們不但是ＢＬ的角色，同時也是男同志。就這層意義來說，他們是「ＢＬ進化論」的具體化角色。而且更是喜歡他們、把他們當成代理者的我們這些ＢＬ愛好者女性們幸福歲月的象徵。

其書衣與封面，以及內頁排版，都是由負責前作的內川たくや先生繼續擔任書籍設計（註：此處指的是日文版）。內川先生說「來把這本書做得很帥吧（我認為是視覺方面會由他自己設計得很帥，所以我也要讓文章內容很帥的意思）」讓我在為本書寫新文章時產生很大的動力。

還有，編輯也與前作同樣都是的場容子小姐。成為自由接案者的的場小姐能繼續幫本書做編輯，讓我覺得非常幸運。

還有，重新拍攝作者近影的，也和前作一樣是市川勝弘先生。

在書籍化的過程中，有許多令人緊張或逼到極限的情況。儘管如此，還是出力幫忙的各位，我要在此致上最深的謝意。

啊，還有兩位不能漏提的重要人物。以英語母語者的角度幫忙檢查英文標題會不會很奇怪，從研究所時代到現在的朋友，愛德華・K・張。還有，多虧了「穩定的家庭生活」，才能幫助我撐過這些緊張或逼到極限的情況。所以也要感謝我的伴侶木村直子。

BL讓女性們在父權社會中暫時逃離女性的角色，把自己寄託在美男子們身上，享受戀愛與性愛的樂趣。在這種為女性提供快樂的娛樂類別裡，BL還誕生了能提示世人如何克服恐同心態與厭女情結的「進化型」作品。就像前作說的，BL應該可以說是二十世紀最大的發明吧。

而有才能的作者們每天發揮知性與想像力、創造力，如字面意義般地犧牲自己，追求自己的快樂（「萌」）與讀者的快樂，正因為在創作時期望男性角色們能夠幸福快樂，所以BL才能成為充滿活力的存在。正因為是全職的專業創作者，所以才能創造出如此有質量以及強度的BL作品們。這是以快樂為基礎，描繪出更美好的世界的實驗室。希望本書能將那些實驗現場的戰鬥，多少傳達給各位讀者。

已經看完內文的讀者們應該會發現，「對談」的作者們有時會率直地說出驚人的真相。作為提供娛樂的一方，把後臺的真相說出來，或是告白曾經陷入極為嚴重的低潮以及技術論等等。本書中的「對談」有許多到目前為止不太有機會看到的、就某種意義來說相當嚴肅的內容。距離廣義ＢＬ的誕生，已經超過半個世紀，在ＢＬ愈來愈受到注目的今日，在公開的言論空間中提出、共享這種深度話題，一定能成為ＢＬ的力量。我如此相信著。

ＢＬ在今後會走向哪裡呢……？

這種事，當然沒有人知道。但是，只要一想到像本書中「對談」的ＢＬ作者們那樣，充滿才能、知性、榮譽與奉獻態度的女性創作者有好幾百人，而我們這樣的讀者有好幾百萬人。像這樣的社群，不論前往哪裡，應該都不會是不好的場所。我是這麼想的。

一起前進吧。

作者簡歷 ——— 溝口彰子

大學畢業後，從事於時尚、藝術相關行業，同時以女同性戀者的身分展開社群活動。1998年前往美國紐約羅徹斯特大學攻讀研究所，在視覺與文化研究生課程中認識酷兒理論，發現自己的起源其實是BL（的祖先，即「二四年組」的「美少年漫畫」），並以BL與女性的性別意識為題取得博士學位。不只是BL論，她也撰寫有關電影、藝術、酷兒領域研究倫理等論文與文章。目前在學習院大學研究所／早稻田／法政大學／明治學院／多摩美術／共立女子／和光大學等大學擔任講師。著有《BL進化論：男子愛可以改變世界！日本首席BL專家的社會觀察與歷史研究》（麥田，2016）。論文有“Gender and the Art of Benshi: In Dialogue with Midori Sawato”, *Camera Obscura* 78 vol.26, no.3(2001)、“Theorizing Comics / Manga Genre as a Productive Forum: Yaoi and Beyond”, *Global Manga Studies*, vol.1(2010)，翻譯有B. Ruby Rich〈Got Milk? Gus Van Sant's Encounter With History〉《明治學院大學　藝術學研究》第27號（2017）等等。

初次公開……LGBT交流網站「2CHOPO」（2015年12月～2016年12月）＊在出版單行本之際，進行大幅潤飾、修正而成。／「特別收錄3　與作家三浦紫苑的對談」是當初為了紀念《BL進化論》的發售，於2015年7月5日在下北澤B&B舉辦活動，將發表於網站「cakes」的活動報告（「vol.1」～「特別篇」，公開日：2015年9月2日～9月30日。統整：平松梨沙）進行潤飾、修正而成。／專欄及「BL電影論　序論」為初次公開。

BL進化論［對談篇］

透過BL研究家與創作者的對話，
考察BL的進化與社會關係

2020年2月1日初版第一刷發行

作　　者　溝口彰子
封面插畫　中村明日美子
譯　　者　呂郁青
編　　輯　邱千容
美術編輯　黃元玉
發 行 人　南部裕
發 行 所　台灣東販股份有限公司
　　　　　＜地址＞台北市南京東路4段130號2F-1
　　　　　＜電話＞(02)2577-8878
　　　　　＜傳真＞(02)2577-8896
　　　　　＜網址＞http://www.tohan.com.tw
郵撥帳號　1405049-4
法律顧問　蕭雄淋律師
總 經 銷　聯合發行股份有限公司
　　　　　＜電話＞(02)2917-8022

TOHAN

國家圖書館出版品預行編目(CIP)資料

BL進化論［對談篇］：透過BL研究家與創作者的對話，考察BL的進化與社會關係／溝口彰子著；呂郁青譯. -- 初版. -- 臺北市：臺灣東販, 2020.02
444面；14.7×21公分
譯自：BL進化論[対話篇]ボーイズラブが生まれる場所
ISBN 978-986-511-228-8(平裝)

1.同性戀 2.文化研究 3.讀物研究

544.751　　108020789